U0610038

"十三五"国家重点出版物出版规划项目

上海市哲学社会科学学术话语体系建设办公室、上海市哲学社会科学规划办公室"新中国成立70周年"研究项目
理论经济学上海Ⅱ类高峰学科建设计划项目
中央高校建设世界一流大学学科和特色发展引导专项资金和中央高校基本科研业务费资助项目

新中国经济思想研究
丛书主编：程霖

新中国民营经济思想研究（1949～2019）

刘凝霜 ◎ 著

中国财经出版传媒集团
经济科学出版社
Economic Science Press

图书在版编目（CIP）数据

新中国民营经济思想研究：1949-2019/刘凝霜著.
—北京：经济科学出版社，2019.9
（复兴之路：新中国经济思想研究）
ISBN 978-7-5218-0825-4

Ⅰ.①新…　Ⅱ.①刘…　Ⅲ.①民营经济-经济思想史-
研究-中国-1949-2019　Ⅳ.①F129.7

中国版本图书馆 CIP 数据核字（2019）第 199747 号

责任编辑：孙丽丽　纪小小
责任校对：靳玉环
版式设计：陈宇琰
责任印制：李　鹏

新中国民营经济思想研究（1949~2019）

刘凝霜　著

经济科学出版社出版、发行　新华书店经销
社址：北京市海淀区阜成路甲 28 号　邮编：100142
总编部电话：010-88191217　发行部电话：010-88191522
网址：www.esp.com.cn
电子邮件：esp@esp.com.cn
天猫网店：经济科学出版社旗舰店
网址：http://jjkxcbs.tmall.com
北京季蜂印刷有限公司印装
710×1000　16 开　17 印张　260000 字
2019 年 9 月第 1 版　2019 年 9 月第 1 次印刷
ISBN 978-7-5218-0825-4　定价：60.00 元
（图书出现印装问题，本社负责调换。电话：010-88191510）
（版权所有　侵权必究　打击盗版　举报热线：010-88191661
QQ：2242791300　营销中心电话：010-88191537
电子邮箱：dbts@esp.com.cn）

总 序

新中国成立70年来，中国经济建设取得了举世瞩目的辉煌成就，尤其是改革开放之后，中国经济体制出现了重大转变，经济实现持续高速增长，跃居全球第二大经济体和第一大贸易国，在世界政治经济格局中的地位与角色日益凸显，步入了实现中华民族伟大复兴的良性发展轨道。与中国经济体制转变同步，中国经济思想在理论范式和学术进路上也经历了比较大的调整。从计划经济时代形成的以马克思主义政治经济学和苏联社会主义政治经济学为主要内容和理论体系，逐渐过渡到以马克思主义为指导，政治经济学、西方经济学和中国传统经济思想多元并进的局面，这为中国特色社会主义市场经济理论和体制的形成与发展创造了良好的条件。

在此过程中，中国经济思想的发展演变与中国经济的伟大实践也是紧密相关的。尤其是在改革开放以后，中国经济在"摸着石头过河"的过程中涌现出了大量前所未有的、在其他国家也较为鲜见的经济创新实践，这就对源于西方成熟市场经济国家的经济学理论的解释力和预测力提出了挑战，蕴育了经济理论创新的空间。可以说，中国经济实践探索呼唤并推动了中国经济思想创新，而中国经济思想创新又进一步引领了中国经济实践探索。新中国70年的复兴之路在很大程度上是中国人民奋力开创的、为自己量身打造的发展模式，离不开国人在诸多经济问题与理论上的理解、决断与创造，这些也构成了新中国成立以来各领域所形成的丰富经济思想的结晶。

站在新中国成立 70 周年的重要历史时点上，中国正处于速度换挡、结构优化、动力转化以实现高质量发展的关键当口，有必要系统回顾总结新中国经济思想，较为全面地展示新中国成立 70 年以来中国经济思想在若干重要领域上的研究成果。这将为新时代构建有中国特色的社会主义政治经济学学科体系、学术体系和话语体系提供可靠立足点，同时基于对当代中国经济发展建设与民族复兴内在规律与经验的总结凝练，也将有助于指导并预测中国经济未来发展方向，明确新时期进一步加快实现民族复兴的道路选择，并为世界的经济发展提供具有可借鉴性和可推广性的"中国方案"。

目前，以整体视角全面梳理新中国经济思想的研究成果主要是一些通史性著作，以谈敏主编的《新中国经济思想史纲要 (1949～1989)》"新中国经济思想史丛书"等为代表。这类著作通常以理论经济学和应用经济学一级学科为基础构建总的研究框架，然后再以其各自的二级学科为单位，逐一展开研究。这类研究的优点是有利于严格遵循经济学的学科体系，涵盖范围较广，学术系统性较强。但是其更加侧重经济思想学术层面的探讨，对经济思想的实践层面探讨不多。而且，一些具有丰富经济思想内容但没有作为独立二级学科存在的领域，未能被这类研究纳入其中。

与此同时，还有一类研究以张卓元主编的《新中国经济学史纲 (1949～2011)》为代表，既包括以时间线索划分的通史性考察，也包含有专题式的研究（如社会主义市场经济理论、所有制理论、企业制度理论、农业经济理论、产业结构与产业组织理论、价格改革理论、宏观经济管理改革理论、财政理论、金融理论、居民收入理论、社会保障理论、对外开放理论等），更好地将经济理论研究与中国重大发展改革问题联系起来。这类研究的优点在于更贴近中国本土的经济问题，不拘泥于经济学科的科目划分。但由于涉及内容广泛但又多以单部著作的形式呈现，篇幅有限，所以对于所考察的经济思想常常难以做到史料丰富详实、分析细致深入。

因此，如何拓宽研究视角、创新研究体系和方法，进而对新中国经济思想的理论变迁与实践探索展开更为全面且系统深入的研究，是"复兴之路：新中国经济思想研究"丛书（以下简称丛书）拟做的探索。

对于中国经济思想的探索与创新研究，需要正确处理好学科导向和问题导向的关系。不能局限于学科导向而忽视中国经济现实问题，应该在确保学科基质的基础上以问题导向开展相关研究。同时，也要认识到，中国经济现实问题中蕴含着学科发展的内在要求、学科延伸的广阔空间、学科机理的不断改变。据此，丛书尝试突破学科界限，构建以重大问题导向为划分依据的研究框架。紧密围绕中国经济建设的目标与诉求、挑战与困境，针对新中国经济发展过程中重大问题的理论探索设计若干子项目，分别以独立专著形式展开研究。这种研究框架，能够更加紧密地融合理论与实践，更加具有问题意识，有助于将中国经济改革与发展中形成的重要经济思想充分吸纳并作系统深入的研究，可视为对上述两种研究体系的一种补充和拓展。

在研究体例和方法上，丛书所含专著将致力于在详尽搜集各领域相关经济思想史料的基础上，一方面对该思想的产生背景、发展演变、阶段特征、突出成果、理论得失、未来趋势等方面进行系统梳理与考察，另一方面则围绕思想中所体现的重大理论与现实问题，在提出问题、捕捉矛盾、厘清思路、建立制度、投入实践乃至构建理论等方面做出提炼与判断。同时将尽可能把握以下几点：

第一，把握各子项目研究的核心问题和主旨线索。因为丛书是以重大理论与现实问题导向为切入口，那么所探讨的经济思想就要能触及中国社会主义经济理论与市场经济建设的关键实质，聚焦问题的主要矛盾，进而更有针对性地串联起相关的经济思想。例如，在"新中国经济增长思想研究"中，著者认为经济增长方式（主要分为外延式和内涵式）的明确、选择与转换，是中国经济增长研究的主旨线索；在"新中国产业发展思想研究"中，著者认为根据不同时期的结构性条件变化，选择发挥外生比较优势的产业发展路径还是塑造内生竞争优势的产业发展路径是经济思想探讨的关键；在"新中国民营经济思想研究"中，不同时期以来我国各界对于民营经济的态度、定位及其在社会主义建设中的角色则是一个重要问题，等等。只有把握住核心问题与主旨线索，才能使得经济思想史的研究更有聚焦，在理论贡献挖掘与现实启迪方面更有贡献。

第二，明确各子项目研究的历史分期。由于各子项目均将以独立专著形式出现，考虑到篇幅及内容的系统性，丛书选择以纵向时间作为基本体例。在历史分期的问题上，丛书主张结合中国宏观经济体制、经济学术及诸多背景环境因素的阶段性变化，但更为根本的是应探索各子项目核心问题的内在发展逻辑，以此作为历史分期的主要依据。所以不同子项目可能会以不同的历史分期作为时间框架。

第三，综合运用多种方法，对各子项目所包含的经济思想进行全面且系统的解读。在运用史料学、历史分析等经济史学传统研究方法的基础上，注重采用现代经济学、经济社会学等相关理论和历史比较制度分析、历史计量分析、经济思想史与经济史交叉融合的研究方法，进而以研究方法的创新来推动观点与结论的立体化与新颖化。

　　本丛书的策划缘起于我所主持的 2017 年上海哲学社会科学规划"新中国 70 周年研究系列"项目——复兴之路：新中国经济思想研究，后有幸被增补为"十三五"国家重点出版物出版规划项目。当然，相关书稿的写作许多在 2017 年之前就已经开始，有些还是获得国家社科基金资助的著作。最初设计时选取了20 个经济思想主题，规划出版 20 本著作，涵盖了新中国经济思想的许多重要方面，具体包括：新中国经济增长思想研究、新中国经济转型思想研究、新中国对外开放思想研究、新中国经济体制改革思想研究、新中国国企改革思想研究、新中国民营经济思想研究、新中国金融体制改革思想研究、新中国农村土地制度改革思想研究、新中国经济特区建设思想研究、新中国产业发展路径选择的经济思想研究、新中国旅游产业发展与经济思想研究、新中国国防财政思想与政策研究、新中国财税体制改革思想研究、新中国反贫困思想与政策研究、新中国劳动力流动经济思想研究、新中国城镇化道路发展与经济思想研究、新中国区域发展思想研究、新中国城市土地管理制度变迁与经济思想研究、新中国城乡经济关系思想研究、新中国经济理论创新等。后来由于各种原因，至丛书首次出版时完成了其中的 13 本著作，对应上列20 个主题的前 13 个，其他著作以后再陆续出版。

　　丛书依托于上海财经大学经济学院。上海财经大学经济学院是中国经济思想史与经济史研究的重要基地和学术中心之一。半个多世纪以来，在以胡寄窗先生为代表的先辈学者的耕耘下，在以谈敏、杜恂诚、赵晓雷教授为代表的学者的努力下，上海财经大学经济思想史、经济史学科的发展对我国经济史学学科的教育科研做出了重要贡献。在学科设置上，经济学院拥有国家重点学科——经济思想史，并设有国内首家经济史学系和上海财经大学首批创新团队"中国经济转型的历史与思想研究"，致力于促进经济思想史和经济史学科的交叉融合，并实行中外联席系主任制、海外特聘教授制等，多渠道、多方式引入海内外优质教育资源，极大地促进了中国经济史学研究的国际化和现代化。

近年来，上海财经大学经济史学系建立起梯队完善、素质较高的人才队伍，聚焦于新中国经济思想史研究，已形成了一批具有影响力的学术成果，为本项目的顺利开展奠定了基础。丛书的写作团队即以上海财经大学经济学院经济史学系的师生、校友为主，其中部分校友任职于复旦大学、深圳大学、上海社会科学院、中国浦东干部学院等高校和科研机构，已成为相关单位的学术骨干。同时，部分书目也邀请了经济学院政治经济学系的几位学者撰写。在整体上，形成了老中青结合、跨学科互补的团队优势与研究特色。当然，由于作者的学科背景有别、年龄层次差异、开始着手研究撰写的时间和前期积累状况不同，以及研究对象的复杂性和整体计划完成的时间有限等原因，丛书中各著作的写作风格并不完全一致，还存在诸多不足，也未能完全达到预期目标，敬请读者批评指正！丛书创作团队将以此批研究成果为基础进一步深化对新中国经济思想的研究。

丛书的出版得到了经济科学出版社的大力支持。此外，丛书也得到了理论经济学上海Ⅱ类高峰学科建设计划项目、上海财经大学中央高校建设世界一流大学学科和特色发展引导专项资金及中央高校基本科研业务费资助项目等的资助。在此一并致谢！

程　霖

2019 年 7 月

目　录
CONTENTS

◇◇◇◇◇◇◇◇◇◇ 第一章 ◇◇◇◇◇◇◇◇◇◇

导论

◇◇◇◇◇◇◇◇◇ 第二章 ◇◇◇◇◇◇◇◇◇

新中国民营经济思想的生发：以调整为主导
（1949～1952）

◇◇◇◇◇◇◇◇◇ 第三章 ◇◇◇◇◇◇◇◇◇

新中国民营经济思想的转折：以改造为主导
（1953～1977）

◇◇◇◇◇◇◇◇◇◇　第四章　◇◇◇◇◇◇◇◇◇◇

新中国民营经济思想的复归：以重构为主导
（1978～1996）

◇◇◇◇◇◇◇◇◇◇　第五章　◇◇◇◇◇◇◇◇◇◇

新中国民营经济思想的发展：以创新为主导

（1997～2019）

◇◇◇◇◇◇◇◇◇ 第六章 ◇◇◇◇◇◇◇◇◇

新中国民营经济思想的总体考察

第一章

导　论

第一节　选题缘起与研究意义

一、选题缘起：民营经济已成为推动经济社会发展的重要力量

新中国成立 70 年，特别是改革开放进程启动 40 余年来，民营经济在我国经历了丰富的发展实践，取得了显著的增长成就。在当代中国的经济结构中，民营经济作为其中最活跃、最积极、最具竞争力的一种经济成分发展迅速，并逐渐形成了横跨全国三大区域、涵盖国民经济三大产业的经济体系。[①] 现如今，民营经济不仅在促进区域结构协调发展和推动产业结构转型升级方面发挥着重要作用，而且在拉动经济增长、扩大就业、增加税收、促进创新、改善民生等领域也彰显出巨大的潜能和贡献。根据国家统计局发布的年度数据显示：截至 2017 年底，我国民营企业数量多达 2726 万家，就业人数超过 1.98 亿人；个体工商户数量多达 6579 万户，就业人数超过 1.42 亿人。[②] 尤其是 2002 年以后，我国民营经济[③]就业人数总量开始反超国有企业，并在增长率趋势上大体与国内生产总值（GDP）增速保持同一走向（见图 1 - 1）；同年在工业领域，民营工业企业的数量亦呈现出反超国有控股工业企业数量的态势，并且就企业长期的资产利润率来看，民营工业企业较之国有控股工业企业具有显著优势（见图 1 - 2）。概括来说，2017 年度我国民营经济贡献了 50% 以上的税收，60% 以上的国内生产总值，70% 以上的技术创新成果，80% 以上的城镇劳动就业，90% 以上的企业数量。[④] 此外，在社会发展方面，民营企业积极聘用前任政府官员、参与"政府与社会资本合作"（public-private partnership）、热衷慈

---

① 厉以宁：《论民营经济》，北京大学出版社 2007 年版，第 1 页。
② 数据来源：《中国统计年鉴》（2018），中国统计出版社 2018 年版。
③ 广义民营经济包含丰富的经济形式，而统计领域尚未出现与之相对应的兼具科学性与权威性的数据统计成果，因而此处民营经济采用狭义民营经济概念，仅指个体经济和私营经济，不包括港澳台、外资经济。
④ 习近平：《在民营企业座谈会上的讲话》，人民出版社 2018 年版，第 3 页。

善捐赠，民营企业家群体艰苦创业、不断创新，同时亦主动参与人大代表、政协委员等政治身份的选举和任职①，在一定程度上加强了企业与政府、企业与社会的生态联系，有利于进一步推动社会和谐与稳定发展。特别值得一提的是，近年来我国民营企业的国际地位和国际影响力也呈现出与日俱增的态势，在世界 500 强企业的最新名单中，中国民营企业的上榜数量由 2010 年的仅 1 家增加到 2018 年的 28 家。

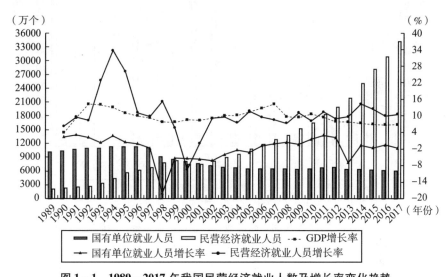

图 1-1　1989~2017 年我国民营经济就业人数及增长率变化趋势

资料来源：《中国统计年鉴》（2003、2018）。其中，国内生产总值增长率按不变价格计算。

民营经济的大力崛起及其发展贡献被视为中国从计划经济向市场经济转型过程中依然能够保证国民经济快速增长的主要动力②，同时伴随着我国经济体制改革的逐步深化，民营企业以及民营企业家群体获得了迅速成长与空前壮大的时代契机，使得市场力量在资源配置领域占据前所未有的重要地位，极大地带动并实现了中国经济的

---

① 刘凝霜：《政治关系、非正式制度与民营企业发展路径——基于研究脉络与理论逻辑的双视角考察》，载于《经济学动态》2016 年第 10 期。

② 戴园晨：《中国经济的奇迹——民营经济的崛起》，人民出版社 2005 年版，第 1 页。

高速增长。① 简而言之，民营经济已经成为中国经济中最富活力的元素之一，是推动中国经济社会发展的重要力量②，同时也是新时代推进供给侧结构性改革、带动经济高质量发展、建设现代化经济体系的重要主体。

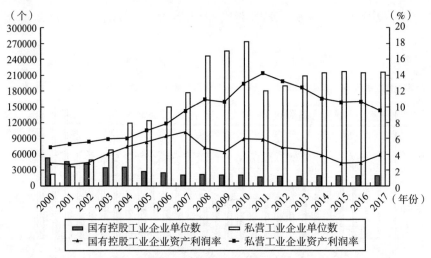

图1-2 2000～2017年我国不同类型工业企业数量及资产利润率变化趋势

资料来源：《中国统计年鉴》（2018），中国统计出版社2018年版。

　　然而，不同于西方发达国家企业成长以及市场经济培育和发展的长期过程，民营经济在中国的发展和崛起及其现阶段所处地位的背后有着特殊的社会历史结构与演进轨迹。从其法律地位的变迁视角来看（见表1-1），民营经济从新中国成立初期位于国民经济五大成分③之列，到过渡时期全面建

　　① Lin, S.. 2000. Resource Allocation and Economic Growth in China, *Economic Inquiry*, Vol. 38 (3), pp. 515－526；王劲松、史晋川、李应春：《中国民营经济的产业结构演进——兼论民营经济与国有经济、外资经济的竞争关系》，载于《管理世界》2005年第10期。
　　② Nicholas R. Lardy. 2014. Markets Over Mao: The Rise of Private Business in China, *Peterson Institute for International Economics*, pp. 1－2；史晋川：《中国民营经济发展报告》（上册），经济科学出版社2005年版，第1页；李维安：《中国民营经济制度创新与发展》，经济科学出版社2009年版，第1～2页；李国荣：《民营之路》，上海财经大学出版社2006年版，第1页。
　　③ 国民经济恢复时期，我国国民经济具体包括五种经济成分：国营经济、合作社经济、个体经济、私人资本主义经济和国家资本主义经济。

设社会主义公有制经济而被逐步改造以致基本消失，再到改革开放以后宪法重新赋予个体、私营经济法律地位，我国单一公有制的经济结构被打破，民营经济才得以复归并逐渐从社会主义公有制经济的补充角色跃升为社会主义市场经济的重要组成部分。历史的曲折实践表明，民营经济与国有经济作为新中国经济结构中的两股支撑力量相辅相成，二者在我国社会主义初级阶段以及社会主义市场经济的建设和发展过程中各自发挥着相互无法替代的经济作用和社会效益。

表1－1　　　　　1949年以来我国民营经济法律地位的变迁历程

法律名称及其年份	民营经济法律地位的相关规定
《中国人民政治协商会议共同纲领》（1949年）	第三十条　凡有利于国计民生的私营经济事业，人民政府应鼓励其经营的积极性，并扶助其发展
《中华人民共和国宪法》（1954年）	第五条　中华人民共和国的生产资料所有制现在主要有国家所有制，即全民所有制；合作社所有制，即劳动群众集体所有制；个体劳动者所有制；资本家所有制
《中华人民共和国宪法》（1975年）	第五条　中华人民共和国的生产资料所有制现阶段主要有两种：社会主义全民所有制和社会主义劳动群众集体所有制。国家允许非农业的个体劳动者在城镇街道组织、农村人民公社的生产队统一安排下，从事在法律许可范围内的，不剥削他人的个体劳动。同时要引导他们逐步走上社会主义集体化的道路
《中华人民共和国宪法》（1978年）	相较"七五"《宪法》，"七八"《宪法》在民营经济法律地位的相关规定上未作修改，内容同上
《中华人民共和国宪法》（1982年）	第十一条　在法律规定范围内的城乡劳动者个体经济，是社会主义公有制经济的补充。国家保护个体经济的合法的权利和利益。国家通过行政管理，指导、帮助和监督个体经济
《中华人民共和国宪法修正案》（1988年）	第十一条增加规定　国家允许私营经济在法律规定的范围内存在和发展。私营经济是社会主义公有制经济的补充。国家保护私营经济的合法的权利和利益，对私营经济实行引导、监督和管理
《中华人民共和国宪法修正案》（1993年）	相较"八八"《宪法修正案》，"九三"《宪法修正案》在民营经济法律地位的相关规定上未作修改，内容同上

续表

法律名称及其年份	民营经济法律地位的相关规定
《中华人民共和国宪法修正案》 （1999 年）	宪法第十一条修改　在法律规定范围内的个体经济、私营经济等非公有制经济，是社会主义市场经济的重要组成部分。国家保护个体经济、私营经济的合法的权利和利益。国家对个体经济、私营经济实行引导、监督和管理
《中华人民共和国宪法修正案》 （2004 年）	宪法第十一条第二款修改　国家保护个体经济、私营经济等非公有制经济的合法的权利和利益。国家鼓励、支持和引导非公有制经济的发展，并对非公有制经济依法实行监督和管理

因此，具有如上突出贡献又历经曲折发展路径的中国民营经济不可能不引起国内外学术界的广泛关注与热烈探讨，一时间关于"中国民营经济崛起之谜""推动民营经济高速发展的动力来源""中国民营经济如何实现持续增长"等问题成为讨论和研究的焦点，学者们分别从不同的视域构筑理论模型、搜集实证数据来阐释和论证中国民营经济崛起的动因。其中，较为主流的一种观点是基于新制度经济学的理论框架，强调制度在经济发展过程中所起到的根本性作用，如黄孟复指出，以所有制结构为内涵的中国共产党经济政策的调整为民营经济崛起提供了有利环境；龚晓菊认为，诸如产权制度、金融制度、人力资源制度、技术创新制度等共同构成了民营经济发展的制度动力结构；李维安主张中国民营经济的整个发展历程实质上可以看作是一种持续的制度创新过程，并进一步引入地方政府的意识形态偏好因素来考察不同地区民营经济演进路径出现分岔的逻辑机制。[①] 第二种观点从中央与地方政府分权的研究视角出发，提出因分权造成的地区间竞争将促使企业和地方政府联合起来与中央政府进行博弈，导致企业获得剩余控制权与索取权，从而迫使政府从企业中逐步退出，为国有经济民营化以及民营经济的发展开拓了空间。[②] 第三种观点认为，民营

---

① 中华全国工商业联合会、黄孟复主编：《中国民营经济发展报告 No. 1（2003）》，社会科学文献出版社 2004 年版，第 2～4 页；龚晓菊：《制度变迁与民营经济发展研究》，武汉大学出版社 2005 年版，第 119～156 页；李维安：《中国民营经济制度创新与发展》，经济科学出版社 2009 年版，第 7～31 页。持类似观点的学者还有很多，因篇幅所限此处暂不一一列举。

② 杨瑞龙：《我国制度变迁方式转换的三阶段论》，载于《经济研究》1998 年第 1 期；张维迎：《区域竞争和私有化》，载于《北大中国经济研究中心简报》1999 年第 20 期。

企业本身具有较高的经济效率（如全要素生产率、资产回报率、留存收益、产权结构、内部治理结构等），因而其增长与发展速度之快不言而喻。[①] 以上这些观点为理解中国民营经济的制度供给、运行绩效、发展模式等问题提供了多元化的视角和专业性的分析，但正如前面所言，民营经济在新中国的发展和崛起有着特殊的历史背景和发展轨迹，而现有文献存在的一个缺憾是大多偏重制度层面和经济层面的效率考察和机制分析，却轻视了关于思想层面的深度挖掘和基于历史视野的比较研究。

具体而言，如果假设制度供给与创新是推动中国民营经济发展的根本动因，而制度本身并非有意识、有思想的能动主体，那么制度是如何产生的？它是自发演进的还是人为设计的呢？更进一步来说，制度并非如新经济增长模型中所假设的一般是既定的、静态的且外生于经济系统的，事实上，从长期来看，制度处于动态的变化之中，并且这种变化是人们可以观察得到的客观现实（至少在法律条文方面如此），那么是什么力量推动了制度变迁？领导者或是决策层的主观意识或思想是否将影响制度的制定与实施？又在多大程度上、通过何种途径或机制来施加影响？制度变迁与经济变迁之间究竟存在什么样的关联？对于这一系列问题的探索将有助于更深刻地挖掘和揭示中国民营经济崛起的谜底。[②] 然而，这些至关重要的问题迄今尚未得到国内学人的充分重视与深入探讨。面对类似的困惑与质疑，道格拉斯·诺思（Douglass C. North）提出将经济学视为一种选择的理论，在他看来，要厘清人类的生存现状，就必须关注参与者有意识的行为；但要欲求改善人类的未来，则必须把握人类制定决策的来源；从而，

[①] Nicholas R. Lardy. 2014. Markets Over Mao: The Rise of Private Business in China, *Peterson Institute for International Economics*, pp. 97 – 134；谭劲松、郑国坚：《产权安排、治理机制、政企关系与企业效率——以"科龙"和"美的"为例》，载于《管理世界》2004 年第 2 期；王争、史晋川：《中国私营企业的生产率表现和投资效率》，载于《经济研究》2008 年第 1 期；范建双、虞晓芬、赵磊：《中国国有、私营和外资工业企业地区间效率差异研究》，载于《数量经济技术经济研究》2015 年第 6 期。

[②] 本书并不否认制度在经济发展过程中所具有的作用，即制度供给与制度创新对于推动中国民营经济崛起所起到的作用和贡献。但是，正如这里所讨论的，本书试图进一步探寻制度和制度变迁产生的原因，将已有研究和结论向前推进一步，尝试讨论认知层面或思想层面的因素是否影响了制度的塑造与变革，进而通过制度这一具体的表现形式对民营经济绩效产生影响？因此，本书将以往仅注重制度与经济绩效之间关系的研究问题，拓展为思想、制度与经济绩效三个维度的问题来加以考察。

理解经济变迁过程的关键在于探究促使制度发生变革的参与者的意向性以及他们对现实问题的理解。[1] 诺思将制度（institution）界定为由人类制定的用以规范人类社会、政治、经济互动行为的一系列正式和非正式约束[2]，并把意识作为关键变量引入分析框架，揭示了制度演化以及经济变迁的深层次决定因素。这一思考为进一步阐释制度与制度变迁产生的缘由提供了重要的研究线索，同时也为深入理解中国民营经济制度与经济绩效变迁的命题提供了一个全新的观察视角——将思想、制度、经济三者结合起来进行综合分析，同时鉴于历史的连续性与制度变迁的路径依赖特征，将历史研究与现实研究相结合，并且进行不同时期的历史比较分析亦十分重要。因此，选择基于民营经济思想演进的历史视角，进一步探寻有关制度变迁与中国民营经济崛起根源这一具有明确问题导向性的研究，无疑将是一个合适且独特的切入点。

实际上，新中国成立70年来，伴随着民营经济实践的起伏发展历程，各界有识之士围绕民营经济问题纷纷进行了诸多讨论与思辨，在中国思想领域产生并形成了一系列丰富且独具创见的民营经济思想，通过对这些珍贵思想进行梳理与分析，有助于更好地再现和诠释相关民营经济发展的理论指导脉络以及相关制度安排背后的历史逻辑和内在逻辑。简而言之，从经济思想史的视域入手来探索和进行新中国民营经济与制度变迁的专题研究，不仅是在时间维度上，将该学术命题从21世纪回扩至新中国成立这一时间节点进行长达70年的历史回溯，使之具有历史逻辑的连续性与完整性；而且还在空间维度上，将考察该命题的理论视角从强调社会实践领域的物质活动引入到重视对社会意识领域的思想探索，使之更加具有理论张力和抽象解释力。有鉴于此，本书在研究逻辑和论述脉络上，试图先后阐释三个层次的主要问题：第一个层次，新中国历史上产生和形成了哪些值得称述的民营经济思想？第二个层次，这些思想在长达70年的历史时期中经历了怎样一种演进过程？推动其发展与演变的内在逻辑机制是什么？第三个层次，民营经济思想与民营经济制度之间存在何种关联？它们

---

[1] Douglass C. North. 2005. *Understanding the Process of Economic Change*, Princeton University Press, P. 3.

[2] Douglass C. North. 1991. Institutions, *Journal of Economic Perspectives*, Vol. 5 (1), pp. 97–112.

又是如何影响民营经济绩效乃至整个经济变迁过程的？

二、研究意义：兼具理论建构、历史镜鉴与实践启示多重价值

基于上述选题背景与学术关切，详细梳理并系统考察新中国成立 70 年来的民营经济思想及其演进过程将是一个颇具理论、历史与实践多重价值的学术研究课题。

从理论研究层面来看，目前国内外学术界关于中国民营经济崛起及其经济绩效与制度变迁的历史与实证研究成果较多，但从经济思想史的视域进行长周期探讨的成果仍然较为薄弱，尤其是直接契合并系统考察新中国民营经济思想及其演进路径的专门性研究至今阙如。事实上，新中国 70 年民营经济发展的瞩目成就为学术界提供了有力的现实基础和大量的经验证据，在此基础上诸多政治家、思想家、经济学家等专家学者们围绕民营经济问题进行了深入的思考和研究，反映在思想领域，则产生和形成了相当丰富的民营经济思想，其中不乏理论色彩浓厚、逻辑体系清晰的理论学说。同时，为了与民营经济在实践中发展创新的进程相适应，学术界也面临着如何提升民营经济理论研究水平、构建民营经济理论体系的时代任务。[①] 因此，进行新中国民营经济思想史的专题研究，不仅有助于充分挖掘中国各界有识之士关于民营经济发展的智慧积累与思想传承，丰富中国现代经济思想史领域的研究内涵，亦有助于为深入理解中国民营经济制度与经济变迁的学术命题提供一个新的观察视角，并且还有利于对民营经济发展过程中的普遍规律和基本原理加以提炼概括，为构建民营经济理论体系提供思想素材。

从历史与经济实践的层面来看，自 1978 年以来的改革实践证明，民营经济实现了快速而持续的高增长，并成为推动中国经济社会发展的重要力量，然而随着国际宏观政治经济格局的新变化、中国经济增长进入新常态、互联网等高新技术的广泛应用，以及家族式民营企业开始出现代际更迭等问题，民营经济的发展也将在新时代背景下迎来新一轮挑战，如何实现从依托

---

① 厉以宁：《论民营经济》，北京大学出版社 2007 年版，第 1 页。

改革红利刺激下的要素驱动转型成为面向市场化的效率驱动乃至创新驱动则成为发展的关键。因此，站在新中国成立 70 周年这一特殊的历史时点，系统总结历史上相关民营经济发展与运行的理论研究、制度设计者与改革推行者的思想认知以及社会意识形态的演变与得失，将有助于为当前民营经济的发展实践提供足资借鉴的历史经验；同时，在对原有民营经济思想以及经济理论进行传承与借鉴的基础上，构建我国民营经济理论体系，并进一步完善具有中国特色的民营经济发展理论，将有助于为我国民营经济进行经营创新、管理创新、机制创新等提供重要的理论指引，亦有助于从一种长期的、动态的、辩证的视角为中国民营经济的未来发展提供若干政策启示。

第二节　研究对象与概念界定

本书研究的出发点是试图从历史演进的长周期视角来系统考察新中国成立 70 年来民营经济思想的发展脉络与变迁轨迹。作为一项经济思想史领域的研究课题，明确研究对象并廓清其概念内涵是研究工作得以顺利展开的前提条件。因此，首先有必要针对本书研究所涉及的一系列概念进行逐层的范畴界定与确切的含义说明。

一、民营经济

民营经济（private economy）是本书的核心概念。历史上"民营"概念早在南京国民政府时期业已被国人提出并使用，而后由于政治制度、经济格局、社会环境等方面的变革，其概念和内涵均未在新中国沿用。[①] 因此，需要特别强调的是，本研究所涉及的民营经济概念是指在新中国成立以后创制并广泛运用的学术概念。

---

① 程霖、刘凝霜：《经济增长、制度变迁与"民营经济"概念的演生》，载于《学术月刊》2017 年第 5 期。

目前，对于民营经济概念的理解和界定，学术界尚无统一的标准和结论。归纳而言，主要有三种代表性观点：一是从所有制范畴的视角，认为民营经济的内涵即非公有经济或非国有经济，该观点强调所有制关系是反映经济形态的本质属性[①]；二是从经营机制范畴的视角，认为"民营"是与"国营""官营"相对的概念，民营经济的本质就是非国营经济，该观点强调资产经营主体或经营方式的转变，而非改变资产产权本身的性质[②]；三是基于所有制形式与经营方式相结合的视角，认为民营经济的内涵即非国有国营经济，该观点的基本逻辑在于所有权与经营权的分离是有限度的，任何一种经济形式都是既体现一定的所有制形式又体现一定的经营方式，因此只有综合二者进行界定才能实现概念内涵的完整性[③]。以上三种观点既有交集，也存在较大争议与分歧，这对我们全面理解民营经济具有重要的参考意义。概念是实践活动的理论概括，作为反映客观事物发展的概念内涵与外延应随着实践活动的不断发展而丰富和拓宽。所有制仅涉及生产资料归属，它必然通过具体形式来实现经济效益，而采取何种实现形式则取决于生产社会化程度、政治经济体制等外部因素。因而只有对我国不断深化的经济体制改革过程中所产生的全部经济形式和新型经营方式进行综合概括，才能使民营经济概念在内涵和外延上具备完整性。[④] 为此，

---

① 刘宏：《民营经济的概念、范围及特点》，载于《湖湘论坛》1997 年第 4 期；吴世泉：《试论"民营经济"正确界定》，载于《经济工作导刊》1998 年第 10 期；冯秀肯：《论民营经济的内涵与外延》，载于《广东社会科学》2003 年第 3 期。

② 较早提出此类观点的代表人物是晓亮和刘迎秋。参见晓亮：《为"民营"正名》，载于《南方经济》1994 年第 1 期；晓亮：《正确界定民营经济》，载于《经贸导刊》2003 年第 3 期；刘迎秋：《中国经济"民营化"的必要性和现实性分析》，载于《经济研究》1994 年第 6 期。

③ 较早提出此类观点的代表人物是单东和陈静。参见单东：《民营经济及其相关概念》，载于《特区经济》1997 年第 10 期；单东：《民营经济论》，载于《浙江社会科学》1998 年第 2 期；陈静：《民营经济的界定及其现实意义》，载于《财经理论与实践》1996 年第 5 期。

④ 阳小华：《民营经济内涵问题探析》，载于《江汉论坛》2000 年第 5 期；张惠忠：《"民营经济"概念辨析》，载于《上海统计》2001 年第 3 期；丁耀、吴时国：《浅议"民营经济"的创新内涵及其意义》，载于《湖北成人教育学院学报》2003 年第 2 期；戴园晨：《民营经济的功能发挥》，载于《经济经纬》2005 年第 4 期；单东：《民营经济不是一个模糊概念》，载于《经济学家》2005 年第 1 期；于维栋等：《浅析民营与非公有经济的概念内涵》，载于《中国民营科技与经济》2005 年第 5 期；廖乐焕：《民营经济概念考察》，载于《晋阳学刊》2006 年第 5 期；廖乐焕：《民营经济若干问题解析》，载于《理论月刊》2006 年第 2 期；李妍：《从经济史角度看我国民营经济的产生与发展》，载于《求索》2006 年第 2 期；李静娥：《民营经济概念的发展历程及界定》，载于《特区经济》2006 年第 5 期；李国荣：《"民营经济"概念辨析》，载于《企业经济》2007 年第 1 期。

笔者倾向于采用第三种观点，即将民营经济界定为非国有国营的多种所有制经济与多元经营方式相结合的经济形式的总称，其外延在广义上大体包括个体经济、私营经济、集体经济、混合经济、外资经济、国有民营经济等经济形式，在狭义上仅指个体经济和私营经济。并且在该界定基础上，进一步明确民营经济与私营经济、非公有制经济等概念之间的联系与区别：私营经济①是民营经济的重要组成部分之一，非公有制经济②是民营经济的主体。

本书将使用狭义民营经济概念，即把民营经济具体限于个体经济和私营经济进行深入研究。之所以作此种界定，主要基于两点考虑：首先，从经济思想史研究的技术角度③考虑，如果将集体经济、外资经济、混合经济等其他经济形式皆纳入本研究中，那么所需搜集和整理的各种资料、观点理论、法律法规等可谓卷帙浩繁、汗牛充栋，欲在有限的篇幅内对所有民营经济形式的经济思想进行梳理和总结显然是不切实际的，并且不同经济形式的发展程度及其所对应的理论逻辑、制度政策之间都存在较大差异性，以致很难抽象、提炼出统一的具有共同专业基质的思想要素和演化规律。其次，从中国现代经济思想史研究④的特征和意义考虑，一方面，个体、私营经济在当今的经济结构中不仅是民营经济的主要部分，同时也是市场经济的重要力量⑤，并且作为伴随新中国经济发展史曲折前进的一部分具有特殊意义，因此，对个体、私营经济的重点研究有助于为当代社会

---

①　私营经济是指以生产资料私有和雇用劳动为基础的一种经济形式，私营企业是私营经济的具体表现形式。《关于划分企业登记注册类型的规定》第九条规定：私营企业是指由自然人投资设立或由自然人控股，以雇用劳动为基础的营利性经济组织。

②　非公有制经济是指在社会主义条件下生产资料不归全体劳动者或部分劳动者共同占有的一种所有制经济形式，具体包括个体经济、私营经济、外资经济等。

③　经济思想史研究应该在实现理论要素的提炼、理论演进的累积和理论线索的勾勒的基础上，揭示随时间运动而演化的经济思想"过程"的节奏和脉络。该观点参见赵晓雷：《经济思想史学科界定及研究方法的技术性要求》，载于《经济学家》2005年第3期。

④　中国现代经济思想史旨在研究和总结1949年以来中国各种经济思想与经济理论产生、发展及其演变的历史。该观点参见程霖、张申、何业嘉：《中国现代经济思想史研究：1978～2014》，载于《中国经济史研究》2015年第3期。

⑤　根据《中国统计年鉴（2016）》统计数据计算：截至2015年底，全国企业单位总数共12593254个，如按企业登记注册类型划分，其中国有企业133631个（占比1.1%）、私营企业8656494个（占比68.7%）；如按企业控股情况划分，其中国有控股企业291263个（占比2.3%）、私人控股企业10677612个（占比84.8%）；全国就业总人数77451万人，其中国有单位就业人数6208万人（占比8%），私营企业就业人数16394.9万人（占比21.2%）。

主义市场经济的发展提供历史镜鉴与实践启示；另一方面，本书旨在以厘清新中国民营经济思想的演进为主线，而个体、私营经济正是推动民营经济发展的主要线索，其经济思想亦是新中国民营经济思想演进历程中的一条重要脉络。因此，将民营经济主要限于个体、私营经济进行思想要素的提炼与梳理，并不违背本书的研究主旨，而是保证这项研究顺利进行的一种可行的优选路径。

二、民营经济思想

民营经济思想（private economic thought）是本书的研究对象。目前，学术界对于经济思想史学科研究对象的界定，大致呈现两种认知：一种认为经济思想史是对已成为历史的经济观点、经济论述、经济政策、经济理论进行研究；另一种认为经济思想史是对具有共同专业基质的思想的发生、传承、发展进行过程描述和线索勾勒。① 前者在研究范畴与内涵边界方面都较后者宽泛，因而包含的思想信息更为丰富，更适用于针对历史长周期的宏观视角研究。基于这一认识，笔者赞同上述第一种观点，并秉持该观点将之贯穿于本项研究的始终。同时，笔者认为所谓经济思想，不仅应包括政治家、经济工作者等提出的经济主张，经济学家、理论工作者等提出的经济理论及存在于公众之中的经济观念②，还应包括蕴含于经济制度中抽象理论的思想要素③，这样有助于兼顾政界思想、广泛的学界思想以及制度思想等不同层面，从而保证了所研究领域的思想内容能够被更为充分地吸收、纳入。据此，将民营经济思想界定为人们关于民营经济运行和发展的经济理念、政策主张、学术观点以及经济制度中蕴含的思想要素。正是这些内容，构成了新中国民营经济发展并实现经济增长的思想来

---

① 赵晓雷：《经济思想史学科界定及研究方法的技术性要求》，载于《经济学家》2005年第3期。
② 经济思想既包括一般经济学理论的内容和进展，更是指能够促进和规制经济学理论发展的哲学思辨。该观点参见钟祥财：《经济思想的涵义及其史的写法》，载于《上海经济研究》2004年第10期。
③ 王昉：《中国古代农村土地所有权与使用权关系：制度思想演进的历史考察》，复旦大学出版社2005年版，第1页。

源与理论基础，同时也成为本书的直接研究对象。

　　为了保证研究层次的清晰，对民营经济思想的研究在本书的论述中将具体分为两个层面展开：第一个层面为"理论认知"，是指针对民营经济在实践中的客观现象（包括公私关系、产权结构、经济地位、经济效率等）所产生和形成的有关民营经济运行与发展的经济理论，以及能够促进或规制这些理论发展的经济思辨，这里既包含政策思想，也包含学术思想；第二个层面为"制度建构"，是指国家针对民营经济运行与发展所制定的一系列正式制度（包括国家颁布的法律、法规、政策性文件等成文规定）中所表现出来的人为设计意识，以及从中抽象出的经济思想要素。

三、新中国民营经济思想

　　新中国民营经济思想（private economic thought in new China）是对本书研究时段的界定，即研究自中华人民共和国成立 70 年（1949～2019年）以来关于我国民营经济运行与发展的"理论认知"和"制度建构"。之所以如此界定，主要基于两个缘由：一来，中华人民共和国的成立标志着中国在历史长卷上又重新开启了一个新的时间单元，导致社会环境、政治制度、经济格局等方面出现了一系列的历史变革，进而使得民营经济的概念、性质、内涵及其用法在 1949 年前后也相应发生了较大变化，为了在同一个历史框架和概念体系下讨论民营经济问题，因而将研究的时间起点设为 1949 年。二来，在新的时间单元内，新的社会制度的实验、建立以及与之相适应的社会意识形态的变化与影响，推动了新中国民营经济实践及其经济理论在内容、模式、方法等方面形成了区别于既往的新特点，并且对该思想演进过程的研究需要给予历史一个沉淀的过程，因而选取 2019 年作为本研究的截止年限。这期间中国民营经济业已历经 70 载沉浮消长的发展演变史，已然积累了相当分量的实践经验和思想资源，有助于本书更为客观详尽地开展考察。同时，2019 年也是本书完稿的年份，以此作为研究截止年限亦有利于紧跟时代与思想的最新发展动态。

　　综上所述，本书最终确立并所要考察的研究对象——新中国民营经济思想，是指 1949～2019 年，中国国内产生的有关民营经济运行与发展的

"理论认知"（即相关经济理论，以及能够促进或规制这些理论发展的经济思辨）与"制度建构"（即正式制度中所表现出来的人为设计意识，以及从中抽象出的经济思想要素），同时亦包括针对思想演进轨迹与变迁机制的分析和探讨。

第三节　文献回顾与研究述评

目前，就国内外学术界的研究现状与成果来看，直接契合并系统考察"新中国民营经济思想及其演进轨迹"的贯通性、专门性研究至今阙如。但随着民营经济在我国的发展壮大及其对推动经济增长的持续贡献，民营经济相关问题逐渐引起了学术界的广泛关注与重视，并成为经济学、社会学、法学等研究领域的重要课题之一，因而具有一定相关性的文献资料可谓文山书海，包括民营经济的概念界定、发展历史、经济绩效、政策制度、社会影响等诸多方面。要在有限的篇幅内对上述所有问题进行文献整理与综述显然是难以实现的，因此，本书以紧扣"新中国民营经济思想"这一研究对象，并综合提炼"理论认知"与"制度建构"要素的研究思路为宗旨，对研究文献进行取舍与回顾时将重点聚焦以下三个方面内容：一是国外学界关于中国民营经济问题的研究；二是国内学界有关新中国民营经济理论的发展演变研究；三是国内学界有关新中国民营经济政策的历史沿革研究。

一、国外有关中国民营经济问题的研究动态

随着民营经济在我国的快速崛起和持续发展，中国民营经济问题也引起了国外学术界的诸多关注，相关学术论文和著作成果侧重于从某个特定视角出发来考察中国民营经济崛起的原因或是发展过程中存在的问题，其研究的关注点往往非常具体，因而相对零散。例如，*Private Enterprise in China* 一书专辟章节，从历史视角简要回顾了 1949～1999 年我国民营经济

的发展进程及其对国民经济的绩效贡献（Ross Garnaut，Ligang Song，Yang Yao and Xiaolu Wang）[①]；尼古拉斯·拉迪（Nicholas Lardy）则在其著作 *Markets Over Mao：The Rise of Private Business in China* 中比较研究了中国民营企业与国有企业，并认为民营企业具有更高的全要素生产率、资产回报率以及留存收益是其得以迅速崛起的主要动力[②]。此外，具体到民营经济产权问题方面，旺克和提洛斯（Wank and Delios）等学者指出，民营企业获得的支持性程度在中国等新兴经济体中正在加大，但是由于财产所有权的界定尚不明确，因此中国历史上所出现的对私有产权的反对将影响其发展[③]；与此同时，庄恩百（Chong - En Bai）及其合作者发现，民营企业将通过政治参与、慈善行为等途径来建立非正式制度以弥补由于正式制度缺失而导致的产权争议[④]。在民营经济合法性问题方面，奥斯龙、艾伦和董（Ahlstrom，Allen and Tung）等学者认为，在法律环境以及制度安排尚不健全的条件下，构建企业的合法性对于中国民营企业的生存和发展尤为重要，其途径包括树立企业形象、联网、与地方政府或权力机构建立联系等[⑤]。在民营经济政治关系问题方面，Di Guo、Kun Jiang 等利用 1995～2010 年我国四次私营企业调查的横截面数据，对基于党员身份以及其他政治关系产生的创租行为进行了动态检验，研究发现，具有政治关联的企业

---

① Ross Garnaut，Ligang Song，Yang Yao，Xiaolu Wang. 2012. Development of the Role of Private Enterprise in China，*Private Enterprise in China*，ANU Press，pp. 9 - 28.

② Nicholas R. Lardy. 2014. Markets Over Mao：The Rise of Private Business in China，*Peterson Institute for International Economics*，pp. 97 - 113.

③ D. L. Wank. 1999. *Commodifying Communism：Business，Trust，and Politics in a Chinese City*，Cambridge University Press，Cambridge；A. Delios，A. J. Wu，N. Zhou. 2006. A New Perspective on Ownership Identities in China's Listed Companies，*Management and Organization Review*，Vol. 2（3），pp. 319 - 343.

④ Chong - En Bai，Jiangyong Lu，Zhigang Tao. 2006. Property Rights Protection and Access to Bank Loans：Evidence from Private Enterprises in China，*Economics of Transition*，Vol. 14（4），pp. 611 - 628.

⑤ D. Ahlstrom，G. D. Bruton. 2001. Learning from Successful Local Private Firms in China：Establishing Legitimacy，*Academy of Management Executive*，Vol. 15（4），pp. 72 - 83；D. Ahlstrom，G. D. Bruton，K. S. Yeh. 2008. Private firms in China：Building legitimacy in an emerging economy，*Journal of World Business*，Vol. 43（4），pp. 385 - 399；R. L. Tung，V. Worm. 2001. Network capitalism：The Role of Human Resources in Penetrating the China Market，*International Journal of Human Resource Management*，Vol. 12（4），pp. 517 - 534；F. Allen，J. Qian，M. Qian. 2005. Law，Finance，and Economic Growth in China，*Journal of Financial Economics*，Vol. 77（1），pp. 57 - 116.

家在宪法修正案实施以后将获得更多租金①；Michael Firth 等在考察中国国有银行对民营企业的贷款分配时，通过实证检验得出政治关系对民营企业获得银行贷款具有促进作用的结论②。在民营企业的海外发展问题方面，Jing Gu 重点评估了中国私营企业在非洲的发展特征、动机及其影响，结果显示，中国私营企业在非洲投资的主要驱动力源于非洲市场机遇、国内企业竞争和企业家精神，但其参与行为仍然缺少一种弥补中国对非政策及其实施效果差距的有效机制③。另外，关于我国"政府与社会资本合作"的议题近来已成为国外学者研究的热点之一，不少文献针对 PPP 项目的实施领域、政治因素、风险与权利分配等问题进行了深入探讨。④

综上看来，已有外文文献尚未出现针对新中国民营经济思想及其发展变迁过程的系统研究。虽然其中不乏探讨中国民营经济问题的研究成果，但其大多注重对民营企业或私营部门运行过程与现实发展问题的实证分析，缺乏历史维度和思想层面的考察，因而难以在民营经济发展的历史演进乃至经济思想与理论体系方面给予本书直接启迪，不过以上相关中国民营经济发展的实证结果仍可为本研究提供一定的经验证据与结论参考。

二、国内有关新中国民营经济理论的发展演变研究

国内学界中，有关新中国民营经济理论方面的研究成果比较丰富，学者们主要以中国共产党历代领导核心或历届中共中央领导人所提出的民营经济理论为研究对象，从研究视角与方法上来看，大抵可以分为两类：一

① Di Guo, Kun Jiang, Byung – Yeon Kim, Chenggang Xu. 2014. Political Economy of Private Firms in China, *Journal of Comparative Economics*, Vol. 42 (2), pp. 286 – 303.

② Michael Firth, Chen Lin, Ping Liu, Sonia M. L. Wong. 2008. Inside the Black Box：Bank Credit Allocation in China's Private Sector, *Journal of Banking & Finance*, Vol. 33 (6), pp. 1144 – 1155.

③ Jing Gu. 2009. China's Private Enterprises in Africa and the Implications for African Development, *The European Journal of Development Research*, Vol. 21 (4), pp. 570 – 587.

④ Yongjian Ke, Shouqing Wang, Albert P. C. Chan. 2010. Preferred Risk Allocation in China's Public-private Partnership (PPP) Projects, *International Journal of Project Management*, Vol. 28 (5), pp. 482 – 492；Albert P. C. Chan, John F. Y. Yeung, Calvin C. P. Yu. 2011. Empirical Study of Risk Assessment and Allocation of Public-private Partnership Projects in China, *Journal of Management in Engineering*, Vol. 27 (3), pp. 136 – 148；Martin De Jong, Mu Rui, Dominic Stead. 2010. Introducing Public-private Partnership for Metropolitan Subways in China：What is the Evidence? *Journal of Transport Geography*, Vol. 18 (2), pp. 301 – 313.

类是纵向历史研究；另一类是横向比较研究。

（一）纵向历史研究

此类研究在体例上侧重于遵循时间顺序，在内容上集中于对 1949 年新中国成立或 1978 年改革开放以来中国共产党历代领导核心或者历届中共中央领导人所提出的民营经济理论及思想进行历史脉络的梳理和总结。

在著作方面，仅有李青主编的《中国共产党对资本主义和非公有制经济的认识与政策》与何成学所撰写的《中国共产党发展非公有制经济历史考察与现实思考》两部书作①，专门回溯和考察了中国共产党对资本主义、资产阶级以及非公有制经济的发展历史、认识与政策。其他成果则主要以章节的形式散见于中国经济理论史、中国经济学史、中共党史等著作中。赵晓雷首先在《新中国经济理论史》一书的第十四章探讨所有制理论研究时，专门对 1992～1999 年关于民营经济与私有经济的学术讨论进行了梳理，内容包括民营经济的概念范畴、发展模式、私有化、私有制以及产权理论等②；其后在《中华人民共和国经济思想史纲》一书的第三章阐论社会主义市场经济思想的理论与实践价值时，针对 20 世纪 80 年代私营经济的发展概况、性质作用、私营经济与私有化等问题进行了理论综述③。张卓元在其先后主编出版的《中国经济学 30 年（1978～2008）》《中国经济学 60 年（1949～2009）》《新中国经济学史纲（1949～2011）》三部编著中专辟章节简要回顾了改革开放 30 年以来、新中国成立 60 年以来所有制理论的演变，其中部分涉及个体、私营经济理论。④ 白永秀、任保平、何爱平等和顾龙生则分别在《中国共产党经济思想 90 年》《中国共产

---

① 李青：《中国共产党对资本主义和非公有制经济的认识与政策》，中共党史出版社 2004 年版；何成学：《中国共产党发展非公有制经济历史考察与现实思考》，广西师范大学出版社 2008 年版。

② 赵晓雷：《新中国经济理论史》，上海财经大学出版社 1999 年版，第 400～411 页。

③ 赵晓雷：《中华人民共和国经济思想史纲（1949～2009）》，首都经济贸易大学出版社 2009 年版，第 154～156 页。

④ 张卓元：《中国经济学 30 年（1978～2008）》，中国社会科学出版社 2008 年版，第 77～85 页；《中国经济学 60 年（1949～2009）》，中国社会科学出版社 2009 年版，第 96～114 页；《新中国经济学史纲（1949～2011）》，中国社会科学出版社 2012 年版，第 237～255 页。

经济思想史（1921～2011）》的个别章节论述了有关逐步实现资本主义工商业社会主义改造的经济思想，以及建设以公有制为主体、多种经济成分长期共同发展的经济思想。①

在期刊论文方面，学者们主要关注中共中央领导人物的民营经济思想，如毛泽东、邓小平、江泽民、刘少奇、周恩来、陈云、朱德等②，其中以研究毛泽东、邓小平民营经济思想的成果为最多。也有部分学者注重对中国共产党民营经济思想史的整体考察，如胡愈、许红莲、岳意定梳理了以毛泽东、邓小平、江泽民为核心的中共三代领导集体关于民营经济问题的长期探索过程③；于书伟简要回顾了新中国成立 60 年中国共产党对非公有制经济的认知历程④；张敏对改革开放以前中国共产党非公有制经济理论进行了历史考察，并提出这一理论在新民主主义革命建设、社会主义改造和社会主义建设三个时期依次经历了形成、完善和调整的过程⑤；淳悦峻、孙建华、陈丽等增加并拓展了以胡锦涛为总书记的中央领导集体对

---

① 白永秀、任保平、何爱平等：《中国共产党经济思想 90 年》，人民出版社 2011 年版，第556～568 页；顾龙生：《中国共产党经济思想史（1921～2011）》，山西经济出版社 2014 年版，第327～336、677～681 页。

② 潘石：《邓小平发展个体私营经济思想刍论》，载于《社会科学战线》1998 年第 4 期；陈华建、项良、陆伟民：《对邓小平非公有制经济思想的思考》，载于《江南论坛》1998 年第 11期；黄世明：《邓小平个体私营经济思想初探》，载于《社会主义研究》1999 年第 5 期；王世勇：《对邓小平发展非公有制经济思想的理论思考》，载于《桂海论丛》2003 年第 6 期；黄筱荣、熊吕茂：《论邓小平私营经济理论及其意义》，载于《求索》2004 年第 11 期；张旭东：《邓小平私营经济思想论析》，载于《毛泽东思想研究》2004 年第 6 期；邱家洪：《邓小平非公有制经济思想初探》，载于《理论月刊》2005 年第 2 期；王媛：《邓小平发展非公有制经济思想对马克思跨过资本主义"卡夫丁峡谷"原理的继承和发展》，载于《中国经贸导刊》2010 年第 21 期；邵锦华：《建国初期毛泽东的非公有制经济思想及其启示》，载于《福建党史月刊》2010 年第 7 期；阚秀玲：《毛泽东发展非公有制经济思想的演变历程及其启示》，载于《黑龙江省社会主义学院学报》2013 年第 4 期；谭晓钟、龙岱：《周恩来关于非公有制经济思想述评》，载于《毛泽东思想研究》1998 年第 S2 期；王盛泽：《陈云私营经济思想述评》，载于《福建党史月刊》2010 年第 6 期；王焕培：《江泽民发展非公有制经济思想的研究》，载于《陕西社会主义学院学报》2003 年第 1 期；谭晓钟：《论朱德的非公有制经济思想》，载于《毛泽东思想研究》2007 年第 6 期；谭晓钟：《论刘少奇的非公有制经济思想》，载于《毛泽东思想研究》2008 年第 6 期；李玉荣：《张闻天的私营经济思想》，载于《山东师范大学学报》1989 年第 2 期。此类研究还有不少，此处不逐一列举。

③ 胡愈、许红莲、岳意定：《中共三代领导集体私营经济思想的传承和发展》，载于《毛泽东思想研究》2006 年第 4 期。

④ 于书伟：《建国以来中国共产党的非公有制经济思想演变述论》，载于《中国商界》2010年第 5 期。

⑤ 张敏：《改革开放前党的非公有制经济理论发展研究》，载于《湖北函授大学学报》2012年第 11 期。

此前中共三代领导集体非公有制经济（私营经济）理论和政策的继承与发展研究[①]。

在学位论文方面，以硕士学位论文为主，内容聚焦于对邓小平民营经济思想的专题研究[②]，以及对不同时期中国共产党民营经济思想的系统研究：孙少艾、吴二华、宋慧敏、武甲强、张敏[③]具体考察了十一届三中全会以后中国共产党在实践和理论领域对民营经济的认知与探索过程；许红莲和来志鹏[④]则进一步拓宽了研究时段，前者通过对中共三代领导集体私营经济思想的历史研究，揭示了其思想的发展性、曲折性和继承性，后者厘清并分析了新中国成立以来中国共产党私营经济理论与政策的发展、演变过程。

（二）横向比较研究

不同于上述纵向历史研究，此类则强调对中国共产党历代领导集体或中共中央领导人之间的民营经济理论与具体内容进行比较分析，旨在阐论不同思想之间的差异及其传承与发展特征。

任军利在系统比较党的三代领导人私营经济思想的基础上，认为其在思想产生的时代背景、立论基础、性质界定、地位作用等方面都存在不同特点[⑤]；许红莲、胡愈通过分析中共三代领导集体（以毛泽东、邓小平、

---

① 淳悦峻：《党的历代中央领导集体对非公有制经济理论的创新和发展》，载于《实事求是》2005 年第 3 期；孙建华：《党的历代中央领导人对非公有制经济理论的独特性贡献》，载于《山东省青年管理干部学院学报》2007 年第 2 期；陈丽：《中国共产党关于发展私营经济思想的历史考察与分析》，载于《辽宁省社会主义学院学报》2008 年第 1 期；周普杰：《对中国共产党发展私营经济思想的历史考察》，载于《党史文苑》2008 年第 8 期。

② 王媛：《邓小平发展非公有制经济思想研究》，华东师范大学硕士学位论文，2003 年；尹婷：《论邓小平的民营经济思想》，中南大学硕士学位论文，2005 年；王明凤：《邓小平非公有制经济思想及实践研究》，佳木斯大学硕士学位论文，2001 年；付利文：《邓小平发展非公有制经济思想探究》，东北师范大学硕士学位论文，2012 年；贺汝颜：《邓小平非公有制经济思想研究》，华中师范大学硕士学位论文，2015 年。

③ 孙少艾：《论十一届三中全会以来中国共产党关于私营经济的思想》，南京师范大学硕士学位论文，2004 年；吴二华：《新时期党对私营经济的认识轨迹》，中共中央党校硕士学位论文，2004 年；宋慧敏：《改革开放以来党的私营经济思想研究》，河北大学硕士学位论文，2009 年；武甲强：《新时期中国非公有制经济理论与实践研究》，山东轻工业学院硕士学位论文，2011 年；张敏：《中国共产党的非公有制经济思想的历史演变及实践探索》，河南师范大学硕士学位论文，2013 年。

④ 许红莲：《中共三代领导集体私营经济思想的历史考察》，中南大学硕士学位论文，2005 年；来志鹏：《建国以来党的私营经济理论与政策研究》，兰州理工大学硕士学位论文，2011 年。

⑤ 任军利：《党的三代领导集体的私营经济思想比较研究》，载于《甘肃社会科学》2004 年第 5 期。

江泽民为核心）私营经济思想的异同之处，指出其相同点在于皆以马克思列宁主义理论为指导，并以实现人民共同富裕为最终目的，而不同点在于私营经济观、私营经济理论依据以及思想内涵方面的差异①；王芳、王光应则在已有成果的基础上将研究范围拓展至包括个体、私营、外资等在内的非公有制经济，分别以硕士学位论文的形式，从时代背景、发展历程和基本内涵等方面对毛泽东、邓小平、江泽民三位领导人的非公有制经济思想进行了多角度的对比和分析②。

除了对中共历代领导集体或领导人物思想进行综合比较之外，专门性考察邓小平对毛泽东民营经济思想的继承与发展问题也是此类研究的焦点，包括张天政的《邓小平对毛泽东发展私营经济思想的创新》、顾行超的《邓小平对毛泽东私营经济思想的创新》及《对毛泽东私营经济思想的创新及其意义——纪念邓小平诞辰一百周年》、宁坚的《两个时期党的非公有制经济思想比较》、黄淑婷的《论邓小平对毛泽东民营经济思想的纠正、继承与发展》及《毛泽东邓小平民营经济思想比较及其当代启示》等。③

综上所述，虽然关于新中国民营经济理论认知方面的研究成果在数量上较为可观，但仍存在两方面的缺憾。其一，相关研究基本以期刊论文和硕士学位论文的形式呈现，而博士学位论文和专著形式的成果尚不多见，仅有少数研究散见于中国经济理论史、中国经济学史等总论性著作的部分章节之中，因而暂不构成完整体系，且分析深度有限。其二，已有成果主

---

① 许红莲、胡愈：《论中共三代领导集体私营经济思想的异同》，载于《湖南省社会主义学院学报》2006 年第 2 期。

② 王芳：《毛泽东、邓小平、江泽民非公有制经济思想及其比较研究》，中国地质大学硕士学位论文，2006 年；王光应：《党的三代领导核心非公有制经济思想对比分析》，云南师范大学硕士学位论文，2006 年。

③ 张家阔：《邓小平对毛泽东私营经济思想的新发展》，载于《长白学刊》2000 年第 3 期；王强：《邓小平对毛泽东私营经济思想的继承和发展》，载于《山西高等学校社会科学学报》2004 年第 1 期；顾行超：《邓小平对毛泽东私营经济思想的创新》，载于《湖北省社会主义学院学报》2004 年第 5 期；顾行超：《对毛泽东私营经济思想的创新及其意义——纪念邓小平诞辰一百周年》，载于《上海市社会主义学院学报》2004 年第 5 期；张天政：《邓小平对毛泽东发展私营经济思想的创新》，载于《党史天地》2007 年第 10 期；黄淑婷：《论邓小平对毛泽东民营经济思想的纠正、继承与发展》，载于《洛阳师范学院学报》2008 年第 3 期；黄淑婷：《论毛泽东与邓小平民营经济思想的一致性与不同点》，载于《商场现代化》2008 年第 16 期；宁坚：《两个时期党的非公有制经济思想比较》，载于《四川统一战线》2009 年第 8 期；黄淑婷：《毛泽东邓小平民营经济思想比较及其当代启示》，载于《求实》2014 年第 2 期；黄淑婷：《论邓小平对毛泽东民营经济思想的纠正、继承与发展》，河南大学硕士学位论文，2005 年。

要是以中国共产党历代领导核心（或历届中共中央领导人）所提出的民营经济理论为研究对象，即对政治领域的经济思想进行提炼、梳理和对比分析，而尚未涉及学术领域的思想探索与争鸣。实际上，自新中国成立70年以来，我国学术界诸多经济学家都曾围绕所有制理论、产权结构、民营经济的性质、存废以及发展效率等问题进行过集中且深入的理论探索和经济思辨，因此，这些思考和研究是构成新中国民营经济理论基础的另一股重要的思想源泉，理应对其进行充分挖掘和分析。

三、国内有关新中国民营经济政策的历史沿革研究

论及新中国民营经济政策或制度方面的研究也是较为丰富的，国内许多学者从不同的维度和视角，针对某一历史时期内或自新中国成立以来长周期的民营经济制度与民营经济政策进行了较为深入的考察和梳理。从研究时段与范围来看，基本可以分为三类：聚焦新中国成立初期的专门性研究、针对自改革开放以来的专门性研究，以及贯穿新中国成立以来的总论性研究。

（一）聚焦新中国成立初期的专门性研究

目前看来，聚焦新中国成立初期中国共产党民营经济政策的专门性研究尚不多见。在著作方面，仅有缪昌武的《新中国成立初期中国共产党私营经济政策研究：以1949～1952年南通地区为实证》一书，其原为作者的博士学位论文，该书在对南通地区进行实证研究的基础上，从认识与政策层面系统阐述了1949～1952年党采取扶持和利用、限制和引导政策所体现出的对私营经济地位、作用的认识变迁过程。[①]

在期刊论文方面，陈夕较早地对国民经济恢复时期我党利用、限制私营经济政策的制定历程进行了整理。[②] 王澍、唐莉回顾了1949～1958年党

[①] 缪昌武：《新中国成立初期中国共产党私营经济政策研究：以1949～1952年南通地区为实证》，社会科学文献出版社2011年版。
[②] 陈夕：《建国初期党对民族资本主义经济政策简论》，载于《当代中国史研究》1999年第2期。

的私营经济政策，并指出新中国成立初期对私营经济采取限制和改造的政策有利于巩固新生的人民政权，顺应社会发展趋势。① 高晓林、韩平基于信息沟通渠道与政策选择的视角考察了新中国成立初期党的私营经济政策的动力机制，认为党的理想的规定性与当时国内外的现实背景是形成"利用与限制"私营经济政策的两股张力。② 缪昌武具体阐述了1949～1952年中国共产党对私营经济进行扶持和利用、限制和引导的政策内容。③ 叶菊珍则详细梳理了新中国成立初期时任西南局第一书记的邓小平，对西南地区私营经济所采取的政策措施。④ 此外，刘雪明、马若龙、李芬等个别学者还对1956～1966年、1967～1977年的个体私营经济政策及其曲折演变进行了分析和述评。⑤

在学位论文方面，除上述缪昌武的唯一一篇博士论文外⑥，硕士研究生马亚鹏和吴梓萌分别在工业化战略与和谐社会的背景和视域下研究了新中国成立初期的私营经济政策⑦；欧健、刘胜男则对自新中国成立近30年党的民营经济政策进行了历史考察⑧。

（二）针对自改革开放以来的专门性研究

文献资料中，以针对改革开放以来中国共产党民营经济政策的专门性

---

① 王澍、唐莉：《建国初期党的私营经济政策探析》，载于《理论学刊》2004年第7期。
② 高晓林、韩平：《现实与理想张力下的沟通渠道与政策选择：建国初期党的私营经济政策研究》，载于《当代世界与社会主义》2009年第6期。
③ 缪昌武：《新中国成立初期党的私营经济政策及其当代价值》，载于《毛泽东邓小平理论研究》2010年第10期。
④ 叶菊珍：《建国初邓小平私营经济政策评析》，载于《毛泽东思想研究》2004年第1期。
⑤ 刘雪明：《1957～1966年党的个体私营经济政策述评》，载于《当代中国史研究》2001年第2期；刘雪明：《1966～1976年我国个体私营经济政策述评》，载于《当代中国史研究》2006年第3期；马若龙：《1956～1966年：党的非公有制经济政策嬗变及意识形态分析》，载于《思想战线》2010年第6期；李芬：《二十世纪五六十年代中国共产党对非公有制经济政策之分析》，载于《党史研究与教学》2001年第S1期。
⑥ 缪昌武：《新中国成立初期中国共产党私营经济政策研究——以1949～1952年南通地区为实证》，扬州大学博士学位论文，2010年。
⑦ 马亚鹏：《建国初期工业化战略视阈下私营经济政策演变研究》，西南财经大学硕士学位论文，2013年；吴梓萌：《社会和谐视阈下新中国初期私营经济政策研究》，扬州大学硕士学位论文，2015年。
⑧ 欧健：《新中国前30年党的非公有制经济政策的回顾与反思》，河南大学硕士学位论文，2001年；刘胜男：《中国共产党民营经济政策研究（1949～1976年）》，首都师范大学硕士学位论文，2007年。

研究成果为最多，并且主要以论文的形式呈现。

在期刊论文方面，郑立春和黄世明是较早探索这一领域的开创性学者，前者结合私营经济的发展状况将新时期党的私营经济政策划分为四个阶段：1978～1985年产生阶段，采取"等一等、看一看"的政策；1986～1988年稳步发展阶段，实行"允许存在、加强管理、兴利抑弊、逐步引导"方针；1989～1991年下降阶段，提出"鼓励积极发展与限制消极作用并举"方针；1992～1996年迅速发展阶段进一步明确私营经济政策。① 后者通过历史考察，指出我党关于个体私营经济的政策大体经历了从最初保持沉默的"看一看"方针，到"有益补充论"，再到"社会主义市场经济重要组成部分"论断提出的演变过程。② 此后，类似的政策演变研究陆续出现不少③，在此不逐一列举。其中特别值得一提的是，邓宏图的《转轨期中国制度变迁的演进论解释——以民营经济的演化过程为例》是研究中国民营经济发展与制度创新的历史问题的突出代表，他通过引进历史逻辑起点、生产率竞赛、制度互补等关键概念为该领域研究提供了一个新的演进论解释。④ 另外，杨小玲亦基于制度变迁理论考察了1978年以来我国非公有制经济的制度变迁过程。⑤

在学位论文方面，仅有王世勇和李海涛的两篇博士论文做了较为深入的研究。前者基于历史发展的视角，对1978～2003年党和政府关于非公有制经济的认知及政策演变进行了系统分析，认为这一过程先后经历了初步形成（1978～1988年）、摇摆（1989～1991年）、重新确立（1992～

---

① 郑立春：《中国共产党对新时期私营经济政策的演变与私营经济的发展》，载于《石家庄经济学院学报》1997年第1期。

② 黄世明：《新时期党的个体私营经济政策演变探析》，载于《毛泽东思想研究》1999年第4期。

③ 张白茹：《新时期党对私营经济政策的演变》，载于《宁夏大学学报（人文社会科学版）》2001年第3期；秦位强：《新时期我国非公有制经济政策的历史演变》，载于《沧桑》2005年第5期；李海涛：《新时期党的私营经济政策研究》，载于《理论月刊》2011年第2期；张立影：《改革开放以来我党私营经济政策的历史演变》，载于《理论月刊》2012年第11期；熊辉、吴晓、谭诗杰：《改革开放以来党关于私营经济理论政策的演变》，载于《北京党史》2013年第1期。

④ 邓宏图：《转轨期中国制度变迁的演进论解释——以民营经济的演化过程为例》，载于《中国社会科学》2004年第9期。

⑤ 杨小玲：《改革开放以来我国非公有制经济制度变迁研究》，载于《当代经济管理》2009年第3期。

1997 年）和历史性突破（1997～2003 年）四个时期①；后者以探讨政策演进的时代背景为着力点，将 1978～2008 年党的私营经济政策的演进过程依次划分为"默许"阶段（1978～1986 年）、"补充论"阶段（1987～1991 年）、"组成部分论"阶段（1992～2002 年）和"平等论"阶段（2003～2008 年）进行论述并加以评析②。此外还有个别硕士学位论文，如刘坤以改革开放以来党的政策对私营经济地位规定的变化为标志，把相关政策演变的轨迹描述为默许私营经济存在、承认私营经济合法、确认私营经济是公有制经济的补充并与其他经济成分共同发展、把私营经济纳入社会主义初级阶段基本经济制度四个阶段③；刘亚丽简要回顾了 1978～1992 年党对个体私营经济的认识轨迹及其政策演变的曲折发展历程④；来自首都师范大学、新疆师范大学以及湘潭大学的另外三位硕士研究生也进行了类似考察⑤。

（三）贯穿新中国成立以来的总论性研究

研究自新中国成立以来中国共产党民营经济政策演变的总论性成果已有一些积累。在著作方面，《中国民营经济史·大事记》《中国民营经济史·纪事本末》《中国民营经济史》三部编著⑥以编年体、纪事本末体的形式系统介绍了中国民营经济发展过程中的重大历史事件以及主要政策、制度，为该领域研究提供了基本线索和资料。

在论文方面，根据研究视角和时段起讫的不同，这类成果主要呈现"两阶段""三阶段""四阶段""五阶段"等划分观点。萧栋梁较早地针对党的非公有制经济政策进行了两阶段的系统考察，即新中国成立至十一

---

①　王世勇：《新时期非公有制经济政策的历史考察（1978～2003）》，中共中央党校博士学位论文，2004 年。

②　李海涛：《新时期党的私营经济政策探析》，南开大学博士学位论文，2009 年。

③　刘坤：《改革开放以来中国共产党私营经济政策研究》，武汉大学硕士学位论文，2004 年。

④　刘亚丽：《中共个体私营经济政策演变的历史考察（1978～1992）》，中共中央党校硕士学位论文，2009 年。

⑤　邢雁宁：《改革开放以来党的私营经济政策探析》，首都师范大学硕士学位论文，2000 年；黄灵辉：《邓小平与新时期党的私营经济政策的演进》，新疆师范大学硕士学位论文，2005 年；刘洋：《新时期党的私营经济政策的历史考察》，湘潭大学硕士学位论文，2010 年。

⑥　黄孟复：《中国民营经济史·大事记》，社会科学文献出版社 2009 年版；黄孟复：《中国民营经济史·纪事本末》，中华工商联合出版社 2010 年版；高德步：《中国民营经济史》，山西太原出版社 2014 年版。

届三中全会前为第一阶段，政策经历了从保护鼓励、根本改造到排斥消灭的演变，对国民经济起到了促进、小挫、大挫、增速减缓等不同作用；而十一届三中全会至党的十五大为第二阶段，政策经历了从允许存在、鼓励发展到共同发展的演变，极大地推动了国民经济的快速发展。[①] 此后几篇期刊论文和硕士学位论文也以十一届三中全会为分期点，对新中国成立以来的民营经济政策演变进行了研究。[②]

罗忠勇基于分配冲突的视角，研究认为共产党执政以后，中国私营经济政策经历了由 1949～1952 年"扶持、利用与限制"，经 1953～1977 年"改造与取缔"，到 1978～2014 年"默许与鼓励"三个阶段，而政府及公有经济部门与私营经济部门之间的相对力量关系变化则是政策演变的动力机制。[③] 周新军围绕非公有制经济"是否可以存在"以及"如何发展"两个主题，亦将其政策演变过程划分为三个阶段：1949～1956 年、1957～1978 年、1978～2013 年。[④]

张远新提出新中国成立 50 余年期间，我党个体私营经济政策经历了肯定—否定—重新肯定的演变，该过程大致可划分为四个阶段："利用""限制""改造"阶段（1949 年 9 月～1957 年 8 月）、"批判""否定""取消"阶段（1957 年 9 月～1978 年 11 月）、"恢复""发展""补充"阶段（1978 年 12 月～1997 年 8 月）、"肯定""鼓励""平等"阶段（1997 年 9 月～2001 年 12 月）。[⑤]

李海涛则将研究时段拓展到 2010 年并进行了五阶段的划分：1949～1952 年是"利用""限制"阶段、1953～1976 年是"改造""消灭"阶

---

① 萧栋梁：《建国以来我国非公有制经济政策的变迁与思考》，载于《求索》2000 年第 6 期。
② 欧健：《两个 30 年：党的非公有制经济政策演变比较》，载于《中共天津市委党校学报》2009 年第 6 期；欧健：《新中国 60 年党的非公有制经济政策的演变与思考》，载于《南都学坛》2009 年第 4 期；梁爽：《建国后非公有制经济政策的历史考察及其现实分析》，哈尔滨师范大学硕士学位论文，2010 年；蔡俊霞：《建国以来党的非公有制经济政策研究》，山西大学硕士学位论文，2010 年；何龙昌：《建国以来党的非公有制经济政策研究》，东北石油大学硕士学位论文，2015 年。
③ 罗忠勇：《共产党执政以来中国私营经济政策的演变及其机制——基于分配冲突的视角》，载于《社会主义研究》2015 年第 5 期。
④ 周新军：《党的非公有制经济政策回顾与展望》，载于《党政干部学刊》2013 年第 11 期。
⑤ 张远新：《建国后我党对个体私营经济政策的演变及其历史经验》，载于《社会主义研究》2003 年第 3 期。

段、1978～1991 年是"补充论"阶段、1992～2002 年是"组成部分论"阶段、2003～2010 年是"平等论"阶段，并进一步得出"马克思主义中国化的发展是党的私营经济政策形成和演进的理论环境"① 的重要结论。

此外，黄淑婷认为，中国共产党民营经济政策先后经历了"发展""限制""割尾巴""有益补充""重要组成部分""毫不动摇"的曲折变迁，这一过程是党重新认识国情、社会主义、马克思主义、所有制，以及不断进行理论创新的必然结果。② 马若龙则从意识形态、生产关系、强国梦想三个思想主线，将中国共产党成立至 2005 年间的非公有制经济政策依次划分为萌发、激进、理性、发展、利用、改造、反复、铲除、恢复和鼓励共 10 个时期进行考察。③

综上所述，虽然关于新中国民营经济政策制度的历史沿革研究在数量上也是较为丰富的，但其成果大多聚焦于改革开放以后时段的专门性研究，而疏于对新中国成立初期、社会主义改造时期、国民经济调整时期等改革开放以前各个阶段的考察，同时也缺乏贯穿新中国成立 70 年的长周期、全面性、系统性的深入研究。同时，由于这类研究主要是基于历史发展的分析框架，对新中国民营经济实践及相关国家政策制度的沿革历程进行回顾与评价，因此，上述成果大多注重对政策演变的历史过程进行阶段划分和特征归纳，而较为欠缺对思想要素的提炼；并且鉴于研究视角与所采用依据的差异，很多研究对新中国民营经济发展和政策演变的历史分期各执不同观点，虽然其中各含合理性，但在经济学理论分析与研究范式方面则稍显薄弱。

总体而言，已有成果在梳理和总结中国共产党历代领导核心或历届中共中央领导人所提出的民营经济理论与思想历程，以及回顾和评价新中国民营经济实践及相关政策制度的历史沿革两个方面进行了较为丰富且夯实的研究，为本书提供了一定程度上可借鉴的文献资料和观点参考。但这些研究成果在学术和制度思想要素的提炼与分析方面仍存在一些缺憾和薄弱点，具体表现为：（1）缺乏针对新中国民营经济思想的系统性研究。已有

---

① 李海涛：《新中国成立以来党的私营经济政策探析》，载于《改革与战略》2011 年第 2 期。
② 黄淑婷：《中国共产党民营经济政策演变研究》，载于《前沿》2011 年第 5 期。
③ 马若龙：《中国共产党的非公有制经济政策研究》，武汉理工大学硕士学位论文，2006 年。

研究或侧重于中国共产党核心领导集团、个别重要领导人物的思想归纳，或侧重于某一时期内相关政策的历史梳理，必然导致研究内容不够全面、考察时段不够完整、史料挖掘不够充分等问题，进而难以系统把握政治、理论、制度三者间的互动关系，更难以展现 1949 年以来中国民营经济思想演进的整体风貌。（2）缺乏对新中国民营经济思想渊源与理论影响的考辨和剖析。已有研究大多是对民营经济思想及相关政策制度本身的梳理和解读，而对于理论、制度等思想产生的背景缘起、推动其发展的演进机制与经济逻辑、理论得失以及实践绩效等问题，皆未能进行深入的思考和分析。（3）缺乏研究民营经济思想的理论工具和分析框架。许多已有研究并未充分吸收、利用马克思主义经济学和西方现代经济学中有关机制设计、制度变迁、经济增长等理论加以分析，仅对其进行一般性的论述，如此难以从长周期的思想变迁表象之中把握并抽象出思想演进的内在逻辑及其规律性因素。上述几点薄弱之处正是本研究试图努力尝试并希望有所发展与突破的切入点，以期在此基础上丰富关于新中国民营经济思想的认识和研究。

第四节 研究方法与基本思路

一、研究方法

（一）"制度—认知"分析方法

本书的基本分析方法将采用道格拉斯·诺思所提倡的"制度—认知"（institution/cognition）分析方法。该方法是 20 世纪 90 年代以来新制度经济学领域实现转变与突破的新理论，被视为新制度经济学研究的一种极大拓展。[1] 它的逻辑结构可表达为：可感知的现实（perceived reality）→信念

---

[1] Douglass C. North. 2005. *Understanding the Process of Economic Change*, Princeton University Press，P. ⅶ.

（beliefs）→制度（institutions）→政策（policies）→结果即改变后的现实（altered perceived reality）①，其中信念体系指人类处境的内在表诠（internal representation），制度则是这种内在表诠的外在显现（manifestation）②。这套分析框架强调信念（beliefs）、认知（cognition）、心智结构（mental constructs）以及意向性（intentionality）在人类经济社会中的重要作用，其研究重点在于分析认知过程、信念体系与制度变迁之间的互动关系，并据此探寻它们影响经济绩效的方式与途径。

在经济史学，特别是经济思想史的研究中，与此前新制度经济学基于新古典经济学基本框架之上所建立的"制度有效论"的分析视角相比，"制度—认知"分析方法则是一种较为科学和全面的分析方法，它不仅讨论政治、经济等环境因素，而且进一步将文化和意识形态等抽象解释因素引入制度分析框架，对制度变迁以及经济变迁的过程进行了更为合理且深刻的解释。在诺思看来，"大多数经济学家都忽视了思想观念在决策中的作用"，而"很多被我们看作是理性选择的东西，与其说是个人认知，倒不如说是根植于更大范围的社会和制度环境之中的思想过程"③。因此，可以说"制度—认知"分析方法给经济思想史学科的研究提供了一个新颖的研究路径和分析框架。采用该方法将有助于本书系统考察新中国民营经济思想及相关民营经济制度的变迁脉络，并探寻二者之间的互动演进关系，从而为现世提供可资借鉴的历史经验。

（二）辩证唯物主义与历史唯物主义相结合的研究方法

辩证唯物主义和历史唯物主义是马克思主义哲学的基本理论。辩证唯物主义（dialectical materialism）是指将唯物主义和辩证法有机统一起来所形成的科学世界观，这种世界观认为世界在本质上是物质的，物质世界按照其本身所固有的规律运动、变化与发展；历史唯物主义（historical materialism）是科

---

① Mantzavinos C. , North D. C. and Shariq, S. . 2004. Learning, Institution and Economic Performance, *Perspectives on Politics*, Vol. 2 (1), pp. 75 – 84.

② 此处 internal representation 和 manifestation 的中文译义借鉴了韦森的观点，参见韦森：《再评诺思的制度变迁理论》，载于《经济学（季刊）》2009 年第 2 期。

③ 道格拉斯·诺思：《理解经济变迁过程》，中译本，中国人民大学出版社 2008 年版，第 23 ~ 24 页。

学的历史观，也是认识、改造社会的一般方法论，它认为历史事件发生的根本
原因是物质的丰富程度，社会历史的发展有其自身固有的客观规律。

经济思想属于人类思维（意识）的一种，而经济思想史是一门基于历
史的视角来研究思想产生、发展与演变过程的学科，如何正确、科学地认
知和把握意识、历史与物质世界的本质、规律及其相互之间的关系极为重
要。辩证唯物主义和历史唯物主义是马克思主义的科学世界观和科学方法
论的统一，是对包括自然、社会和人类思维在内的世界总体性的哲学把
握①，因此，二者相结合的研究方法正是解决上述疑问的切入点。

（三）理性重建与历史重建相结合的研究方法

作为一项经济思想史领域的研究，采用何种经济思想史观以及研究方
法论将影响研究的深度与广度。经济思想史学家马克·布劳格（Mark
Blaug）在借鉴哲学史中的术语及其划分理念的基础上，提出经济思想史
学科存在两种不同的正当的研究方法②：第一种为理性重建（rational re-
construction），侧重于假想过去的思想家处于现代并按照现代术语重建过
去，即运用现代经济学的研究方法、分析工具等来重新表述前人的思想观
念；第二种为历史重建（historical reconstruction），侧重于回溯到思想家本
人所处的时代对历史情境进行还原与重建，即依据过去思想家在特定历史
条件下的思考方式来阐释其思想观念。③

经济思想史在本质上作为一门历史学科，其研究素材的特征决定了历
史重建方法的重要性与基础性，在客观反映历史、遵从思想本意的前提
下，采用理性重建的方法更有助于理解和把握思想演进的逻辑脉络，二者
在一定程度上具有互补性，应当将两种方法有机结合起来。④ 因此，本书
将以历史时间的推移为纵轴，采用理性重建的方法系统梳理新中国成立以

---

① 陈先达：《毫不动摇地坚持辩证唯物主义和历史唯物主义》，载于《思想理论教育》1999
年第 9 期。
② 马克·布劳格：《经济理论的回顾》，中译本，中国人民大学出版社 2009 年版，第 8～9 页。
③ Mark Blaug. 2001. No History of Ideas, Please, We're Economists, *Journal of Economics Per-
spectives*, Vol. 15, No. 1, pp. 145 – 164.
④ 贾根良：《浅议经济思想史观与经济思想史研究方法论》，载于《当代经济研究》2010
年第 4 期。

来民营经济思想的变迁轨迹,旨在突出经济思想在长时段中发展演变的内在逻辑与理论连贯性,增强对经济思想演进脉络与机制的把握和理解;以不同时期经济思想所呈现的阶段性特征为横轴,采用历史重建的方法对民营经济思想生发的历史情境进行回溯,进而深入探讨不同时期经济思想之所以发展演变的渊源、特征以及影响。

(四)实证分析与规范分析相结合的研究方法

实证分析和规范分析是经济学领域的两种基本研究方法。所谓实证分析(empirical analysis),是指对客观经济现象以及经济现象之间的关系进行事实性描述,即研究经济现象"是什么"的方法;所谓规范分析(normative analysis),是指基于一定的价值判断对经济现象以及经济现象之间的关系进行分析,即研究经济现象"应该是什么"的方法。[1]

如何合理地综合运用这两种方法是做好经济学以及经济思想史研究的关键步骤。新中国成立 70 年来民营经济历经起伏,因此,一方面,运用实证分析方法(定量分析方法)对民营经济的运行趋势以及民营经济思想发展过程中所凸显的数量性特征进行客观统计与描述,将成为刻画思想演变历程与轨迹的有力工具[2];另一方面,民营经济的发展问题不仅涉及宏观经济增长,而且也涉及微观领域的治理问题,同时民营经济作为我国由计划经济体制向社会主义市场经济体制转型时期的重要市场主体之一,相关研究具有很强的理论意义和实践指导价值,因此在实证分析的基础上结合规范分析方法对民营经济思想的演进过程进行相关价值判断,将有助于对民营经济思想的整个脉络进行深入考察。

二、研究思路

本书旨在借鉴马克思主义经济学和新制度经济学相关理论的基础上,

---

① 朱成全:《对实证分析和规范分析争论的科学哲学的思考》,载于《江西财经大学学报》2005 年第 3 期。
② 明海英:《中国经济思想史研究领域不断深入和拓展——访上海财经大学经济学院教授程霖》,中国社会科学网,http://ex.cssn.cn/zx/bwyc/201701/t20170129_3400194.shtml,访问时间:2017 年 1 月 29 日。

综合运用"制度—认知"分析方法、辩证唯物主义与历史唯物主义相结合、理性重建与历史重建相结合、实证分析与规范分析相结合的研究方法，来系统梳理和考察 1949～2019 年中国民营经济思想的演进轨迹及其内在逻辑。具体落实到研究思路上，可以分别从纵向和横向两条线索展开。

从纵向线索来看，既然本书是以探讨新中国民营经济的思想内容及其发展演变的轨迹为核心，那么首先应该对新中国成立以来长达 70 年的历史时期进行时段划分。历史分期本身并不是研究的重点，其目的在于通过历史时段划分的方法更好地呈现出研究对象在历史上传承、转折、变化的脉络。① 因此，本研究并不准备单纯采用按照民营经济发展阶段或是国家领导集体更迭换代的历史分期法，而是在此基础上综合考虑民营经济思想内容的变化及相关制度安排的阶段特征（这一点将在每一章节中具体展开阐述），将新中国民营经济的思想历程划分为：生发时期（1949～1952 年）—转折时期（1953～1977 年）—复归时期（1978～1996 年）—发展时期（1997～2019 年）四个阶段，进而着重考察民营经济思想在这四个阶段的演化和变迁。其中，1953 年、1978 年、1997 年是进行阶段性划分的几个重要的时间节点，分别对应过渡时期总路线的提出、思想解放及改革开放序幕的拉开、非公有制经济作为我国社会主义市场经济重要组成部分的地位提升，这些重大决策或是制度结构的制定与实施在很大程度上引起、改变或促进了民营经济思想的发展与演变轨迹，并使之呈现出显著的阶段性特征。基于此，本书的第二章、第三章、第四章和第五章即分别对应上述四个阶段中相关民营经济发展运行的理论认知和制度建构进行梳理和分析。同时需要强调的是，本书的研究重点并非是针对某一特定人物或特定时期的思想论述，而是旨在对思想演进轨迹及其内在逻辑的考察和剖析，因此，第六章在综合前面阶段性研究的基础之上构成尝试解答这一核心问题的总结性内容，并进一步就中国民营经济崛起的根源问题给出本书的研究观点。

---

① 王昉：《中国古代农村土地所有权与使用权关系：制度思想演进的历史考察》，复旦大学出版社 2005 年版，第 10 页。

从横向线索来看，以何种逻辑或分析框架来具体展开对各个阶段民营经济思想的梳理是研究难点，这决定了本项研究的理论深度。本书将基于上述道格拉斯·诺思在探究制度变迁以及经济变迁的深层次决定因素时所提倡的"制度—认知"分析方法，构建"历史背景—理论认知—制度建构—经济绩效"分析框架来建立每一阶段的研究线索。具体而言，任何一种思想的产生都根植于一定结构性条件下的政治、经济、社会、制度环境，因此在对每一阶段的横向研究中，本书将首先介绍和描述该时期的经济背景、理论背景与制度背景，以便对该时期民营经济思想的产生进行溯源工作；继而在此基础上，聚焦"理论认知"和"制度建构"两个层面，从大量文献资料中提炼出该时期民营经济思想（包括重要领导人物的政策主张、专业经济学者的经济理论、经济制度中蕴含的思想要素）的主要内容和理论要素，并加以详细分析；最后在每一阶段的结尾，结合民营经济绩效的定量分析，对民营经济思想的理论逻辑和阶段特征进行深入考察和述评。

第五节　研究框架与研究特点

一、本书基本框架

基于上述研究思路，本书的基本框架将遵循图 1 - 3 所示的技术路线展开。

第一章导论，重点介绍选题背景和研究意义、研究对象和概念界定、文献回顾和研究述评、研究方法和研究思路、本书的基本框架以及创新与不足之处。

第二章为本书研究主体的第一部分，也是新中国民营经济思想演进的第一阶段：生发阶段（1949～1952 年）。该章节将首先从新民主主义经济理论、旧中国经济遗产和新中国初期民营经济发展概况三方面，分别介绍本阶段民营经济思想产生的理论背景、经济背景与制度背景；其次，从以毛泽东、陈云为代表的国家主要领导人的政策思想，理论界有关民营经济性质与发展方向的学术探讨，以及《中国人民政治协商会议共同纲领》（以下简称《共同纲领》）和《中华人民共和国私营企业暂行条例》（以下简称《私营企业暂行条例》）中所蕴含的制度设计思想三个维度进行具体梳理和考察；最后结合本阶段民营经济的发展轨迹和实践绩效，从政策、学术、制度三个领域对这一时期民营经济思想作阶段性特征分析。

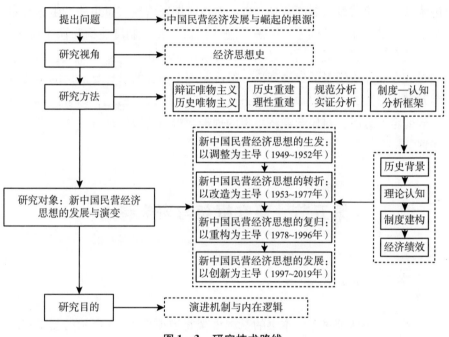

图1-3 研究技术路线

第三章为本书研究主体的第二部分，也是新中国民营经济思想演进的第二阶段：转折阶段（1953～1977年）。该章节将首先从苏联社会主义政治经济学体系的影响与我国社会主义公有制经济的建设过程两个层面，介绍本阶段民营经济思想产生的理论背景和经济背景；其次，从以毛泽东、陈云、刘少奇、邓子恢、李维汉等为代表的领导人的思想，理论界针对过早过快消灭民营经济弊端的理论反思与保留一定程度民营经济的学术探索，以及《中华人民共和国宪法》《公私合营工业企业暂行条例》和私股定息制度中所蕴含的经济思想三个维度进行具体梳理和考察；最后结合经济绩效，分析并概括这一时期民营经济思想的主要内容、思想主体、演变轨迹，以及思想发生转折的原因所在。

第四章为本书研究主体的第三部分，也是新中国民营经济思想演进的第三阶段：复归阶段（1978~1996年）。该章节将首先从思想领域的拨乱反正、学术领域中马克思主义经济学中国化与西方经济理论的引进、政策领域对发展个体、私营经济的逐步放宽三个方面，介绍本阶段民营经济思想产生的政治背景、理论背景和制度背景；其次，从以邓小平、江泽民等为代表的主要领导人的思想，理论界针对民营经济性质与概念界定的学术探讨，以及"八二宪法"和《中华人民共和国私营企业暂行条例》中所蕴含的制度思想三个维度进行具体梳理和考察；最后归纳这一时期民营经济思想在内容、来源、演进趋势等方面所呈现出来的阶段性特征，并辅以经济绩效加以考察与验证。

第五章为本书研究主体的第四部分，也是新中国民营经济思想演进的第四阶段：发展阶段（1997~2019年）。该章节将首先从我国国有经济布局战略性调整、民营经济发展的制度性障碍、中国特色社会主义经济理论的不断发展三个方面，介绍本阶段民营经济思想产生的经济背景、制度背景和理论背景；其次，从以江泽民、胡锦涛、习近平为代表的领导人的思想，理论界有关国有经济与民营经济二者之间的关系、"民营经济"概念的发展演变、民营企业的政治关联等焦点问题的学术探讨，以及"非公经济36条"和"民间投资新36条"中所蕴含的制度思想三个维度进行具体梳理和考察；最后从理论评价的视角，针对这一时期民营经济思想的主导线索、理论价值、发展阶段进行分析和总结，并结合民营经济的绩效情况加以考察。

第六章结论，重点阐述新中国成立70年以来民营经济思想的发展轨迹和整体脉络，并在此基础上进一步探究思想演进和制度变迁背后的内在联系及逻辑机制，从而为深入挖掘与考察中国民营经济崛起的深层次动因提供理论支持和经验证据。

二、研究特点及不足

（一）对已有研究的拓展和创新

与前人的研究成果相比，本研究竭力尝试在以下三个方面对既有文献进行拓展和创新。

其一，从经济思想史学科的研究内容来看，填补了针对新中国民营经济思想进行系统性研究的薄弱点。本书在吸收、借鉴已有研究关于中国共产党历届领导集团以及重要领导人物民营思想的梳理与解读的基础上，将研究时段首次拓展为自新中国成立以来 70 年的长历史时期，并突破了仅注重对一定时期内由政策制定者所引领的主流思想的研究局限，尝试观察学术领域内思想的多样性；同时在史料方面，充分整理和挖掘了此前一直被忽略的大量学术报刊类文献资料，进一步从政策主张、理论观点、制度安排中综合提炼了有关民营经济运行和发展的思想要素，从而在一定程度上系统还原了历史上的思想图景。

其二，实现了相关领域研究在分析工具和研究视角上的创新。在中国经济思想史研究领域，许多已有成果仅对民营经济思想进行了一般性的描述和历史分析，而并未充分吸收、利用马克思主义经济学以及西方现代经济学的理论分析工具和方法，同时亦缺乏行之有效且具一般性的分析框架对思想产生和演变的前因后果进行系统考辨与剖析；在现代经济理论研究领域，已有研究往往侧重于经济层面和制度层面的观察，从而将中国民营经济崛起的动因归结为制度因素和效率因素，却忽视了制度与制度变迁的本质问题，以致思想层面和历史层面的分析视角有所欠缺。有鉴于此，本书通过综合运用"制度—认知"分析方法、辩证唯物主义与历史唯物主义相结合、理性重建与历史重建相结合、规范分析与实证分析相结合的研究方法，并建立"历史背景—理论认知—制度建构—经济绩效"的分析逻辑，对民营经济理论认知和制度建构产生的背景缘起、理论要素、实践绩效以及二者之间的互动关系进行了深入思考，从长周期的思想变迁表象之中把握并抽象出了思想演进的规律性因素及其内在逻辑，并将思想因素引入民营经济增长研究的框架之中，可视为同时对中国经济思想史研究和现代经济理论研究领域的一次新的尝试与探索。

其三，与已有成果的研究思路以及研究特点相比，本书在研究过程中不仅侧重于对各个历史时期的民营经济思想本身进行梳理和阐释，而且也注重对新中国民营经济思想整体的演进轨迹和内在逻辑进行描绘和考察，同时将民营经济思想史的研究作为切入点，将民营经济思想与民营经济制度之间的互动关系作为引申点，最终落脚于解答中国民营经济崛起的深层动因问题。基于这样一个具有明确问题导向性的研究思路与论证逻辑，本书将新中国民营经济思想这一研究对象置于一个较为广阔的宏观环境中，不仅综合了思想、制度、经济三个维度，同时亦将历史研究与现实研究相结合，以期对研究对象以及研究问题有更为立体的认识和更加深入的理解。在此基础上，本书尝试对已有研究成果进行一定程度的内容拓展和观点补充，并提出一些新的看法与结论，如有关民营经济思想演变的内在逻辑、经济思想与经济制度关系的理论探讨、经济思想对经济绩效的作用与影响问题等。

（二）本研究存在的难点和不足

虽然本书尽力希冀在上述几个方面做出研究贡献与突破，但仍存在一些研究难点和不足之处，有待今后进一步考察和完善。

首先在研究对象方面，本书将民营经济概念仅限于狭义概念，即对个体、私营经济进行研究，虽然如此安排可以以一条明确的脉络突出并勾勒民营经济思想的变迁主线，然而民营经济内涵丰富，缺少对集体经济、外资经济、混合经济以及这些不同经济形式之间相互关系的思想研究，难免会遗漏一些值得称述的思想而致使新中国民营经济思想的整体风貌有所欠缺。但由于笔者理论积累水平和书稿写作时间有限，因此，本书对除个体、私营经济以外的经济思想未做具体分析和探讨，从而在研究广度上存在缺憾，不过这也为该领域的后续研究提供了余地。与此同时，需要特别指出的一点是，本书亦未将民营企业家思想纳入其中进行考察，这并非意味着民营企业家群体的经济思想不重要、不能构成新中国民营经济思想的主要内容，事实上恰恰相反，民营企业家是中国民营企业实现发展和创新的实际推动者与实践者，他们的经济思想十分丰富。然而，根据目前笔者所搜集和掌握的文献资料，新中国成立以来各个时期民营企业家的经济思想相对零散，不同企业家之间的思想异质性亦比较大，并且更多地聚焦于企业经营管理、企业文化构建等微观层面。因此，笔者认为民营企业家的经济思想更适合作为专题研究或者以案例研究的形式和体例来进行梳理和呈现，故而没有将其纳入本书的研究框架之中。

其次在史料整理方面，改革开放以前，尤其是"文革"期间不少学术期刊，如《经济研究》《学术月刊》《中国经济问题》《北京大学学报》等都处于停刊阶段，且部分资料由于政治和历史的原因尚未公开，以致可供研究的相关文献资料数量较少，如此一来，在笔者所能爬梳到的有限资料内，对该阶段思想的理解和把握可能难以达到全面且准确的程度。相反地，改革开放后，特别是21世纪以来，伴随着经济学学科的发展以及民营经济实践的崛起，各类学术期刊日益丰富，研究文献数量之多可谓汗牛充栋（仅论文就超过3.5万篇），但质量却良莠不齐。因此，本书在整理该时期的文献资料时主要以引用率高、影响力大为筛选标准，而这样可能使一些思想素材被忽略和遗漏，但要力求在有限的时间和精力内面对如此庞大的资料，只好暂作上述研究处理。

最后在理论分析方面，由于民营经济的运行和发展本身不仅涉及宏观领域的经济增长、制度结构等问题，而且同微观层面的公司治理、产权效率等方面也紧密相关，对此，政治家们的经济主张、专业学者的经济理论以及企业家群体等社会大众的经济观念势必涵盖诸多议题，囊括各类经济要素，因而新中国民营经济思想研究将是一个较为丰富宏大的课题。鉴于研究问题和研究视角的具体化，以及笔者学识素养和研究精力有限，因此，本书主要试图勾勒和厘清民营经济思想在新中国成立70年间的变迁轨迹以及演进机制，而针对各个阶段中所出现的一些具体理论和实践问题并未作充分的展开和深入的诠释。若能在后续研究中对这些具体问题进行专题考察，将会实现对本书研究内容和理论深度的进一步提升。

第二章

新中国民营经济思想的生发：
以调整为主导
（1949～1952）

1949 年 10 月 1 日，中华人民共和国的成立不仅标志着新民主主义革命的伟大胜利，同时也揭开了中国历史发展的新纪元。一个新的历史时期的开启往往伴随着新的政治、经济、文化制度的建立与结构性调整，以及与之相适应的社会意识形态的变化与转型，进而推动经济思想在目标、内涵、实现路径、经济绩效等方面形成区别于既往的新特点。新中国民营经济思想的产生和发展即符合这一规律。但是，由于历史发展的连续性与制度变迁的路径依赖特征，任何一段历史及其制度安排都不可能断裂式存在，它必然或多或少地与过去或者将来保持着某种关联。从而，新中国成立之际甚至更早以前存在于社会经济活动中的思想观念或制度实践亦构成新中国民营经济思想的逻辑起点，催化或制约着新思想的产生、发展与应用。基于这两方面机制的共同作用，新中国民营经济思想于 1949～1952 年新旧中国承转的特殊结构性条件下进入生发阶段①，并表现出在对历史遗产的继承中寻求调整以适应新环境的思想特征。

第一节　国民经济恢复时期民营经济思想的生发背景

一、思想奠基：新民主主义经济理论的形成与发展

新民主主义革命时期，以毛泽东为代表的中国共产党面对复杂多变的政治经济形势，将马克思主义基本原理同中国革命根据地以及解放区经济建设的实践经验相结合，积极探究如何实现由半殖民地半封建社会向社会主义社会过渡的核心命题，逐步积累形成了中国共产党领导新民主主义革

---

① 书中"生发阶段"是特指新中国民营经济思想的孕育与产生阶段，以 1949 年新中国成立为时间节点进行划分。如此界定和论述，并非表明民营经济思想是在新中国成立以后新生的，事实上早在中国古代就已经产生并出现了民营经济思想，然而，基于历史比较的视角，新中国成立以后的民营经济思想在对历史遗产的继承中又具有新的时代内容和新的思想特征。因此，本书以新中国民营经济思想为特定的研究对象，将其置于 1949～2019 年的研究时段中进行历史演进的考察。

命的经济思想基础——新民主主义经济理论。① 在新民主主义经济理论酝酿、形成并不断完善的过程中，中国共产党针对新民主主义共和国的经济性质、国家经济结构、不同经济成分的作用及其相互关系等问题进行了深入的思考和研究，而这些问题都与民营经济的生存与发展紧密相关，是推动和规范新民主主义革命时期民营经济实践的重要指导，同时也为新中国成立以后民营经济思想的生发奠定了理论基础。

具体而言，早在 1934 年面对国民党的军事围剿和经济封锁时，毛泽东就在《我们的经济政策》报告中明确了当时中国的国民经济是由国营经济、合作社经济和私人经济三方面组成，并在此基础上提出新民主主义经济政策的雏形，即"进行一切可能的和必须的经济方面的建设，集中经济力量供给战争，同时极力改良民众的生活，巩固工农在经济方面的联合，保证无产阶级对于农民的领导，争取国营经济对私人经济的领导，造成将来发展到社会主义的前提"，同时还特别强调私人经济的发展在当时是国家和人民利益所需要的，其"占着绝对的优势，并且在相当长的期间内也必然还是优势"，因此对于私人经济，"只要不出于政府法律范围之外，不但不加阻止，而且加以提倡和奖励"。② 1940 年，毛泽东在《新民主主义论》中公开阐述了要建立一个政治自由、经济繁荣的新中国的建国理念，并提出新民主主义共和国的经济构成方针——在无产阶级领导下的国营经济"是社会主义的性质，是整个国民经济的领导力量"，但由于中国经济还十分落后的缘故，"这个共和国并不没收其他资本主义的私有财产，并不禁止不能操纵国民生计的资本主义生产的发展"。③ 这一讲话内容表明中国共产党对新民主主义政治、经济的认识有了进一步加深，其中基本明确了要构建以国营经济为领导、多种经济成分并存的经济结构，标志着新民主主义经济理论的正式形成。④ 此后至新中国成立前夕，在上述新民主主义经济理论的构想与实践过程中，针对作为国民经济成分之一的私人资本主义经济性质的疑虑、如何正确对待私人资本主义经济的并存与发展、

① 马艳：《马克思主义经济学中国化的发展轨迹》，载于《学术月刊》2008 年第 3 期。
② 《毛泽东选集》（第一卷），人民出版社 1991 年版，第 133 页。
③ 《毛泽东选集》（第二卷），人民出版社 1991 年版，第 678～679 页。
④ 石静：《论新民主主义经济理论的形成与发展》，载于《改革与开放》2009 年第 12 期。

民营经济（包括个体经济和私营经济）在新民主主义经济结构中发挥何种作用等问题的讨论与探索不断丰富，可以说，关于民营经济的思考已经成为新民主主义经济思想的一个重要组成部分，新民主主义经济理论也因此得到进一步补充和发展。

（一）关于是否允许私人资本主义经济存在的问题

由于私营经济以资本主义私有制及其雇佣关系为基础，这就必然与中国共产党的最高纲领——实现共产主义的奋斗目标相矛盾。对此，刘少奇曾明确指出："在新民主主义经济中，基本矛盾就是资本主义（资本家和富农）与社会主义的矛盾"，新社会的主要矛盾就是"无产阶级劳动人民与私人资本家的矛盾"[①]，故而私人资本主义经济的存废问题是新民主主义革命阶段首当其冲必须客观认识的基本经济问题。实际上，中国共产党在第一次国内革命战争期间就已经开始探索并表明了对该问题的基本立场，并由1931年成立的中华苏维埃共和国临时中央政府制定了一系列允许和鼓励私营经济存在和发展的政策。[②] 1945年4月，毛泽东指出党内有些同志在相当长的时间里尚未弄清楚甚至质疑在中国发展资本主义的问题，随后在《论联合政府》政治报告中明确提出"保障自由发展那些不是'操纵国民生计'而是有益于国民生计的私人资本主义经济"和"保障一切正当的私有财产"的方针。[③] 1947年底，毛泽东在《目前形势和我们的任务》一文中再次强调："由于中国经济的落后性，广大的上层小资产阶级和中等资产阶级所代表的资本主义经济，即使革命在全国胜利以后，在一个长时期内，还是必须允许它们存在"。[④] 因此，鉴于私人资本主义经济在当时国民经济中的整体数量和比重，以及联合资产阶级对抗帝国主义和国民党统治的政治需要、利用私人资本主义发展生产的经济需要，新民主主义革命的基本经济政策是允许私人资本主义经济存在的。

---

① 中共中央文献研究室编：《刘少奇论新中国经济建设》，中央文献出版社1993年版，第4页。

② 刘雪明：《中华苏维埃共和国的私营经济政策》，载于《中共党史研究》2000年第6期。

③ 《毛泽东选集》（第三卷），人民出版社1991年版，第1058页。

④ 《毛泽东选集》（第四卷），人民出版社1991年版，第1254～1255页。

（二）关于如何处理私人资本主义经济发展的问题

在承认并允许私人资本主义经济存在的前提下，如何正确对待和处理其在新民主主义社会中的发展问题则成为中国共产党指导经济工作的关键，因为这不仅涉及无产阶级与资产阶级之间的矛盾问题，还涉及整个国民经济将来会形成和发展为社会主义社会的经济基础还是资本主义社会的经济基础问题。

对此，毛泽东于1940年底起草对党内的经济政策指示时曾特别指出："应该吸引愿来的外地资本家到我抗日根据地开办实业""应该奖励民营企业，而把政府经营的国营企业只当作整个企业的一部分"。[①] 1947年12月，毛泽东在《目前形势和我们的任务》报告中对资本主义经济在中国的发展做了进一步成分划分，强调不应该对上层小资产阶级和中等资产阶级经济成分采取过"左"的错误政策，应将"保护民族工商业"纳入新民主主义革命的经济纲领[②]，并以"公私两利"作为新民主主义国民经济的指导方针[③]之一。[④] 此外，张闻天在东北工作期间提出要"努力把私人资本引导到国家资本主义的轨道上去，其他私人资本都应使之为革命战争与人民生活服务"，并且"凡属有利于无产阶级领导的国计民生的私人资本，都使其有利可图，因而都能生存与发展；凡属无利或有害于无产阶级领导的国计民生的私人资本，都使其无利可图，因而使其被迫转业，特别是逼使过剩的商业资本向工业方面转移"[⑤]，这是对私人资本主义经济发展边界以及发展路径所进行的具体规划。随后，刘少奇在华北财政经济委员会会议上也对这一工作思路表示同意[⑥]，并主张引导私人资本主义经济向国家资本主义经济形式发展，他认为，"国家资本主义经济是私人资本主义经济中最有利于新民主主义经济发展的一种形式，是无产阶级领导的国家

---

① 《毛泽东选集》（第二卷），人民出版社1991年版，第768页。
② 新民主主义革命的三大经济纲领是：没收封建阶级土地归农民所有；没收蒋介石、宋子文、孔祥熙、陈立夫为首的垄断资本归新民主主义的国家所有；保护民族工商业。
③ 新民主主义国民经济的指导方针是：发展生产、繁荣经济、公私兼顾、劳资两利。
④ 《毛泽东选集》（第四卷），人民出版社1991年版，第1255页。
⑤ 薄一波：《若干重大决策与事件的回顾》（上），中共中央党校出版社1991年版，第24页。
⑥ 中共中央文献研究室编：《刘少奇传》（下），中央文献出版社1998年版，第617~618页。

在适当的条件下监督资本家，使资本家为国家服务的一种制度"①。同时，刘少奇也清楚地认识到资本主义发展到一定阶段必然会发生矛盾，因此"与资产阶级合作要有清醒的头脑，自暂时合作之日起，就要认清总有一天要消灭它"，但"过早地采取社会主义政策是要不得的"②。1949 年 3 月，毛泽东在中共七届二中全会上对私人资本主义经济的方针政策作了总结性阐述，指出："中国资本主义的存在和发展，自由竞争和自由贸易的存在和发展，不是如同资本主义国家那样不受限制，任其泛滥的，也不是如同东欧各新民主主义国家那样被限制和缩小得非常大，而是中国型的。它将从几个方面被限制——在活动范围方面、在税收政策方面、在市场价格方面、在劳动条件方面。我们要从各方面，按照各地、各业和各个时期的具体情况，对于资本主义采取恰如其分的有伸缩性的限制政策"③。由此可见，认识到民营经济对革命战争和人民生活具有服务和有利之功效，对民营经济采取"利用"和"限制"的政策思想事实上早在新中国成立前夕业已基本形成，新中国成立以后的国民经济恢复阶段则是将这一思想在付诸实践的过程中对其进行适当的调整和补充。

（三）关于民营经济在国民经济结构中的地位与作用问题

新民主主义革命时期允许个体经济和私人资本主义经济的存在和发展，必然导致国民经济结构中社会主义和资本主义两种经济成分并存的局面出现。那么，这两种性质不同甚至阶级属性互相对立的经济成分应该如何共存，民营经济在整个新民主主义经济结构中到底处于何种地位、发挥何种作用即成为考验中国共产党领导和解决财经工作能力的难题之一。

面对该难题，毛泽东首先明确新民主主义革命时期是一种特殊的历史形态，新民主主义经济是过渡时期的经济，"独立小工商业者的经济和小

---

① 中共中央文献研究室编：《刘少奇论新中国经济建设》，中央文献出版社 1993 年版，第 52、146 页。
② 中共中央文献研究室编：《刘少奇论新中国经济建设》，中央文献出版社 1993 年版，第 6~7 页。
③ 《毛泽东选集》（第四卷），人民出版社 1991 年版，第 1431 页。

的、中等的私人资本经济"是新民主主义国民经济的构成之一。① 1948 年
9 月，张闻天基于对东北解放区经济实践的调研起草了《关于东北经济构
成及经济建设基本方针的提纲》，其中提出：无产阶级领导的具有社会主
义性质的国营经济和私人资本主义发生经济竞争是不可避免的②，但"决
不可采取过早地限制私人资本经济的办法"③。这份提纲受到毛泽东和刘
少奇的高度重视，经中共中央的进一步修改，将东北经济构成划分为包括
"国营经济、合作社经济、国家资本主义经济、私人资本主义经济、小商
品经济"在内的五种经济成分。后来这一思想为中共七届二中全会所吸
收，毛泽东在会上针对即将建立的新中国的经济成分做出明确说明："国
营经济是社会主义性质的，合作社经济是半社会主义性质的，加上私人资
本主义、个体经济、国家和私人合作的国家资本主义经济，这些就是人民
共和国的几种主要的经济成分，这些就构成新民主主义的经济形态"④。
在此基础上，1949 年 9 月 29 日，个体经济和私人资本主义经济二者作为
国民经济组成成分的法律地位在起临时宪法作用的《中国人民政治协商会
议共同纲领》（以下简称《共同纲领》）中被确认。同时，《共同纲领》还
规定：中华人民共和国经济建设的根本方针是以公私兼顾、劳资两利、城
乡互助、内外交流的政策达到发展生产、繁荣经济的目的；各种社会经济
成分要在国营经济的领导下分工合作，各得其所，以促进整个社会经济的
发展。

　　至此，新民主主义经济理论得到了进一步的补充和发展，并在新中国
成立前夕通过《共同纲领》以临时宪法的形式基本确立下来。其中，对民
营经济法律地位的承认，对民营经济在国营经济领导下分工合作以实现发
展生产、繁荣经济之作用的肯定，对扶助民营经济发展并鼓励私人资本主
义经济向国家资本主义方向发展方针的制定，构成了国民经济恢复时期中
国共产党指导民营经济实践的政策指南，同时也成为直接催化和推动新中
国民营经济思想孕育与产生的主要思想来源和理论基础。

---

① 《毛泽东选集》（第四卷），人民出版社 1991 年版，第 1255～1256 页。
② 《张闻天文集》第 4 卷，人民出版社 1995 年版，第 30 页。
③ 薄一波：《若干重大决策与事件的回顾》（上），中共中央党校出版社 1991 年版，第 24 页。
④ 《毛泽东选集》（第四卷），人民出版社 1991 年版，第 1433 页。

二、经济遗产构成新中国经济建设的路径选择约束

新中国成立前夕，中国共产党虽然取得了全国解放战争的决定性胜利，但在财政经济形势方面却面临重重困难。一方面，饱受半殖民地半封建政治经济的畸形发展和持续十余年之久的国内外战争破坏，当时全国的工农业生产水平已经降至历史低点。据统计，1949年我国的生铁产量和钢产量分别只有25万吨和15.8万吨，重工业产值占工业总产值的比重仅为4.5%，比战前的1936年减少了约18.5%，农村耕畜和农具也比战前分别减少了约17%和30%，[①] 国民生活所必需的大部分粮食、棉花等农产品长期以来只能依靠进口维持，[②] 同时水灾、旱灾等自然灾害的突发亦加重阻碍了农业生产的进行。另一方面，由于国民党统治的消极影响及其官僚资本主义经济势力的长期扩张，国家主要财富和国民经济命脉主要掌握在以蒋、宋、孔、陈四大家族为首的官僚集团手中[③]，国家财政职能名存实亡，国民政府基本丧失了对宏观经济的调控能力。[④] 据统计，1948～1949年间官僚资本占国统区总资本的比重最高达53.8%，其中金融资本、产业资本和商业资本分别占国统区总比重的89%、64%和0.8%；而同时期的民族资本最高仅占总资本的38.3%，对应的金融资本、产业资本和商业资本占比分别为5%、25%和95%。[⑤] 由此

---

① 根据当年价格的净产值计算，参见马洪、孙尚清：《中国经济结构问题研究》，人民出版社1981年版，第103页。

② 陈云：《中华人民共和国过去一年财政和经济工作的状况》，载于《人民日报》1950年10月1日。转引自：中国经济论文选编辑委员会编：《一九五〇年中国经济论文选》第一辑，生活·读书·新知三联书店1951年版，第10～11页。

③ 虽然从整体而言当时国民生产总值低下，但如果从资本分布结构来看，可以发现仍然有一小部分群体获得了资本积聚。根据1948～1949年国统区资本估值情况来看，当时国统区的资本结构为：外资资本占7.8%，民族资本占38.4%，而官僚资本则占据53.8%之多。

④ 具体而言，1949年全国100%的有色金属和石油、90%的钢产量、80%的硫酸与工矿和交通运输业固定资产、67%的电力、45%的水泥、33%的煤炭、60%的纱锭，以及90%的糖皆为官僚资本所有，此外官僚资本还几乎控制了当时全国的铁路、公路、航空、邮电、金融机构以及对外贸易。参见范守信：《中华人民共和国国民经济恢复史（1949～1952）》，求实出版社1988年版，第11页。

⑤ 该资本估值情况以1936年币值为基准，原则上指1948年、1949年两年中的最高值。见许涤新、吴承明：《中国资本主义发展史》（第三卷），社会科学文献出版社2007年版，第556页。

可见，官僚资本主义[1]的高度扩张严重挤压了民族资本在金融领域和产业领域的正常发展。此外，南京国民政府统治后期出现的恶性通货膨胀持续严重，加速了货币贬值、物价上涨，从而导致投机行为充斥工商业领域，正常的工业生产和商品流通无法进行，社会经济秩序处于混乱状态。

新中国脱胎于旧中国，开展新中国经济建设的第一步无疑是要清理和接收旧中国留下的经济遗产。然而，这份经济遗产并非席丰履厚之物，而是一个工农业生产水平落后、充斥着通货膨胀和市场投机、缺乏正常竞争的市场秩序和宏观调控的经济残局。新中国的成立宣告了"三座大山"统治的结束，在一定程度上瓦解了以其政治统治为生存依据的一系列官僚派系和经济组织的根基，但与此同时，大量投机市场以及工商业亦因此失去培育的土壤而出现萧条局面，停工、歇业、倒闭、失业的现象不断发生，半殖民地半封建经济的病态充分暴露。[2] 旧中国经济的失序和残局，不仅制约着新中国经济发展所需的初始资源禀赋，而且严重增加了新中国经济建设的成本负担，从而导致在此基础上直接进入社会主义社会的国家发展战略缺乏客观基础和必要条件。

为化解这一困境，中国共产党提出两步走的经济战略：第一步首先改变半殖民地半封建的社会经济形态，建立新民主主义经济；第二步实现从新民主主义经济向社会主义经济的转变。该战略的第一步已经于老解放区[3]（约1.6亿人口）首先实施并取得成效：在东北、华北及山东等地，土地改革业已完成，人民政府一方面没收官僚资本将其转变为社会主义性质的国营经济；另一方面，鼓励私人资本主义经济并存发展，经济建设工作由此步入新民主主义经济的轨道，多数人民的生活有所改善，工人和知

---

　　[1]　所谓"官僚资本主义"，是以蒋宋孔陈四大家族为首的垄断资本主义，这种垄断资本主义与国家政权相结合，并与帝国主义、封建主义密切结合，成为买办的、封建的国家垄断资本主义。见薛暮桥：《现阶段的中国经济——新民主主义经济》，引自中国经济论文选编辑委员会编：《一九五〇年中国经济论文选》第一辑，生活·读书·新知三联书店1951年版，第21页。

　　[2]　陈云：《中华人民共和国过去一年财政和经济工作的状况》，载于《人民日报》1950年10月1日。转引自：中国经济论文选编辑委员会编：《一九五〇年中国经济论文选》第一辑，生活·读书·新知三联书店1951年版，第17页。

　　[3]　老解放区是指陕甘宁、晋察冀、华北、东北等地区；新解放区是指随着解放战争的顺利推进，在1949年以后获得解放的长江以南的广大地区（除新疆、西藏等少数民族地区以及台湾地区外）。

识分子的失业问题获得解决，社会秩序基本安定，特别是在东北已经开始了有计划的经济建设。① 因此，新中国成立之初的首要任务就是在广大的新解放区（约3.1亿人口）实施新民主主义的三大经济纲领，建立新民主主义经济。这其中，由于小资产阶级、民族资产阶级参加了人民民主统一战线，且在政府和经济建设中起积极作用，从而对资本主义工商业进行合理调整、扶助民族工商业以发展生产是全面建立新民主主义经济的主要工作之一。这也是新中国成立以后一段时期内民营经济得以广泛存在，并在一定范围内仍然能有所发展的历史契机和客观原因所在。

三、新民主主义经济制度对民营经济的调整与限制

私人资本主义经济实际上在清朝末年已经取得了一定程度的发展。1936年，民族资本在整个工业资本中占比37.8%。② 新中国成立前夕，仍存在12.3万个民族资本工业企业，企业职工164.4万人，工业年产值达68亿元（折新币，下同）；民族资本主义商业13万个，从业人员99万人，资本总额约14亿元；③ 同时，与简单、粗放型生产方式紧密相连的个体手工业者和个体农民依然广泛、大量、分散地存在，生产部分生活必需品和农业生产工具。1949年，私人资本主义工业和个体手工业共计约占全国工业总产值的66%（见表2－1），可以说民营经济在当时的国民经济中占据着重要份额，具有不容忽视的地位和作用。因此，中共七届二中全会着重分析了新中国成立初期建立新民主主义经济制度的必要性，设计并指明了逐步过渡到社会主义制度的主要途径。其中，对于城乡私人资本主义经济采取有伸缩性的限制政策，使之在国家经济计划的轨道内存在和发展；对于包括个体农业和个体手工业在内的占整个国民经济90%的个体经济，采取逐步

---

① 毛泽东：《为争取国家财政经济状况的基本好转而斗争》，载于《人民日报》1950年6月13日。转引自：中国经济论文选编辑委员会编：《一九五〇年中国经济论文选》第一辑，生活·读书·新知三联书店1951年版，第6页。
② 柳随年、吴群敢主编：《恢复时期的国民经济（1949～1952）》，黑龙江人民出版社1984年版，第5页。
③ 柳随年、吴群敢主编：《恢复时期的国民经济（1949～1952）》，黑龙江人民出版社1984年版，第6页。

并积极引导其向现代化和集体化的方向发展，使之通过合作社的形式向社会主义经济过渡的政策。在中共七届二中全会精神的指引和《共同纲领》的规定下，新中国成立初期民营经济取得了一定程度的成长和发展，但同时也伴随着与国营经济乃至整个宏观经济的摩擦与调整。

表 2 - 1　　1949～1952 年各种经济成分在产业发展中的比重变化情况　　单位：%

项目	1949 年	1950 年	1951 年	1952 年
一、工业总产值（包括手工业）	100	100	100	100
社会主义工业（包括合作社工业）	26.7	33.5	35.7	44.7
国家资本主义工业	7.3	13.1	19.4	21.1
资本主义工业	43.0	27.1	22.1	13.6
个体手工业	23.0	26.2	22.8	20.6
二、国内贸易				
批发额		100	100	100
国营		23.2	33.4	60.5
合作社		0.6	1.0	2.7
国家资本主义		0.1	0.2	0.5
私营		76.1	65.4	36.3
零售额		100	100	100
国营		9.7	15.5	18.2
合作社		6.7	9.8	23.8
国家资本主义		0.1	0.2	0.2
私营		83.5	74.5	57.8
三、对外贸易（进出口总值）		100	100	100
国营		66.5	83.9	93
私营		33.5	16.1	7.0
四、金融业				
存款余额		100	100	100
国营		94.4	95.2	99

续表

项目	1949 年	1950 年	1951 年	1952 年
公私合营		1.7	3.4	0.9
私营		3.9	1.4	0.1
放款余额		100	100	100
国营		95.5	97	99.6
公私合营		1.4	2.2	0.4
私营		3.1	0.8	0

资料来源：根据柳随年、吴群敢：《恢复时期的国民经济（1949～1952）》，黑龙江人民出版社 1984 年版，第 113 页相关数据整理而成。

　　具体而言，一方面，广大新解放区积极贯彻落实新民主主义的经济纲领，基本肃清了残留在大陆地区的半殖民地半封建性质的经济势力，为这一时期我国个体经济和私人资本主义经济的发展提供了良好机遇和空间。1949～1952 年，我国农业总产值增加 48.4%；个体手工业总产值增长超过 1 倍，从业人员数量扩大至 713 万人，这一数据接近新中国成立前的最高值；私营工业实有户数相对增加 21.4%，职工人数增加 25.1%，总产值提高约 54.2%；此外，1952 年的私营商业户数也较 1950 年增加了 6.9%，从业人员增加 2.2%，零售额提升 18.6%。[①]

　　但另一方面，民营经济取得发展的同时也伴随着不同经济成分之间矛盾的产生，这一点突出表现在私人资本主义经济与国营经济的摩擦上。由于生产自发性和市场投机性，私营工商业在新中国成立后三年间陆续出现投机倒把、打击过严、经营困难、停工倒闭等紧张状况，对此，中国共产党先后两次展开对私营工商业的调整和扶助。第一次是 1950 年 3 月全国物价趋于稳定以后，对私营工商业的经营范围、原料供应、销售市场、劳动条件、财政金融等方面给予了必要的政策支持，同时通过加工、订货、收购、包销等途径对私营工商业的公私关系、劳资关系和产销关系进行了

────────────

　　[①]　柳随年、吴群敢主编：《恢复时期的国民经济（1949～1952）》，黑龙江人民出版社 1984 年版，第 78、85 页。

初步调整，使市场萧条、生产萎缩的私营工商业生存状况在下半年发生了根本好转，7～10月间北京、天津、汉口、济南、上海五大城市私营工业和商业的开业户数分别是歇业户数的 6.5 倍和 3.5 倍。① 第二次是针对 1952 年上半年"五反"运动以后，部分私人经营者生产信心受到动摇，出现消极经营、停工歇业等现象，通过合理调整批零差价、适当划分公私经济经营范围、取消各地对私商的不适当限制并禁止各地交易所的独占垄断行为等办法，达到了稳定市场、缓解公私紧张形势的效果。经过两次对私营工商业的合理调整，不仅实现了对原有半殖民地半封建性质的私营工商业的整顿和规范，而且对私人资本主义经济的改造乃至整个国民经济结构的改组也产生了极为深刻的影响——主要表现为民营经济在整个国民经济中虽然仍具有重要作用，但其所占比重和地位已大大下降。如表 2-1 所示，在工业方面，私营工业和个体手工业在全国工业总产值中所占的比重由 1949 年的 66% 下降为 1952 年的 34.2%；在商业方面，从 1950 年到 1952 年，私营商业的国内批发额和零售额所占的比重分别由原来的 76.1% 和 83.5% 下降至 36.3% 和 57.8%，且私营商业在对外贸易进出口总值中的份额也由原来的 33.5% 缩小至仅 7%；在金融业方面，虽然私营金融业原本在全部存放款余额中所占的比重就不大（1950 年存款余额比重为 3.9%、放款余额比重为 3.1%），但由于国营经济对其采取直接代替及公私合营的调整政策，到 1952 年私营钱庄已不存在放款业务，而存款余额比重仅占 0.1%。

因此，在新中国成立初期亟待恢复国民经济的三年中，民营经济在数量和产值上的绝对增加对发展经济、增加就业、活跃城乡物资流通等起了积极作用，尤其是有利于国民生计的民营经济行业（如私营机器制造、钢铁冶炼工业、日用消费品工业、饮食服务业等）得到了恢复和发展，同时对私营工商业展开的两次合理调整也使得部分不利于国计民生的私营行业（投机商号、奢侈性消费、迷信品等）受到了削弱、改组或代替。② 如果

① 柳随年、吴群敢主编：《恢复时期的国民经济（1949～1952）》，黑龙江人民出版社 1984 年版，第 44 页。

② 柳随年、吴群敢主编：《恢复时期的国民经济（1949～1952）》，黑龙江人民出版社 1984 年版，第 83 页。

从物质决定意识、经济实践作用于经济思想的理论逻辑来看，可以说宏观经济环境以及民营经济运行过程中所遇到的困难和现实问题，为该时期民营经济思想及其制度的孕育与产生提供了一定程度的实践基础和经验积累。

综上所论，新中国成立以前，新民主主义经济理论是推动和规范民营经济运行的重要指导，对新民主主义经济理论的继承和发展则为新中国成立以后民营经济的实践以及新中国民营经济思想的孕育和产生奠定了坚实的理论基础；同时，旧中国遗留下来的半殖民地半封建性质的经济基础和失序的经济残局，在客观上制约了新中国经济建设可行的路径选择集——直接建立社会主义经济基础进入社会主义的目标无法实现，从而使得允许并鼓励民营经济在新中国成立以后的一段时期内继续存在和发展以恢复国民经济的策略安排成为可能。正是在这样的理论基础和经济结构下，新中国民营经济思想获得了生发的基质和土壤。而此后在恢复国民经济的三年期间，中国共产党和政府对民营经济的扶助和调整政策，以及民营经济本身在这一历史进程中的运行发展和实践成果，又为新中国民营经济思想的进一步发展和演进提供了丰富的理论探索和经验积累。

第二节　恢复国民经济目标下的民营经济理论认知

新中国成立以后，恢复和发展国民经济成为当时中国共产党执政兴国的首要任务，七届三中全会明确提出要争取在 3 年左右的时间内实现整个国家财政经济状况的根本好转。围绕这一宏观经济目标，中共中央开始推行"统筹兼顾"方针，旨在改善经济运行的无政府状态，同时通过调整工商业、改善公私与劳资关系，促使多种经济成分在国营经济的领导下实现分工合作、各得其所。在此过程中，如何看待新中国成立以后仍然存在的资本主义经济、如何妥善处理与合理利用公私经济之间的关系、如何引导多种经济成分向着有利于恢复国民经济的方向发展等重要理论问题及相关学术探讨，共同构成了该阶段民营经济思想的主要内容，同时也成为本节将要考察的对象。

一、毛泽东对私营经济"既团结又斗争"思想的重申

1949 年新中国成立之际，全国财政经济困难尚未得到全面解决，一些不法经营者乘虚囤货居奇、哄抬物价，同时由于前期市场上依靠官僚资本、通货膨胀、投机行为所形成的虚假购买力的逐渐消退，许多私营工商业因此出现经营困难、歇业倒闭的现象。在此背景下，中国共产党内部分同志就如何对待私人资本主义经济的态度问题产生了"左"倾思想的倾向，即主张利用私营工商业发生困难之际对其实行一举消灭的措施，以加快进入社会主义的步伐。特别是在 1950 年 3 月召开的第一次全国统战工作会议上，这种思想认识得到了较为集中的反映，如有同志在会议发言中提出：民族资产阶级是当前需要斗争的主要对象；我们的政策是要"与民争利"（所谓的"民"是资产阶级），"只许州官放火，不许百姓点灯"（"州官"指人民）；国营经济要"无限制地发展"，对私营工商业要"限制和排挤"等论断。对于这些冒进观点，毛泽东在会后的批语中予以重点纠正并指出："今天的斗争对象主要是帝国主义封建主义及其走狗国民党残余，而不是民族资产阶级。对于民族资产阶级是有斗争的，但必须团结它，是采用既团结又斗争的政策以达团结它共同发展国民经济之目的的"。①在毛泽东看来，发展国营经济乃长远之事，"在目前阶段不可能无限制地发展，必须同时利用私人资本"，对应采取的政策思路应是："限制和排挤那些不利于国计民生的工商业，即投机商业，奢侈品和迷信品工业，而不是正当的有利于国计民生的工商业，对这些工商业当它们困难时应给以扶助使之发展"，因此那些"与民争利""不许百姓点灯"的说法和思想是完全错误的。②事实上，早在新中国成立以前毛泽东已就上述问题提出了

---

① 中共中央文献研究室编：《建国以来重要文献选编》（第一册），中央文献出版社 1992 年版，第 214 页。

② 中共中央文献研究室编：《建国以来重要文献选编》（第一册），中央文献出版社 1992 年版，第 215～216 页。

明确指示和思想路线，因此，该批语其实是对新民主主义经济理论以及《共同纲领》中所蕴含的利用和限制民营经济思想的阐释和重申，旨在批评和纠正当时存在的全面排挤和消灭民营经济的冒进思想。

一个月后，由于统一财经工作的推进，全国物价水平趋于稳定，于是毛泽东在中央政治局会议上提出："目前财政上已经打了一个大胜仗，现在的问题要转到搞经济上，要调整工商业"，同时强调"和资产阶级合作是肯定了的，不然《共同纲领》就成了一纸空文，政治上不利，经济上也吃亏"，而"维持了私营工商业，第一维持了生产，第二维持了工人，第三工人还可以得些福利。当然中间也给资本家一定利润。但比较而言，目前发展私营工商业，与其说对资本家有利，不如说对工人有利，对人民有利"①。随后于1950年6月召开的中共七届三中全会上，毛泽东在《不要四面出击》的讲话中再次申明对民族资产阶级要坚持"既团结又斗争"的政策思想——"民族资产阶级将来是要消灭的，但是现在要把他们团结在我们身边，不要把他们推开。我们一方面要同他们作斗争，另一方面要团结他们"。这是因为："四面出击，全国紧张，很不好。我们决不可树敌太多，必须在一个方面有所让步，有所缓和，集中力量向另一方面进攻。"② 同时，毛泽东还特别强调："提早消灭资本主义实行社会主义，这种思想是错误的，是不适合我们国家的情况的。"③

新中国成立之初，虽然中国共产党通过没收官僚资本的途径建立起了国营经济并掌握了大部分关系到国民经济命脉的行业，但是包括个体、私营经济在内的民营经济仍然占据了整个国民经济三分之二的份额。在这一结构性条件的现实制约下，毛泽东能够清楚地认识到民族资产阶级以及民营经济的发展对于统一战线、恢复经济、稳定社会的积极作用，多次公开强调并不断深化阐述其对私营经济"既团结又斗争"政策的思想内涵，这

① 薄一波：《若干重大决策与事件的回顾》（上卷），中共中央党校出版社1991年版，第98～99页。

② 中共中央文献研究室编：《建国以来重要文献选编》（第一册），中央文献出版社1992年版，第259～260页。

③ 毛泽东：《为争取国家财政经济状况的基本好转而斗争》，载于《人民日报》1950年6月13日。转引自：中国经济论文选编辑委员会编：《一九五〇年中国经济论文选》第一辑，生活·读书·新知三联书店1951年版，第6～7页。

对中国共产党内产生的企图提早消灭资本主义的"左"倾冒进思想进行了及时的纠正，同时，这一思想也为后来进一步明确调整私营工商业的政策方针提供了客观且正确的思路导向，是推动国民经济恢复时期民营经济持续发展的重要理论动力之一。

二、陈云在国家计划主导下调整公私关系思想的形成

1950～1952年，我国出现过两次私营工商业歇业倒闭、经营困难的局面，第一次是在1950年初物价基本趋稳以后，第二次是在"五反"运动开展以后。中央人民政府十分重视这一问题，曾先后两次提出针对工商业进行合理调理的议题，并强调要在《共同纲领》的规定下将政府财经领导机关的工作重点放在调整公、私企业及其各部门的相互关系方面，极力克服无政府状态。调整工作的开展由时任政务院副总理兼财政经济委员会（以下简称"中财委"）主任的陈云主持。其间，陈云重点围绕如何处理公私关系①的问题进行了一系列思考与论证，形成了在国家计划主导下调整私营工商业的经济思想，具体表现为以下四个方面。

（一）按比例加工订货以组织私营工业产销

在调整工业领域公私关系的问题上，首先面临的难题就是如何解决私营工厂的经营困难。1950年5月25日，陈云在工商局局长会议上提出解决工商业困难的首要办法是维持生产，而维持私营工厂生产的主要途径就是通过政府和国营企业委托私营工厂加工以及向私营工厂订货，如在纺织工业为主的华东地区，"拟采取国家拨给原料、私营工厂加工的方式"；对机器制造业、橡胶工业以及部分造纸厂而言，"拟采取国家对私营工厂订货的办法"。② 陈云分析认为，生产的无计划性和投资的盲目性是造成工

---

① 1950年10月1日，陈云在《中华人民共和国过去一年财政和经济工作的状况》的报告中指出：调整工商业"就是说在半殖民地半封建的国民经济轨道拆毁之后，应当按照新民主主义的轨道，即《中国人民政治协商会议共同纲领》所规定的人民经济轨道来安排工商业问题。其中最突出的是三个基本环节：一、调整公私关系，二、调整劳资关系，三、调整产销关系"。

② 《陈云文选》（第二卷），人民出版社1995年版，第90页。

商业出现经营困难的主要原因，因此，主张通过制订经济计划将全国军队、政府、国营企业等方面加工订货的订单首先加以集中再实行向下分配，同时，他还强调对国营和私营工厂的订单分配要"有一个适当的比例，大体照顾到公私双方"①，使国营企业与私营企业、个体手工业和农民副业生产相互协调以避免冲突。这一举措的提出不仅有助于有步骤地组织和掌握公私工厂的生产和销售情况，减少生产过剩、商品滞销局面的出现，而且进一步有利于逐步消除社会上存在的投资盲目性、生产无计划性、无政府状态，实现引导私人资本主义工业向国家资本主义工业发展，最终达到把私人资本主义经济"夹到社会主义"的目的。

此外，在落实对私营工业实行按比例加工、订货方式组织产销的具体工作中，陈云还特别重视有关公私双方加工订货合同的订立原则以及合同执行过程中的监督问题。他在中国人民政治协商会议第一届全国委员会第二次会议上提出两条具体措施：第一，"所有加工订货的价格和交货条件均需公私双方同意"，成交与否由公私双方自愿决定；第二，"凡属政府和各国营企业的加工订货单均需经过当地人民政府工商局的经管分配，并需由当地的工商联、总工会、同业公会、产业工会协助进行"，以保证合同能够货款两清、按时、按量、按质履行。②

（二）控制批发零售价格差以协调私营商业利润

在协调商业领域公私关系的问题上，陈云认为最重要的一个方面就在于价格政策。这一思想认识首先源于他对国营商业和私营商业的性质及作用进行了明确划分，即"国营百货公司的主要任务是稳定市场物价，而不是回笼货币"③；同时由于我国小生产经济的分散性，私营商业的存在不可避免，它对于发展商品交流、恢复生产，对于国家和人民都是有利的，但促使私营商业畅通的前提是"要使零售商人和远地商人有适当的利益可图"④，如果批发价和零售价一样，私人生意将因为没有利润而无法进行。

---

① 《陈云文选》（第二卷），人民出版社1995年版，第93页。
② 《陈云文选》（第二卷），人民出版社1995年版，第106页。
③ 《陈云文选》（第二卷），人民出版社1995年版，第93～94页。
④ 《陈云文选》（第二卷），人民出版社1995年版，第105页。

基于这一客观判断，陈云在中国人民政治协商会议第一届全国委员会第二次会议上作《目前经济形势和调整工商业、调整税收的措施》的报告中提出具体措施：一来"要求政府依照经济情况，随时规定一个适当的价格政策，即是要把批发价与零售价、地区与地区间的差价保持一种适当距离"；二来"国营贸易机关所设的零售店和百货公司，其数量以能够稳定零售市场价格、制止投机商人扰乱市场为限度"。①

（三）根据国家计划调整公私经济合理比重

《共同纲领》规定了新民主主义社会中允许五种经济成分并存，如果用马克思主义政治经济学的阶级分析法来分析，就会得出不同性质的经济成分及其所代表的不同阶级属性必然会导致不同经济之间产生摩擦的结论，而这其中以国营经济和私营经济为代表的公私关系摩擦最为显著和关键。1950年6月6日，毛泽东在中共七届三中全会上作《为争取国家财政经济状况的基本好转而斗争》的报告，指出"逐步地消减经济中的盲目性和无政府状态，合理地调整现有工商业，切实而妥善地改善公私关系和劳资关系"是获得全国财政经济情况根本好转的条件之一。随后陈云在会上就如何调整公私关系的问题进行了发言并创新性地提出："我们要搞经济计划，如果只计划公营，而不把许多私营的生产计划在里头，全国的经济计划也无法进行。只有在五种经济成分统筹兼顾、各得其所的办法下面，才可以大家夹着走，搞新民主主义，将来进到社会主义。但五种经济成分的地位有所不同，是在国营经济领导下的统筹兼顾。"② 同时，他还特别强调："今后国家计划很可能是公私斗争中我们手里的一个重要武器。将来生产、价格、加工、订货都要根据国家计划办事。"③ 这是陈云对在国家计划下实行公私经济成分保持恰当比重经济思想的初步阐述。

在陈云看来，调整工商业公私关系的实质一方面是确立国营经济的领

---

① 《陈云文选》（第二卷），人民出版社1995年版，第105页。
② 《陈云文选》（第二卷），人民出版社1995年版，第93页。
③ 《陈云文选》（第二卷），人民出版社1995年版，第150页。

导地位；另一方面，是要使私营经济在国营经济的领导下实现各得其所。[1]
因此，在国营经济的领导下对各个经济成分统筹兼顾是解决或者减少公私
关系摩擦的主要思路，而合理掌握和确定不同经济成分在整个国民经济中
的比重则是实现这一思路的具体方法。在工业方面，1950 年国营工业占全
国工业总产值的比重只有 33.5%，尚不足以保证其在全国范围内的领导地
位。因此，陈云主张要增加国营经济在日用必需品工业中的比重，同时适
当扩大对私营工厂的加工订货范围，从而适当增加国家资本主义经济成分
的比重。在商业方面，1950 年国营经济占国内贸易批发总额和零售总额的
比重分别仅为 23.2% 和 9.7%。对此，陈云提出国营企业除了经营粮食、
布、油、盐、煤以外，还必须在其他若干生活必需品上有步骤地扩大经营
比重，以掌握和保持国营经济在稳定生活必需品批发和零售价格的力量。
如 1952 年 6 月，他提出："去年国营贸易的比重是百分之十九到二十，今
年的比重是百分之二十四到二十五，我们要保持这个比例"。[2] 总而言之，
公私经济在工商业领域需形成恰当比重，"这种比重，要足以保证国营经
济领导，又能团结其他经济成分"[3]。虽然该思想充分地体现了《共同纲
领》所规定的在国营经济领导下公私兼顾、分工合作、各得其所的政策目
标，但是在实践操作层面，由于不完全信息的存在，如何得出并确定一个
具体的比重数字来践行这一思想将成为新的工作难点。

（四）筹建工商业组织以协商公私经济发展

新中国成立初期，私营工商业在整个国民经济中占有优势比重，同时
由于大量分散的个体手工业和私人商业的存在，如何统一规范私营工商业
者的行为、如何推行落实政府政策、如何给予多数中小经营者发言权以协
商解决问题成为中国共产党和人民政府全面调整工商业所需面对的工作困
难之一。对此，1950 年 6 月，陈云在党内首先提出重新建立工商业界组织

---

① 陈云：《中华人民共和国过去一年财政和经济工作的状况》，载于《人民日报》1950 年
10 月 1 日。转引自：中国经济论文选编辑委员会编：《一九五〇年中国经济论文选》第一辑，生
活·读书·新知三联书店 1951 年版，第 17～18 页。
② 《陈云文选》（第二卷），人民出版社 1995 年版，第 176 页。
③ 《陈云文选》（第二卷），人民出版社 1995 年版，第 150 页。

的设想："为了调整公私企业关系，随时协商有关问题，公营和私营工商业以合组同业公会和工商业联合会为适宜"①。1951 年 7 月，陈云在中共中央统一战线工作部会议上针对组织工商联问题做了具体工作部署：即在组织方面，实行全国、省、县工商联三级制，工商联会员在包括同业公会团体会员、企业单位会员、特邀人士等现有会员的基础上，允许摊贩、手工业作坊、合作社等加入；在领导成分方面，要兼顾私营企业的工商、大小、帮派、政治态度以及代表性问题，同时也要有必须数量的公营企业，但要防止名额过多；在工作总方向上，工商联旨在领导工商业者遵守《共同纲领》，协助政府推行法令和政策，同时为会员服务、指导经营、教育工商业者。② 在这一思路的引导下，中央人民政府政务院于 1952 年 8 月颁布了《工商业联合会组织通则》，随后中华全国工商业联合会于 1953 年 11 月 12 日正式成立，简称全国工商联，并在此后成为党和政府联系民营经济从业人士的桥梁纽带，是政府调整、管理和服务民营经济的助手。

从上述四个方面总体来看，以国家计划为主导、综合运用多种手段调整各个领域的公私关系是陈云主持调整工商业这项重要经济工作的主要思想线索，构成了新中国成立初期民营经济思想的重要内容之一。该思想在本质上是把《共同纲领》中所规定的经济建设方针具体化，是在实践中落实《共同纲领》精神的具体途径，包括在调整私营工业方面，按比例加工订货来组织生产与销售；在私营商业方面，通过控制批发价和零售价的"剪刀差"来协调商业利润；在调整公私关系摩擦方面，主张公私经济在国家计划下按适当比重统筹兼顾；在调整政府与工商业者关系方面，筹建工商业社会组织来协商相关事宜。实际上，新中国成立初期经历的这两次工商业调整是以往在革命根据地和老解放区经济工作中所不曾遇到的，党和政府没有相关方面的实践经验，与此同时，派来帮助我国的苏联专家因不熟悉中国国情也对此束手无策。③ 因而，可以说以陈云为代表所提出的

---

① 陈云：《关于经济形势、调整工商业和调整税收诸问题的报告》，引自中国经济论文选编辑委员会编：《一九五〇年中国经济论文选》第三辑，生活·读书·新知三联书店 1951 年版，第 12～16 页。
② 《陈云文选》（第二卷），人民出版社 1995 年版，第 150～153 页。
③ 薄一波：《若干重大决策与事件的回顾》（上卷），中共中央党校出版社 1991 年版，第 102 页。

相关私营工商业调整思想完全是立足于解决中国本土化现实问题而产生的具有中国特色的经济思想，为指导新中国初期民营经济建设、促进国民经济恢复做出了重要的理论创新和贡献。

三、理论界围绕民营经济性质与发展方向的学术探讨

（一）关于个体经济性质及其发展方向的认识

新民主主义革命的胜利和土地改革的推进，将广大独立小手工业者和个体农民从半殖民地半封建性质的经济关系中解放出来，转变为新民主主义社会中自由独立、耕者有其田的个体经济。新中国成立之初，这类经济仍占据国民经济约90%的比重，同时由于其在理论上始终具有资本主义经济因素，存在着发展成为私人资本主义的可能性，因此，对于个体经济性质及其在新中国经济结构中的地位和发展方向等问题引起了该时期理论界的诸多关注。

一种观点认为个体经济是一种过渡性质的经济。狄超白提出："个体经济不可能构成某一社会阶段里居于统治地位的特定的生产方式，它只能是阶级社会转变过程中一种过渡型的生产方式。"[1] 这是因为新民主主义革命虽然转变了个体经济在旧中国的封建性质及其被压迫的社会经济地位，但是并未从根本上改变个体经济落后的生产技术，例如土地改革后的个体农民仍然使用着只适用于个体劳动的生产工具和生产设备。对此，狄超白认为，新民主主义的个体经济应走上"在国家经济的领导下，通过供销集体化、劳动集体化而达到生产集体化，并使以小生产者为基础的各种合作社经过国家资本主义的性质、半社会主义的性质而达到社会主义性质"的发展道路。王学文也同样支持个体经济走合作化道路的观点，在他看来，这条发展道路是解决中国经济近代化、工业化的任务，是农民和手工业者最终脱离贫困的唯一途径。[2]

---

① 狄超白：《过渡期的个体经济》，载于《学习》1949 年第 4 期。
② 王学文：《论新民主主义的经济形式》，载于《新建设》1951 年第 1 期。

另一种观点认为农民个体经济与社会主义经济在性质上相矛盾，但又不同于资本主义私有制。这是因为农民的小私有制与社会主义在计划性、集体性和生产手段的公有制方面都存在对抗性，但同时由于个体农民是以个体劳动为基础，不具有剥削性质，因此它与资本主义私有制又存在着显著差别。在此基础上，该学者还指出农民个体经济是一种小生产经济，不具备与任何大生产经济竞争的力量，因而必然要转变为其他形式的经济——在国营经济领导之下把个体农民组织起来向集体农庄发展。①

学者们对于由广大分散的农民和小手工业者所组成的个体经济性质，及其在新民主主义社会中向集体化方向发展的观点基本保持一致，同时这些认识也与《共同纲领》以及当时的政策思想相一致，为下一阶段开展对农业、手工业的社会主义改造提供了良好的思想准备。

（二）关于私营经济性质及其发展方向的认识

如前面所述，针对私人资本主义经济的性质、地位、作用及存废等问题，早在新中国成立以前党内就已进行过充分讨论和分析，达成了私人资本主义经济在新中国经济建设初期仍具有发展生产、恢复经济的积极作用的共识，将其作为新民主主义经济成分之一并写入《共同纲领》。1949年以后，我国正式确立了新民主主义的政治、经济制度，私人资本主义经济在新中国的存在和发展将区别于旧中国时期，同时私人经营者进行商业投机、经营困难的局面不断出现，在此背景下，一些学者主张扶助私营工商业的发展，而另一些学者则产生了疑虑，这使得新中国成立初期理论界集中展开了对私人资本主义经济性质的再探讨。

第一种观点认为私人资本主义经济是较为低级的经济成分。王学文从生产关系的视角分析认为：在生产系统上，资本家及其代理人占支配地位，而工人处于被支配地位；在劳动组织上，资本家及其代理人指挥组织劳动，而工人被指挥参加劳动；在生产手段上，仅为资本家所有；在生产结果上，产品利润皆为资本家所有，而工人只能获得工资。因此，他得出私人资本主义是"较国营经济、合作社经济、国家资本主义经济为低级的

---

① 北大经济系系会：《农民个体经济》，载于《新建设》1950年第12期。

经济"的结论。①

第二种观点认为新民主主义经济结构中的私人资本主义经济是区别于资本主义国家中私人资本的。沈志远即持该观点，他认为私人资本主义为利润而生产的本质不管是在新民主主义条件下还是在资本主义国家中都不会改变，但是在国家政权和国营经济领导下的私人资本主义经济，将会在一定的政策范围内从事有利于国计民生的生产事业，同时其利润也将有所限制，即它不能像资本主义社会那样"无限制地剥削工人，无限制地集中资本于少数人之手而造成独占资本主义的局面"。②

第三种观点提出私人资本主义经济具有两面性，一方面，私人资本的逐利本质有利于发展生产、调剂供求；但另一方面，中国资本主义多少带有买办性、投机性、封建性的消极作用。③ 另一种类似的提法认为私人资本主义具有一般性和特殊性，一般性是指其具有劳资对立、剥削关系、生产盲目、市场交换等本质属性，特殊性是从其与国家经济关系的视角分析，指新中国的私人资本主义经济是在国营经济领导下的（通过计划调剂、劳动待遇、价格政策、税收政策等）向着国家资本主义方向发展的经济。④ 具体地，有学者提出对私人资本主义经济加以细分：私人工业资本基本都有利于国计民生，应采取保护政策；私人商业资本虽然具有一定的消极作用但仍有助于交换和生产，应采取限制与保护并重政策；私人金融资本的买办性、投机性和封建性最严重，应主要加以限制。⑤ 因此，持这种观点的学者主张尽管私营工商业者是为了利润、分红的目的而发展生产和商品流通，但这种经济行为对人民生活和国家经济仍然有利，应予以保护和奖励。

通过上述观点的分析，可以看出理论界对私人资本主义经济的态度和

---

① 王学文：《论新民主主义的经济形式》，载于《新建设》1951年第1期。
② 沈志远：《新民主主义经济的特点、构成和政策》，引自中国经济论文选编辑委员会编：《一九五〇年中国经济论文选》第一辑，生活·读书·新知三联书店1951年版，第62～63页。
③ 严景耀：《论民族资本家的前途》，载于《新建设》1949年第1期。
④ 北大经济系系会：《私营资本主义经济——一般性、特殊性及发展的现实性》，载于《新建设》1949年第12期。
⑤ 北大经济系系会：《新中国的经济结构——答复关于五种经济成分的内容和相互间之关系》，载于《新建设》1949年第5期；薛暮桥：《工商业政策——一月十二日在清华大学的讲演词》，载于《新建设》1949年第12期。

评价并不完全一致，如果从生产关系和阶级分析的视角，会得出不同经济成分之间存在优劣、高低之分的具有意识形态色彩的结论；如果从生产力和经济绩效的视角分析，则呈现出较为客观中立的结论，即私人资本主义经济对新中国经济发展利弊共存。

（三）关于调整私营工商业作用及途径的认识

1950 年春，我国私营工商业在通货膨胀基本被抑制以后很快出现了商品滞销、停工歇业的困难局面。党和政府先后召开中央人民政府委员会第七次会议、中财委党组会议、七大城市工商局长会议、中共七届三中全会等工作会议，重点就工商业经营困难问题进行了深入讨论，并出台了一系列政策措施，以期通过对私营工商业展开必要的调整使之尽快恢复生产。在此背景下，部分学者也就调整工商业的必要性以及方法途径发表了看法。

对于为何要进行私营工商业调整的问题，章乃器认为，新中国成立初期的工商业调整实质上就是对中国经济结构的初步改造，"是把和人民不利、和新国家不利的经济结构，变成完全是人民的、革命的经济结构"。[1]这中间主要包括"消肿""去腐""生新"：即肃清封建主义和资本主义百年来积累起来的依赖性、消费性、剥削性等；消除 12 年（1937～1949年）以来发展而成的恶性通货膨胀；依据《共同纲领》的规定建立新的经济秩序和基础。[2] 章乃器的这一认识可以说是站在历史和宏观的视角，对调整工商业的原因和实质作了客观、清晰的阐述。

对于如何贯彻落实"公私兼顾"的工商业调整方针，薛暮桥提出：对私营经济来说，要接受国营经济的领导，遵守国家经济计划及经济政策，使自己的活动符合国家和人民的需要；对国家以及国营企业而言，应当在原料供给、技术设备、经营范围、销售市场、财金政策等方面统筹兼顾，照顾私营工业的需要，使公私经济能够充分合作、各得其所。[3] 此外，陶

---

① 章乃器：《调整工商业问题》，载于《新建设》1950 年第 12 期。
② 章乃器：《经济的改造——消肿、去腐、生新》，载于《新建设》1950 年第 8 期。
③ 薛暮桥：《现阶段的中国经济——新民主主义经济》，引自中国经济论文选编辑委员会编：《一九五〇年中国经济论文选》第一辑，生活·读书·新知三联书店 1951 年版，第 23～25 页。

大鏞、石础也主张要从国营经济发挥领导作用、私营企业全面配合两个方面共同进行：一方面，国营经济应按照《共同纲领》的规定在各个方面给予私营企业以扶助，同时在价格政策和税收政策上必须做到公平合理；另一方面，私营企业应该进行自我检查和自我批评，纠正对国营经济领导的消极态度和错误思想。① 从政治经济学的视角来看，上述这些观点在认识上都较为客观，但在实践层面上并未就具体操作或工作途径给予分析或建议，因而缺少实践层面的理论指导意义。实际上，类似的学术讨论和评介也是该时期理论界学术观点所呈现出的一般特征。

第三节　以调整公私关系为导向的民营经济制度建构

一、《共同纲领》：确立"公私兼顾"宏观政策思想

新中国成立前夕，中国人民政治协商会议于 1949 年 9 月 29 日正式通过了《中国人民政治协商会议共同纲领》（以下简称《共同纲领》），至 1954 年中华人民共和国第一部宪法颁布以前，《共同纲领》在我国起着临时宪法的作用。虽然其在我国发挥法律效力的持续时期不长，但它的颁布在当时确立了包括个体和私营经济在内的民营经济地位的合法性，明确了在新民主主义经济基础上坚持"公私兼顾"的宏观经济建设方针，为新中国成立之前三年国民经济恢复时期所制定的民营经济政策与制度提供了基本原则和思路指导，奠定了法理基础和理论基础，在新中国民营经济制度史上具有重要地位。

第一，《共同纲领》保护个体农民、手工业者和私营工商业者的经济利益及私有财产，这是新中国历史上首次对非公有制经济产权予以确立和

---

① 陶大鏞：《调整工商业和私人资本的出路》，载于《新建设》1950 年第 9 期；石础：《改造中的私营工商业》，载于《新建设》1950 年第 11 期。

法律保护。如《共同纲领》第三条规定："保护工人、农民、小资产阶级和民族资产阶级的经济利益及其私有财产"；第二十七条规定："保护农民已得土地的所有权"；第三十七条规定："保护一切合法的公私贸易"。①

第二，《共同纲领》鼓励并扶助私营经济发展，确立"公私兼顾"的宏观经济政策思想，为新中国成立初期五种不同性质的经济成分并存发展提供了制度支持，以避免或减少公私经济以及无产阶级与资产阶级之间的摩擦和矛盾，达到恢复经济的目的。如《共同纲领》第二十六条规定："公私兼顾、劳资两利、城乡互助、内外交流"是新中国经济建设的根本方针；为了促进整个国民经济的发展，国家应在"经营范围、原料供给、销售市场、劳动条件、技术设备、财政政策、金融政策"等方面使五种经济成分"在国营经济领导之下，分工合作，各得其所"。第三十条规定："凡有利于国计民生的私营经济事业，人民政府应鼓励其经营的积极性，并扶助其发展。"②

总体上，《共同纲领》在法律地位、产权保护、宏观方针、扶助范围等方面给予了民营经济发展的基本制度保障，并为鼓励和扶助民营经济与其他经济成分并存发展提供了宏观政策指导。根据这些宗旨，新中国成立以后，中财委制定了一系列调整和推动民营经济实践的政策措施。

二、《私营企业暂行条例》：自主经营与计划调整并行思想的制度化

新中国成立后，一方面，以往民国时期所实施的《公司法》被废除失去法律效力，私营工商业在这一时期的经营活动以及经济利益因而失去法律依据与保障，引起私人资本投资行为的诸多顾虑；另一方面，由于统一财政经济管理工作的顺利推行，全国金融物价在1950年3月后基本企稳，然而部分私营工商业因市场虚假购买力的消失而陷入商品滞销、经营困难的局势，进而导致由歇业、停业而产生的劳资纠纷和失业人数急剧增多。

---

① 中共中央文献研究室编：《建国以来重要文献选编》（第一册），中央文献出版社1992年版，第2、9页。
② 中共中央文献研究室编：《建国以来重要文献选编》（第一册），中央文献出版社1992年版，第7～8页。

因此，及时调整私营工商业并提供相关保障私营企业正常经营的制度供给则成为党和人民政府亟待部署的重要工作。在此背景下，中财委私营企业局在原先《私营企业投资暂行条例》以及《新公司草案》两个文件草案的精神原则下起草了《私营企业暂行条例》①，随后在 1950 年 12 月 29 日召开的政务院第六十五次政务会议上获得通过，并于次日公布。

实际上，关于《私营企业暂行条例》内容的制定与公布并非一日之功，而是自中共七届三中全会确定调整私营工商业以来，在陈云的工作主持下经过连续几个月的研究、讨论、修改而完成的。在此期间，以毛泽东、陈云为代表的国家领导人先后对私营工商业的调整工作做出了深入分析和明确指示②，基本形成了对私营企业要"既团结又斗争"的思想方针，具体而言就是要在国家计划的基础上鼓励和扶助有利于国计民生的私营企业，给予其自主经营的合法权利与空间，以达到发展生产、繁荣经济之目的，同时要限制和排挤不利于国计民生的私营企业的存在和发展，最终引导私人资本向国家资本主义方向发展，积累进入社会主义的经济基础。上述思想和政策观点都为《私营企业暂行条例》的制定奠定了坚实的理论基础，而该条例中的具体内容和各项规定在本质上则是这些思想的制度化体现。

（一）鼓励与扶助私营企业自主经营思想的制度化

《私营企业暂行条例》（以下简称《条例》）是依据《共同纲领》中所规定的经济政策所制定的，旨在在国营经济的领导下"鼓励并扶助有利于国计民生的私营企业"，其中将私营企业规定为"私人投资经营从事营利的各种经济事业"。这一宗旨在条例开篇总则的第一条当即阐明，在经济逻辑上就是要帮助那些有利于国计民生的私营企业获得盈利，因为私人资本不会向毫无利润可言的经济事业进行投资，同时如果所经营的经济事业无法产生利润，私人经营者就会停工歇业甚至破产倒闭，进而导致员工失业、市场萧条等不良影响。正是在清晰认识资本主义经济运行的基本投

---

① 董志凯：《国民经济恢复时期的私人投资》，载于《中国经济史研究》1992 年第 3 期。
② 本章第二节内容对此已有具体论述，故不再赘述。

资行为和内在逻辑的基础上，《条例》在诸多方面做了明确规定，以期达到保护私营企业合法权益不受侵害的目的，促进其维持经营、发展生产。

首先，《条例》依法保障私营企业的私有财产权、经营管理权以及投资收益权。这三项权利是保障私人投资得以顺利展开并且能够调动私人生产积极性的关键所在，为了消除私营工商业者的顾虑，《条例》第八条规定私营企业的"财产和营业受充分的保护，经营管理权属于投资人"；第十四条规定："企业经登记后，保护其名称专用权"；对于独资合伙企业、公司制企业等不同类型私营企业的利润分配问题，第二十五条规定："盈余分配以不影响正常生产及业务经营为原则"。[1]

其次，《条例》明确了私营企业的对内对外关系以及股东责任范围。如第十七条规定私营企业"于不抵触政策法令的范围内，在合伙依照所订契约，在公司依照所订章程办理"；第十九条规定："企业的负责人，在独资为出资人，在合伙及无限公司为执行业务的合伙人或股东，在有限公司为执行业务的股东或董事，在股份有限公司为董事，在两合公司及股份公司为执行业务的无限责任股东"[2]。

最后，《条例》承诺给予一些私营企业在税收、融资等方面的政策优惠。如对于从事国家迫切需要的业务或具备重大技术改进与发明的私营企业，按照《条例》第九条规定："在短时期内不能获利者，得经政务院财政经济委员会核准，在一定期限内予以减税或免税的优待"；对于那些在创办、增资时需要缴纳股款或合并转业时缺乏现金的私营企业，第十条规定："经地方主管机关核准，并经中国人民银行同意时，得用黄金、外汇向中国人民银行折兑人民币抵缴"；对于因扩大生产而出现资金紧缺问题的私营企业，第二十九条规定："得经中央私营企业局商同有关机关核准发行公司债"[3]。

---

[1]　中共中央文献研究室编：《建国以来重要文献选编》（第一册），中央文献出版社 1992 年版，第 518、519、521 页。
[2]　中共中央文献研究室编：《建国以来重要文献选编》（第一册），中央文献出版社 1992 年版，第 520 页。
[3]　中共中央文献研究室编：《建国以来重要文献选编》（第一册），中央文献出版社 1992 年版，第 518、523 页。

（二）通过国家计划合理调整私营企业发展思想的制度化

党和政府对私营企业以及调整公私经济关系工作的基本出发点，是在国营经济领导国民经济各种成分的前提下，保护一切有利于国计民生的私营经济的利益，但同时反对一切有害于国计民生而从事投机的经济行为。①根据这一宗旨，《条例》在经营范围、产销关系、财政政策等方面对私营企业加以限制，力图通过国家计划的领导，杜绝不法私人资本的投机行为、克服私人投资的盲目性和无政府状态、引导私营经济朝着有利于国家经济建设需要的方面发展。具体体现在以下两个方面。

其一，《条例》要求私营企业接受国营经济的领导，履行国家制定的产销计划。第六条规定："为克服盲目生产，调整产销关系，逐渐走向计划经济，政府得于必要时制定某些重要商品的产销计划，公私企业均应遵照执行。"②这一方面有利于通过加工、订货、统购等计划订单维持和组织私营企业的产销数量，扶助其渡过经营困难时期；另一方面，有利于将私营经济的生产计划纳入国家整体计划之中，达到调整私营工商业目的的同时为建立社会主义计划经济奠定基础。

其二，《条例》规定对创办新企业实施核准登记制度，以限制和规范私营企业的业务经营范围，促使私人资本的投资方向向有利于国家计划的产业结构方向发展。按照第十一条规定："为配合计划生产，保护投资人利益，避免盲目发展，新创设的企业应依法令报经地方主管机关核准营业，方得筹设"，并且"企业不得经营核准范围以外的业务"。③例如，针对过去服务于帝国主义、封建主义、官僚资本主义的高级消费品工业、迷信品工业、投机商业、以放高利贷和买空卖空为目的的金融业等行业应取消，责令其转业；某些因暂时性生产过剩的行业，如纸烟、火柴、肥皂工

---

① 陈云：《关于经济形势、调整工商业和调整税收诸问题的报告》，引自中国经济论文选编辑委员会编：《一九五〇年中国经济论文选》第三辑，生活·读书·新知三联书店1951年版，第12～16页。
② 中共中央文献研究室编：《建国以来重要文献选编》（第一册），中央文献出版社1992年版，第517～518页。
③ 中共中央文献研究室编：《建国以来重要文献选编》（第一册），中央文献出版社1992年版，第518页。

业等，应引导其暂时性缩小生产规模或转业。①

　　总体而言，《私营企业暂行条例》的制度设计原则是在依据和继承《共同纲领》精神宗旨的基础上所制定的，旨在遵循"公私兼顾"的宏观政策方针，在国营经济的领导下鼓励并扶助有利于国计民生的私营企业的发展，以达到五种不同经济成分分工合作、各得其所、发展生产、繁荣经济的目的。反映在制度内容上，则具体表现为：一则，从私有财产权、经营管理权、投资收益权、责任承担、税收融资等方面给予私营企业在法律上的保障，为私营企业自主展开正常的经营活动提供良好的制度环境以及合理的政策优惠，以鼓励有利于国计民生的私营经济的经营积极性，并扶助其发展；二则，在投资结构、经营范围、生产销售等领域，通过企业核准登记制度、国家产销计划安排对私营企业的生产投资进行调整，以反对有害于国计民生的私营经济的盲目投机性，并限制其发展。因此，从思想内容的层面来看，《条例》实际上既体现了鼓励和保障私营企业进行自主经营发展生产的思想，也包含了利用国家计划合理调整私营工商业以走上计划经济轨道的思想。

第四节　民营经济思想生发阶段的理论与绩效评析

一、民营经济思想生发阶段的理论特征分析

　　1949～1952 年国民经济三年恢复时期是承接旧中国经济残局与新中国经济建设的过渡阶段。这期间，旧中国遗留下来的生产效率低下且兼具投机性的半殖民地半封建性质的脆弱的经济基础，从客观上制约着新中国的经济发展道路直接走上社会主义的经济轨道，必须经由新民主主义的经济

---

　　① 《刘少奇副主席关于调整工商业与公私关系的指示》，引自中国经济论文选编辑委员会编：《一九五〇年中国经济论文选》第三辑，生活·读书·新知三联书店 1951 年版，第 6～7 页。

轨道来实现国民经济基础的累积。因而，国民经济恢复时期的经济实践依旧延续了中国共产党在新民主主义革命时期经济工作经验中所形成的在国营经济领导下多种经济成分共同发展的经济战略，促使民营经济在新中国初期获得继续发展的空间。与此同时，国民经济恢复时期的民营经济思想亦具有从旧中国延伸到新中国的历史延续性，其思想基础来自新民主主义经济理论在旧中国的形成和发展。这依赖于两方面的作用：一方面，马克思主义经济学说自 19 世纪 80 年代后陆续传入中国，冲破了重重障碍得到了坚实有力的传播；另一方面，中国共产党成立后在吸收、借鉴马克思主义经济学理论的基础上，将其与中国革命，特别是与革命根据地以及解放区的经济实践相结合，形成了具有中国特色的新民主主义经济理论。二者在旧中国的经济环境中相互支持、融合、壮大，从而汇合成为新中国国民经济建设和民营经济实践的宏观指导思想。① 因此可以说，对新民主主义经济理论的继承和发展，为新中国民营经济思想的生发提供了理论基础与经验借鉴。

通过前面详细论述，国民经济恢复时期的民营经济思想具体表现在三个领域：其一，是以毛泽东、陈云为代表的党中央领导人在部署经济策略和领导经济工作期间出于实践需要所形成的有关民营经济运行和发展的政策建议。如毛泽东对私营经济"既斗争又团结"思想的重新强调和陈云在主持财经工作中所形成的在国家计划领导下调控公私关系的经济思想。这些政策思想在本质上是把《共同纲领》中所规定的经济建设方针具体化，是在经济工作指导思想中具体落实了《共同纲领》精神，不仅对新中国成立初期党内产生的企图提早消灭资本主义的"左"倾冒进思想进行了及时的纠正，而且为积极调整私营工商业工作提供了正确的理论引导和思路方针，是推动三年经济恢复时期民营经济发展的重要思想动力之一。

其二，是理论界关于个体经济和私人资本主义经济性质、发展方向以及相关工商业调整问题的学术探讨。该时期相关的学术论文数量较少，且

---

① 胡寄窗、谈敏：《新中国经济思想史纲要（1949～1989）》，上海财经大学出版社 1997 年版，第 3 页。

集中发表于《新建设》《学习》等杂志，这主要是由于新中国成立初期我国的期刊出版事业亦处于恢复和发展时期，期刊数量及其门类尚且不多，并且作为思想宣传的重要阵地，当时的期刊主要以综合性时事刊物和教育刊物为最多。① 通过相关学术探讨，有助于广大学者和人民群众对民营经济性质以及新民主主义经济政策有进一步的理论认识，但是，经济性质本身是一个抽象的经济概念，而该时期的学术研究又缺乏对经济实践的调查统计和实证分析，因此，大部分讨论实际上仅是对个体经济、私营经济在资本主义社会和社会主义社会中性质、作用等问题的概念比较分析和逻辑推理。同时，这些讨论内容大多以阐述和解释《共同纲领》、工商业经济政策为主，而并未就民营经济运行或工商业调整的具体措施、工作途径等给予理论分析或具有建设性的政策启示，因而，整体上缺乏对民营经济实践层面的理论指导价值。

其三，是蕴含于为了推动和规范民营经济运行和发展问题而制定的经济制度之中的经济逻辑。《共同纲领》的颁布在宏观上确立了"公私兼顾"的政策指导思想，为鼓励和扶助民营经济及其他经济成分并存发展提供了基本的制度保障，而《私营企业暂行条例》的颁布则是在依据和继承《共同纲领》的宗旨原则下，从微观层面将鼓励和保障私营企业进行自主经营发展生产的思想和利用国家计划合理调整私营工商业以走上计划经济轨道的思想进行制度化，为国民经济时期民营经济的发展实践提供了具体的法律保障和制度安排。需要特别指出的是，该时期民营经济制度的主要内容一方面来自对新民主主义经济理论的继承和完善，另一方面，来自以毛泽东、陈云等为代表的党中央领导人针对解决私营经济的现实发展问题所提出的具有创新性的政策指导思想，因此，可以说既有的经济理论及政策思想是该时期制度设计和构建的理论依据，而制度的形成过程在本质上是这些思想的制度化体现（当然，制度本身所包含的具体内容和条例规定亦是对思想的进一步补充和完善）。这一制度化的过程实际上符合并对应了诺思（Douglass C. North）所提出的制度变迁的逻辑结构模型：可感知的现实（perceived reality）→信念体系（beliefs）→制度（institutions）→政

---

① 宋应离：《中国期刊发展史》，河南大学出版社 2006 年版，第 224～225 页。

策（policies）→结果即改变后的现实（altered perceived reality）①，其中信念体系在这里指党中央领导人对新中国成立初期民营经济发展处境的理论认知或内在表诠（internal representation），而制度则是这种内在表诠的外在显现（manifestation）。

通过对该时期民营经济思想主要内容的概括总结和理论分析，笔者认为主要领导人的政策思想以及相关民营经济实践的制度设计构成这一时期民营经济思想的主体，对实践中民营经济的发展具有重要的推动作用；而理论界的经济认知及学术讨论在该时期不甚丰富且理论价值有限，因而构成这一时期民营经济思想的补充，对经济实践的指导意义并不显著。总体上，国民经济恢复时期是新中国民营经济思想孕育和产生的阶段，在新旧中国承转的特殊经济背景和理论背景下，初步形成了以促进国民经济恢复为主要目标、以调整公私关系为主要手段、以推行国家计划领导和扶助企业自主经营相结合为主要特征的民营经济思想体系，并且其中已经初步蕴含了计划与市场相配合的思想。

二、本阶段民营经济思想的实践绩效考察

在上述思想的指导和影响下，恢复国民经济的三年时间内，党和政府先后制定并颁布了《共同纲领》《私营企业暂行条例》，在宏观、微观两个层面确立并落实了"公私兼顾"的基本原则，同时在实际经济工作中逐步形成并采取了对民营经济"鼓励、扶助与限制"的方针政策，从而对民营经济的发展轨迹和绩效产生了直接影响。

一方面，在私有财权、经营管理、投资收益、责任承担、税收融资等方面给予民营经济法律保障，使其在数量和产值上有了进一步的发展。如表2-2所示，1949～1952年，我国私营工业实有户数从1949年的12.3万户增加到1952年的14.96万户，职工人数增加41.28万人，私营工业总产值增加近37亿元，三年提高约54.2%；1952年我国私营商业实有户

---

① Mantzavinos C., North D. C. and Shariq, S.. 2004. Learning, Institution and Economic Performance, *Perspectives on Politics*, Vol. 2 (1), pp. 75 – 84.

数相比 1949 年增加了 28 万人，职工人数增加 14 万人，零售营业额提升近 21 亿元。此外，我国的农业总产值在三年间也增加了 48.4%，个体手工业总产值增长超过 1 倍，从业人员数量扩大至 713 万人，这一数据接近解放战争前的最高值。① 民营经济在绝对量上的发展壮大对恢复经济、增加就业、活跃城乡物资流通等方面起了积极作用，尤其是有利于国民生计的民营经济行业得到了恢复和发展，如私营机器制造、钢铁冶炼工业、日用消费品工业、饮食服务业等。②

表 2-2　　　　　　1949～1952 年我国私营工商业发展情况③

项目	1949 年	1950 年	1951 年	1952 年
一、私营工业				
户数（万户）	12.30	13.30	14.76	14.96
职工（万人）	164.38	181.59	202.28	205.66
产值（亿元）	68.28	72.78	101.18	105.26
二、私营商业				
户数（万户）	—	402	450	430
职工（万人）	—	662	740	676
零售营业额（亿元）	—	101.0	132.8	121.9

另一方面，通过企业核准登记制度、国家的产销计划（加工、订货、收购、包销）等方式对私营企业的投资结构、经营范围、生产销售等领域进行的限制和调整，使民营经济的整体份额在国民经济中所占比重发生了逆转。如图 2-1 所示，1949 年，我国国营经济、合作社经济、公私合营经济、私营经济和个体经济这五种经济成分在国民经济中的比重分别为

---

① 柳随年、吴群敢主编：《恢复时期的国民经济（1949～1952）》，黑龙江人民出版社 1984 年版，第 78、85 页。

② 柳随年、吴群敢主编：《恢复时期的国民经济（1949～1952）》，黑龙江人民出版社 1984 年版，第 83 页。

③ 根据韩明希：《中国当代私营经济的现状和发展》，改革出版社 1992 年版，第 43 页相关数据整理而成。

26.25%、0.5%、1.57%、48.72%和23%，其中民营经济的整体比重占据整个国民经济的半壁江山，比重约为72%，而国营经济的比重仅为26.25%，体量悬殊；而经过三年经济恢复时期的限制与调整，至1952年，上述五种经济成分的比重发生了显著变化，分别为41.54%、3.27%、3.99%、30.65%和20.57%，其中民营经济的整体比重由1949年的72%下降至51%左右，而国营经济的比重则对应从26.25%增加至41.54%，可见国营经济在国民经济中的主导地位逐渐凸显。此外，1950年、1952年对私营工商业展开的两次合理调整以及有伸缩性的限制规定，最终使得部分不利于国计民生的私营行业受到了削弱、改组或代替，如投机商号、奢侈性消费、迷信品行业。①

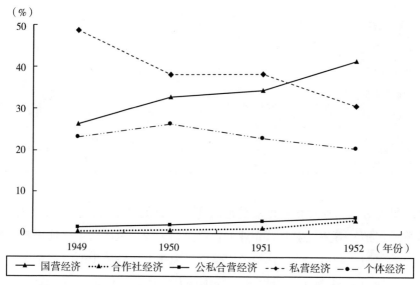

图2-1　1949～1952年五种经济成分在国民经济中的比重变化情况

资料来源：《中国统计年鉴》（1984），中国统计出版社1984年版，第194页。

综上所述，国民经济恢复时期民营经济在企业数量、从业人数以及总

① 柳随年、吴群敢主编：《恢复时期的国民经济（1949～1952）》，黑龙江人民出版社1984年版，第83页。

产值上都实现了绝对值的增长，达到了发展生产、增加就业、繁荣经济的目的，同时，民营经济在国民经济中比重的减少与国营经济比重的增加，也基本实现了国营经济领导地位的确立。可以说，1949～1952年民营经济的发展轨迹和绩效结果基本上反映并实现了该时期民营经济思想的主要特征及其政策目标，同时为下一时期进行社会主义改造和确立计划经济体制奠定了一定程度的经济结构优势和经济积累基础。

第三章

新中国民营经济思想的转折：
以改造为主导
（1953～1977）

1953～1977 年，一方面受到苏联社会主义政治经济学体系及其经济建设模式的理论约束，另一方面，在经过对农业、手工业、资本主义工商业的社会主义改造之后，又受到国内"左"倾思潮和政治运动的影响干扰，中国民营经济发展的正常路径被直接切断，在相当程度上影响了民营经济思想的变迁轨迹，致使该时期的民营经济思想并没有延续上一时期（国民经济恢复时期）的主要内容和脉络方向演进，而是在短短三年时间内迅速形成了由调整民营经济为主导向改造民营经济为主导的思想转折。此后基于民营经济改造思想的理论指导和急于求成的战略决策，使民营经济在我国国民经济结构中的生存和发展空间急剧收缩，直至基本消失。尽管如此，20 世纪 50 年代末 60 年代初期仍然闪现了部分有关在社会主义社会中保留一定程度民营经济的理论构想与实践探索，其中蕴涵了一些独具创新意义和实践价值的思想火花。

第一节　计划经济体制时期民营经济思想的转折背景

一、苏联政治经济学体系对民营经济发展路径的理论约束

马克思主义经典作家研究的主要对象和主要内容是资本主义，其虽对资本主义经济阶段以后的社会主义经济做了一定程度的推理和构想，但并未进行具体系统的理论阐述。[1] 直到十月革命爆发后，苏联成为人类历史上第一个社会主义国家，从而社会主义政治经济学和社会主义经济建设才有了现实经验的参照。这对于后发建立社会主义国家的中国而言影响重

---

[1]　胡寄窗、谈敏：《新中国经济思想史纲要（1949～1989）》，上海财经大学出版社 1997 年版，第 75 页。

大，尤其是在《苏联社会主义经济问题》①（斯大林，1952）和《政治经济学教科书》②（苏联科学院，1954）问世以后，苏联社会主义政治经济学学科体系初步建立，同时这两部书作在中国的传播进一步加深了苏联社会主义政治经济学体系及其经济建设模式对我国的影响。其一，我国理论界最初是根据马克思、恩格斯的有关论述将政治经济学研究对象界定为生产关系的，当斯大林在《苏联社会主义经济问题》中将政治经济学研究对象明确定义为人们的生产关系（即经济关系）以后，该观点即被普遍接受并逐渐趋于极端，引发20世纪六七十年代脱离社会生产力发展而单独地抽象讨论生产关系问题的严重偏倚，③ 同时也导致了对全面实现公有制经济目标的急于求成。其二，《政治经济学教科书》自出版以后便成为我国几乎所有大专院校的指定教材，并且我国60年代出版的大部分有关政治经济学方面的论著基本是仿效《政治经济学教科书》的体系框架和理论观点编写而成的，因此，该时期理论界探讨中国经济问题时所采用的理论工具和分析方法基本都囿于苏联社会主义政治经济学体系，而少有突破。其三，对中国社会主义经济建设以及民营经济发展轨迹影响最为直接且深远的是斯大林所定义的社会主义基本经济规律，其在大体上具备三个基点：一是生产资料公有制；二是以优先发展重工业为特征的社会主义工业化；三是高度集中的计划管理体制。④ 对该经济规律的沿袭照搬，不仅在一定程度上制约了我国理论界关于社会主义社会及其经济发展规律的自主认知和理论创新，而且在实践层面上对中国社会主义经济建设事业选择何种发展路径也产生了理论方面的约束，即最终选择了按照苏联社会主义经济规律和建设经验的道路前进——1953年执行"一五"计划起开始社会主义改造，并在参考苏联社会主义改造所用时间和征求斯大林意见的基础上作

---

① 《苏联社会主义经济问题》是斯大林就1951年11月苏联共产党中央为审定政治经济学教科书未定稿而召开的经济问题讨论会的有关问题而写的著作，其中还包括从苏联30年社会主义建设经验出发，对社会主义的理论问题所作的探索。

② 《政治经济学教科书》是根据斯大林的有关理论体系编写而成。

③ 胡寄窗、谈敏：《新中国经济思想史纲要（1949～1989）》，上海财经大学出版社1997年版，第57页。

④ 胡寄窗、谈敏：《新中国经济思想史纲要（1949～1989）》，上海财经大学出版社1997年版，第76页。

出我国需要 10～15 年完成过渡的估算①，走全面消灭私有制、在生产资料公有制的经济基础上实施高度集中的计划管理体制的道路；而摒弃了新中国成立前和国民经济恢复时期我党在探索将马克思主义经济学理论同中国具体实践相结合的过程中所形成的新民主主义经济建设道路——新中国成立以后的一段时期内继续实行国营经济领导下多种经济成分统筹兼顾、国家计划与市场主体自发经营相结合的经济发展模式，以达到促进社会经济发展之目的，为进入社会主义积累坚实的物质基础。

对苏联社会主义政治经济学体系及其经济发展模式的选择与应用，意味着我国将对民营经济实行改造，而对发展民营经济以及与之相关的理论观点采取否定与批判的态度。尽管 20 世纪 50 年代末 60 年代初，政界、学界中曾先后闪现过一些有关在社会主义经济中保留和发展一定程度民营经济的思想探索和实践调整，同时也不乏如中国社会主义工业化发展道路、社会主义经济中的商品生产与价值规律问题、生产力理论、马寅初人口理论等立足中国实践的思想争鸣和探索成果产生，但是，该时期我国的思想领域在总体上还是承袭了苏联社会主义政治经济学的理论体系，并以苏联经济建设的模式为路径参照，而以马克思主义经济理论为指导并结合中国经济实际来探究社会主义经济问题的政策建议和学术思想受到压制。随后进入"大跃进""文化大革命"时期，一来在片面追求工农业生产高速增长总路线的指导下，政治第一经济第二、政治统帅经济的思想主张盛行，导致经济理论问题的讨论被逐渐淡化；二来以防止资本主义复辟为主要出发点的"文化大革命"爆发，使社会、经济、文化等各个方面遭受重创，其中关于经济问题的学术研究基本处于停滞状态，而一些所谓的"经济理论"只是出于政治目的就相关基本问题对马克思主义经济学进行歪曲和篡改②，同时，这期间对生产关系的强调被推向极端，动辄就被用作区

---

① 薄一波：《若干重大决策与事件的回顾》（上），中共中央党校出版社 1991 年版，第 217～218 页。

② 赵晓雷：《新编经济思想史（第十卷）——中国现代经济思想的发展》，经济科学出版社 2015 年版，第 2～3 页。

分"姓资姓社"的理论标签或形而上学式的批判工具①。在这样的理论环境中，几乎不存在实际意义上的经济思想，更不用说被总路线所否定了的与民营经济相关的思想。

二、社会主义公有制加速建立对民营经济发展的空间约束

国民经济恢复时期的三年发展使我国基本上确立了国营经济的领导地位，与此同时，其他经济成分也在公私兼顾的指导思想下获得了共同增长，为该时期有计划地进行经济建设创造了一定的物质条件。经过一年多的前期酝酿，毛泽东于1953年12月的《为动员一切力量把我国建设成为一个伟大的社会主义国家而斗争——关于党在过渡时期总路线的学习和宣传提纲》中正式提出了过渡时期总路线的完整表述，即："从中华人民共和国成立，到社会主义改造基本完成，这是一个过渡时期。党在这个过渡时期的总路线和总任务，是要在一个相当长的时期内，逐步实现国家的社会主义工业化，并逐步实现国家对农业、手工业和资本主义工商业的社会主义改造。这条总路线是照耀我们各项工作的灯塔，各项工作离开他，就要犯右倾或'左'倾错误。"②总路线的核心任务是要实现"一化三改"，实质则在于使生产资料社会主义公有制成为国家和社会的唯一经济基础。③因此，对农业、手工业以及资本主义工商业的社会主义改造过程同时也是社会主义公有制在中国逐步建立的过程。在此过程中，公有制经济范围的不断扩大意味着以私有制为基础的民营经济发展空间的逐渐缩小乃至归零。

从实践层面来看，社会主义改造工作分两条路径展开：一条是对农业和手工业个体经济进行改造以建立集体所有制经济；另一条是对资本主义工商业先实行国家资本主义改造，再逐步过渡到社会主义，最终形成全民所有制经济。具体而言，对农民个体经济的改造是在遵循自愿互利的原则

---

① 胡寄窗、谈敏：《新中国经济思想史纲要（1949～1989）》，上海财经大学出版社1997年版，第14页。
② 《毛泽东著作选读》（下册），人民出版社1986年版，第704页。
③ 《毛泽东著作选读》（下册），人民出版社1986年版，第717页。

下，先建立互助组，在坚持生产资料个人所有制的基础上进行自发组织，再建立初级农业合作社，在不变更土地、牲畜等生产资料私有制的基础上由初级合作社集中统一使用，条件成熟的初级合作社最后向高级合作社发展，将社员的生产资料转变为集体所有，实行集体劳动、按劳分配。① 据统计，全国农业生产合作社的数量在 1953 年 12 月正式发布《关于发展农业生产合作社的决议》时约为 1.4 万个，到 1955 年春增至 67 万个之多。② 1955 年 7 月，经过毛泽东在《关于农业合作化问题》的报告中提出对某些同志在农业合作化高潮即将到来的时候"像小脚女人走路"的批评后，全国形成了一股"谁不跑步前进，谁就是'小脚女人走路'"的冒进思潮，由此触发了我国社会主义改造加速前进的转折点。1955 年下半年，我国农业合作化转入急速发展阶段，当年年底参加合作社的农户占全国农户总数的比重超过 64%，到 1956 年底，这一比重猛增至 96.3%，入社农户多达 1.17 亿户，其中高级社农户约 1.07 亿户，占比 87.8%（见表 3 - 1）。至此，全国农村基本实现合作化，农村个体经济已基本转为集体所有制经济，仅存自留地、家庭副业等零星残余。农业社会主义改造的急速发展同时带动了对个体手工业和资本主义工商业的加速改造。对个体手工业的改造，首先是在坚持生产资料私有制的基础上组织生产合作小组成员独立生产、分别经营，再进入供销合作社阶段，在不改变生产资料私有制的情况下统一采购原材料和承接加工订货，最后向手工业生产合作社阶段发展，生产资料转为集体所有制，实行集中生产、集体经营、按劳分配。③据统计，1955 年加入手工业生产合作社的手工业者约占其从业人员总数的 26.9%，到 1956 年，这一比重则急剧增至 91.7%，而未参加合作社的个体手工业者所剩不多，数量仅为 54.4 万人（见表 3 - 2），从而个体手工业基本完成了从个体经济向集体经济的改造。

---

①③　王胜利：《新中国成立 65 年来公有制经济发展研究》，经济科学出版社 2015 年版，第 107 页。

②　薄一波：《若干重大决策与事件的回顾》（上），中共中央党校出版社 1991 年版，第 326～327 页。

表 3 - 1　　　　　　1953～1956 年我国农业合作化发展情况　　　　单位：%

占全国农户总数的比重	1953 年	1954 年	1955 年	1956 年
参加初级合作社的农户	0.2	2.0	14.2	8.5
参加高级合作社的农户	—	—	—	87.8
参加互助合作组织的农户	39.5	60.3	64.9	96.3

　　资料来源：根据苏星、杨秋宝：《新中国经济史资料选编》，中共中央党校出版社 2000 年版，第 275 页相关数据整理而成。

表 3 - 2　　　　　　1953～1956 年我国手工业合作化发展情况

项目	1953 年	1954 年	1955 年	1956 年
从业人员总数（万人）	778.9	891.0	820.2	658.3
一、合作化手工业（万人）	30.1	121.3	220.6	603.9
占比（%）	3.9	13.6	26.9	91.7
二、个体手工业（万人）	748.8	769.7	599.6	54.4
占比（%）	96.1	86.4	73.1	8.3

　　资料来源：根据苏星、杨秋宝：《新中国经济史资料选编》，中共中央党校出版社 2000 年版，第 276 页相关数据整理而成。

　　自 1953 年开始，我国对资本主义工商业的政策导向由"利用与限制"阶段向"利用、限制与改造"阶段转变。其改造过程具体分为两步：第一步是将资本主义工商业转变为各种不同形式的国家资本主义，即首先通过加强对私营工商业实施加工订货、统购包销、经销代销等一系列措施，将其纳入国家资本主义的初级形式，再通过有计划的公私合营，实现由单个企业向全行业公私合营发展的国家资本主义的高级形式；第二步是将国家资本主义转变为社会主义，通过和平赎买的方式，对公私合营企业实施股价清理、股价核定、按股付息或领取定息的利润分配政策，使企业生产资料的所有权由资本家所有转变为国家所有。[①] 据统计，在私营工业方面

――――――――――

　　① 王胜利：《新中国成立 65 年来公有制经济发展研究》，经济科学出版社 2015 年版，第 105 页。

（见表 3-3），1953 年以加工订货、统购包销为特征的初级国家资本主义工业产值占全国私营工业总产值的 53.6%，以公私合营为特征的高级国家资本主义工业产值仅占 13.3%，其余的 33.1% 则属于资本主义自产自销，而到 1956 年上述结构比重却发生了重大变革，其中公私合营的高级国家资本主义工业产值占比高达 99.8%，而包括初级国家资本主义和自产自销在内的私营工业仅占 0.2%；在私营商业方面，1953 年其占全国商业企业商品零售总额的比重为 49.9%，到 1956 年这一比重则大大降低为仅4.2%。[1] 至此，私营工商业在农业合作化高潮的推动下也基本完成了社会主义改造。

表 3-3　　　　　1953～1956 年我国私营工业的社会主义改造情况

项目	1953 年	1954 年	1955 年	1956 年
私营工业总产值（亿元）	151.2	154.3	144.5	191.4
一、公私合营（亿元）	20.1	50.9	71.9	191.1
占比（%）	13.3	33.0	49.7	99.8
二、加工订货、统购包销（亿元）	81.1	81.2	59.3	—
占比（%）	53.6	52.6	41.1	—
三、自产自销（亿元）	50.5	22.2	13.3	—
占比（%）	33.1	14.4	9.2	—

注：其中 1956 年加工订货、统购包销与自产自销两部分产值共计 0.3 亿元，占比 0.2%。
资料来源：根据苏星、杨秋宝：《新中国经济史资料选编》，中共中央党校出版社 2000 年版，第 276 页相关数据整理而成。

综上所述，截至 1956 年，我国对农业、手工业和资本主义工商业的社会主义改造任务基本完成，表现为以生产资料个人所有制为基础的农民和手工业者的个体经济基本转变为集体所有制经济，以生产资料私有制为基础的资本主义工商业私营经济基本转变为国家所有制经济即全民所有制经济，因此，全国范围内的生产资料所有制变革得以基本实现，标志着以

---

[1]　中央工商行政管理局、中国科学院经济研究所：《中国资本主义工商业的社会主义改造》，人民出版社 1962 年版，第 220 页。

公有制为基础的社会主义经济制度在我国基本确立。尽管当时还有一些零星的个体农业、手工业和私营工商业尚未完成改造，但民营经济整体的生存和发展空间基本上已经到了被消除殆尽的地步。

1956年9月，中共八大允许个体手工业和小商小贩继续存在并在一定范围内开放自由市场。1957年，我国个体经济的生存空间有了小幅恢复，其在当年国民收入中的比重为2.8%，私营经济比重为0%。[1] 然而，1958年5月，中共八大二次会议改变了中共八大关于国内主要矛盾的正确分析，并提出资产阶级和无产阶级、社会主义道路和资本主义道路谁战胜谁的问题还没有解决，党的主要任务应是防止资本主义复辟。因此之故，在"大跃进""人民公社化运动""文化大革命"时期，农村自留地、家庭副业、集市贸易、包产到户、个体手工业、小商小贩等一些有益于国民生计的补充成分都被冠以资本主义复辟的标签，作为"资本主义尾巴"被割掉。到1975年，我国的工业总产值中国家所有制占比83.2%，集体所有制占比16.8%；商业零售总额中国家所有制占比56.8%，集体所有制占比43%，而个体所有制仅占0.2%。[2] 除极少数小商小贩尚存以外，民营经济在整个国民经济结构中基本消失。

第二节　建立公有制经济目标下的民营经济理论认知

国民经济实现恢复以后，我国基本上确立了国营经济的领导地位，与此同时，其他各种经济成分也在"公私兼顾"的指导思想下获得发展。在此基础上提出过渡时期总路线，旨在使生产资料社会主义公有制成为国家和社会唯一的经济基础，从而尽快进入社会主义社会建设时期。于是，完成社会主义改造、全面建立公有制经济成为过渡时期我国经济工作的首要

---

[1]　苏星、杨秋宝：《新中国经济史资料选编》，中共中央党校出版社2000年版，第277页。
[2]　根据《中国统计年鉴》（1983）相关数据计算而得。

目标之一，并且此后由于"左"倾思想的长期影响，片面追求纯而又纯的公有制在"大跃进""人民公社化运动""文化大革命"期间愈演愈烈，这就导致建立并维护全面公有制的生产关系在总体上成为1953~1977年间最主要的经济目标，而发展生产力、促进经济增长则显得并不那么重要。因此，在这一受意识形态影响超越客观经济发展规律的经济目标约束下，该时期民营经济思想逐渐形成了两条发展线索：一条线索是在强调变革生产关系以建立社会主义社会经济基础的思路上，对关于改造和消灭民营经济方式及途径问题的认识分析；另一条线索则是在遵循生产关系要适应生产力发展水平的经济认知上，对过早过快消灭民营经济弊端的理论反思及相关学术探讨。这两条线索共同构成了该时期民营经济思想的主要内容，同时也成为本节将要考察的对象。

一、通过国家资本主义和平过渡的私营经济改造思想

所谓"国家资本主义"，列宁认为其是一种与国家政权相结合的由国家控制、支配的资本主义经济形态，并指出"国家资本主义就是社会主义的入口，是社会主义取得可靠的胜利的条件"。[1]《共同纲领》中将"国家资本主义经济"定义为国家资本与私人资本合作的经济，同时规定："在必要和可能的条件下，应鼓励私人资本向国家资本主义方向发展，例如为国家企业加工，或与国家合营，或用租借形式经营国家的企业，开发国家的富源等"。[2] 因此，国民经济恢复期间，私人资本主义向国家资本主义方向发展的若干可能形式得到了初步实践。其中，私营工业为国家加工的模式有了较大发展，公私合营有了小部分发展，租借形式则暂时没有发展，与此同时还产生了一些其他形式的国家资本主义。1952年下半年，中共中央开始酝酿过渡时期总路线并积极探索向社会主义过渡的具体步骤问

---

① 我国过渡时期的国家资本主义经济和列宁所定义的国家资本主义在本质上是一致的，但二者在发展路径和具体形式方面则有所不同。见胡乐明、刘志明、张建刚：《国家资本主义与"中国模式"》，载于《经济研究》2009年第11期。

② 中共中央文献研究室编：《建国以来重要文献选编》（第一册），中央文献出版社1992年版，第8页。

题，其中如何落实对资本主义工商业的改造构成这一酝酿过程中的重要环节。

1953 年 5 月，李维汉经过多次实地调研向中共中央提交了《资本主义工业中的公私关系问题》的报告，这份报告系统介绍并总结了加工订货、收购包销、统购统销、经销代销、公私合营等一系列由低级到高级的国家资本主义形式，同时认为它们的区别在于生产资料所有权、生产过程中的关系以及国家取得产品形式的不同；进而对国家资本主义在国民经济中的重要作用予以了充分肯定，并在此基础上提出了"国家资本主义是利用和限制资本主义，将其纳入国家计划轨道，并使其逐步过渡到社会主义的主要形式"的观点看法；此外，李维汉还就公私合营企业的性质地位、股权清理、经营管理、利润分配以及政府对企业的领导管理方面做了详细说明，并指出公私合营是国家资本主义的高级形式，其具备了将生产、财务和基本建设都列入国家计划的条件，是最有利于将私营企业改造和过渡到社会主义的形式。① 该报告针对我国国家资本主义的总体概况、不同形式、地位作用以及发展方向等主要问题做了具体且深入的论述和分析，称得上是一份相当具有学术参考价值的调查报告，集中体现和蕴涵了以国家资本主义模式为过渡的私营经济改造思想，为建议采用国家资本主义以改造资本主义工商业向社会主义过渡的政策措施提供了有力的理论支撑，可谓是中国共产党对国家资本主义理论探索的一次飞跃。② 随后，报告中的主要观点和经济思想受到了党中央和毛泽东的高度重视，中央政治局连续召开了两次扩大会议对其进行讨论，毛泽东在 1953 年 9 月同民主党派和工商界部分代表的谈话中提出："国家资本主义是改造资本主义工商业和逐步完成社会主义过渡的必经之路"③，紧接着周恩来在政治协商会议第一届全国委员会第四十九次常务委员会扩大会议上也表示："经过国家资本主义完成对私营工商业的社会主义改造是比较健全的方针和办法"，同

---

① 中共中央文献研究室编：《建国以来重要文献选编》（第四册），中央文献出版社 1993 年版，第 212～232 页。

② 方敏：《中国共产党对国家资本主义的理论探索》，载于《中共党史研究》1993 年第 2 期。

③ 中共中央文献研究室编：《建国以来重要文献选编》（第四册），中央文献出版社 1993 年版，第 344 页。

时强调国家资本主义是逐步过渡中的改造，是使生产资料的私人所有制成为受限制的、不完全的私有制形式，但这并不是最后的改造，"最后的改造是取消生产资料的私人所有制"①。在此基础上，我国最终确立了经过国家资本主义完成对私营工商业进行社会主义改造的方针政策。

以国家资本主义模式为和平过渡的私营经济改造思想的产生和提出，为我国寻找到一条符合国情的资本主义工商业改造道路提供了正确的理论指引。通过一系列由初级到高级的国家资本主义形式，采用和平赎买的方针政策，逐步完成了私营企业向全民所有制企业的过渡和改造，同时在原料供给、生产经营、销售流通等各个环节实现了国家经济计划的统一安排，使生产要素获得重新配置，在短期内促进了生产力的极大发展。然而，由于受到1955年夏季农业生产合作化运动高潮的影响，原来构想至少要用3～5年时间将全国私营工商业引入国家资本主义轨道，再用几个五年计划的时间基本完成社会主义改造的"稳步前进、不能太急"的思想方针②遭遇背离，以致在相当长的历史时期内遗留下了《关于建国以来党的若干历史问题的决议》中所指出的"四过"缺点和偏差。③

二、个体经济合作化平稳发展与递进发展的思想争论

1953年6月15日，毛泽东在北京召开的中共中央政治局扩大会议上指出，要用10年到15年或者更长一些时间基本完成国家工业化和对农业、手工业、资本主义工商业的社会主义改造，逐步过渡到社会主义，并强调如果走得太快就"左"了，不走又太右了。④ 然而，随着农业互助合

---

① 中共中央文献研究室编：《建国以来重要文献选编》（第四册），中央文献出版社1993年版，第356页。
② 中共中央文献研究室编：《建国以来重要文献选编》（第四册），中央文献出版社1993年版，第344页。
③ "四过"是指要求过急、工作过粗、改变过快、形式过于简单划一。《关于建国以来党的若干历史问题的决议》中所指的"四过"是针对农业合作化以及对手工业和个体商业的改造而言的，但薄一波认为这"四过"的缺点和偏差在资本主义工商业特别是资本主义商业的改造方面也是存在的。参见薄一波：《若干重大决策与事件的回顾》（上），中共中央党校出版社1991年版，第430页。
④ 参见中国共产党新闻网：http://dangshi.people.com.cn/GB/151935/176588/176595/10555543.html。

作组织的发展，党内关于社会主义改造进程有了新的判断，以致加速建立社会主义公有制经济的"左"倾思潮逐渐扩散，同时也引起了意见分歧的产生，这一点突出表现在毛泽东和邓子恢围绕农业生产合作社发展速度问题上的观点争论。

1955年6月，邓子恢在第三次全国农村工作会议上提议下年度的农业生产合作社数量发展到100万个为宜，并主张在新区进行小发展或适当发展，老区则暂停一年的平稳式发展思想，这一思想源于邓子恢对农业生产发展规律的理解和对苏、匈两国农业合作化过急教训的认识。他认为：首先，整个农业生产合作化运动应与工业化进度相适应，工业的发展和农业技术的改进是维持农业增产的基础，因此以手工劳动为主的农业生产合作化不宜过快过猛发展，"像中国这样一个没有工业基础的国家，按原计划做到了15年实现农业合作化就不错了"[①]；其次，鉴于已建成的60多万个农业合作社的基础尚不稳固，农民群众的社会主义觉悟水平和领导干部的管理经验水平皆有待提高，因而对老区合作社应采取巩固措施，对新区合作社应采取试办措施，并且"当前一个时期只宜大量兴办初级形式的合作社，维持土地私有权和土地分红"[②]。对此，毛泽东提出了不同的看法并对邓子恢的观点进行了较为严厉的批评，他认为下年度农业生产合作社的数量应增加130万个左右，主张新区要大发展、老区要再发展的递进式发展思想，这一思想集中体现在1955年7月发表的《关于农业合作化问题》报告中。在毛泽东看来，全国农村大规模社会主义改革运动的高潮即将到来，"我们应当积极地热情地有计划地去领导这个运动，而不是用各种办法去拉它向后退，运动中免不了要出些偏差，这是可以理解的，也是不难纠正的"，而"某些同志却像一个小脚女人，东摇西摆地在那里走路，老是埋怨旁人说走快了走快了"。[③] 这里的批评实际上给人造成了似乎"谁不跑步前进，谁就是'小脚女人走路'"，似乎"生产关系的改变可以不

① 薄一波：《若干重大决策与事件的回顾》（上），中共中央党校出版社1991年版，第344页。

② 薄一波：《若干重大决策与事件的回顾》（上），中共中央党校出版社1991年版，第345页。

③ 中共中央文献研究室编：《建国以来重要文献选编》（第七册），中央文献出版社1993年版，第58页。

顾生产力的状况，而且改变得越快，就越能发展生产力"的印象。①

对于邓子恢和毛泽东在农业生产合作社发展速度问题上的观点分歧，从表面上看仅是增加 100 万个还是 130 万个合作社的数量之争，抑或是保持农业生产合作社小发展还是促进其大发展的速度之争，但实质上则是关于农业个体经济合作化发展方式的两种指导思想之争。前者侧重于强调农业生产合作化程度要与我国工业化水平相适应，实际上就是强调生产关系的改造要同生产力发展水平相适应，对合作化运动采取平稳发展模式；后者虽然也注重发展合作社的质量，反对单纯追求数量的偏向，但实际上则是强调要通过加快生产关系的改造来实现生产力的发展，即不仅是将农业生产合作化视为推动农业从以手工劳动为主的小规模经营向以机器生产为特征的大规模经营跃升的重要手段，而且将其作为解决商品粮食及工业原料的增长需求与落后的农业生产力水平之间矛盾问题的关键，同时还强调农民群众走社会主义道路的积极性是加快农业生产合作化进程的客观可能性和主要动力，因此要走加速开展农业合作化的道路，积极迎接其高潮的到来。在实践中对后者思想的采用和执行，直接推进了 1955 年下半年我国农业社会主义改造的急速发展，并带动了对个体手工业和资本主义工商业的改造速度，使原定用 3 个五年计划完成的社会主义改造最终仅用了 3 年时间就已基本实现，但由此出现的"左"倾冒进思潮以及"要求过急、工作过粗、改变过快、形式过于简单划一"等问题也对后来我国探索社会主义经济建设道路造成了极为深远的消极影响。

三、针对过早过快改造消灭民营经济主张的理论反思

过渡时期的社会主义改造方针，指导和保证了我国人口众多且复杂深刻的社会所有制结构变革得以和平实现，同时推动了"一五"计划的顺利实施，并在短期内促进了包括工农业在内的整个国民经济的大力发展。然而，受苏联社会主义经济建设模式和党内"左"倾思潮的影响，1955 年 7

---

① 薄一波：《若干重大决策与事件的回顾》（上），中共中央党校出版社 1991 年版，第 351 页。

月以后社会主义改造加速进入高潮阶段，其间对农业合作化以及手工业和个体商业的改造要求过急、工作过粗、改变过快、形式过于简单划一①，以致在长期内遗留了一些问题，特别是民营经济的生存空间在改造过程中被过早过快地消除殆尽，使社会和市场上出现了诸多新问题、新矛盾。对此，党内部分同志和理论界不少学者及时有所察觉，并就其所产生的消极后果与经济弊端发表了一系列意见和反思。

　　具体而言，在改造个体农业和手工业方面，部分生产合作社成立较为急促、规模相对过大，同时领导干部缺乏组织生产经验，过分强调集体利益和集体经营，而忽视了社员的个人利益、个人自由以及家庭副业，导致有些农民和小手工业者的收入反而出现下降，正常的生活需求无法得到满足，影响了其生产积极性和劳动效率。谷春帆认为，上述迹象表明当时的工农业生产关系变革似乎较快了一些，生产力的发展有时不能适应新生产关系的要求，建议"按照当时的生产力水平，有些副业还是应该在家庭生产的基础上进行的，有些耕作方法也还不宜勉强统一布置"，"生产力方面的这些特点，要求着生产关系——人们结合起来共同活动和互相交换其活动的方式——不宜太过跑在前面"。② 宋海文则针对农业生产合作社中压缩、取消自留地的现象进行了批判，指出这与部分办社干部存在把合作社中社员生活主要依赖公共经济误认为一切依赖公共经济，把经营自留地误认为是培养资本主义的温床思想有密切关系，而"农业生产合作社组织的基本原则是农民的私人利益和公共利益相结合"，因此特别强调保留一定程度的自留地和家庭副业对于发展农业生产合作社以及满足农民复杂多样的日常需求的重要性。③ 薛暮桥也针对在农村中企图过早取消农民自留地和家庭副业、在城市中企图过早使手工业合作社向"高精大"方向发展升级的急躁问题进行了反思，提出"利用一切积极因素发展多种经营"的思想，具体就是要在"大中小并举、集中与分散并举"原则的基础上，既发

---

　　① 《关于建国以来党的若干历史问题的决议》，见中国共产党新闻网党内规章选编资料：http://cpc.people.com.cn/GB/64162/71380/71387/71588/4854598.html。

　　② 谷春帆：《从中国农业合作化运动来研究生产关系一定要适合生产力性质这一规律的某些内容》，载于《经济研究》1956年第6期。

　　③ 宋海文：《农业生产合作社中自留地问题的探讨》，载于《经济研究》1957年第4期。

展全民所有制和集体所有制的生产，同时也要保留一部分必要的个人副业、个人经营以及必要的农村初级市场。①

在改造私营工商业方面，对粮食、棉花实行统购统销的政策基本切断了私营商业与农产品、农业副产品之间的调剂关系，对包括小商、小贩在内的私营工商业实行大规模公私合营导致部分商品品种减少、质量下降、供给偏紧，人为地割裂了工商业原有的供销关系和协作关系，给人民日常的经济生活及全面探索社会主义经济建设道路带来了一定阻力。针对这些问题，陈云在1956年1月召开的第六次最高国务会议上提出：不应对能够便利消费者的小商、小贩、手工业者一律采取对待资本主义工商业的全行业公私合营的改造方式，应长期保留它们单独经营的方式，"我们要改组工商业的，但并不是每个小厂统统需要改组，也不是所有的商店都要调整。如果轻率地并厂并店，就会给经济生活带来很多不便"②。陈云在当时已经意识到实行全行业公私合营和统购统销政策后所出现的市场竞争缺失给产品品种和产品质量带来的负面影响，这是"因为我们没有什么竞争，统统是国家收购的，结果大家愿意生产大路货，不愿意生产数量比较少和质量比较高的东西，公私合营以后，这种情况很可能进一步发展"，因此主张"私营工商业公私合营以后，原有的生产方法、经营方法，应该在一个时期以内，照旧维持不变，以免把以前好的东西也改掉了"。③ 事实上，该主张旨在打破"集中是高级、单干是低级"的思想禁锢，倡议民营经济所具有的某些生产技术、单独经营方式、管理经验以及竞争环境是具有优势的，可以兼顾消费者的利益和经营者的积极性，从而达到提高生产效率、经济效益和便利人民生活的目的。

四、民营经济生产经营方式作为补充成分的思想探索

社会主义改造过程中出现的一系列问题引发了种种社会经济矛盾，特别是社会主义公有制经济与非公有制经济之间的矛盾，使国人开始思考国

---

① 薛暮桥：《薛暮桥经济论文选》，人民出版社1984年版，第98页。
② 《陈云文选》（第二卷），人民出版社1995年版，第295～296页。
③ 《陈云文选》（第二卷），人民出版社1995年版，第296页。

营经济和民营经济的区别与联系，以及社会主义经济制度下能否存在和保留部分民营经济的命题。1956年初，毛泽东在关于知识分子问题的会议上首先提出"搞社会主义羊肉不好吃了，这个社会主义就值得考虑"的现实质疑，由此带动了相关民营经济生产经营方式作为社会主义经济补充成分思想的孕育。

（一）公私成分主辅相济的中国社会主义经济模式构想

1956年6月，陈云在第一届全国人民代表大会第三次会议上发言倡议不能忽视或无视民营经济中所蕴含的先进生产技术和经营管理经验。"我们应该把资本主义工商业、手工业的生产技术和经营管理知识中一切有用的东西，看成是民族遗产，把它保留下来。吸收这些有用的民族遗产是我们的责任，采取否定一切的粗暴态度是错误的。"①陈云能够尝试用辩证的、发展的眼光看待资本主义经济，这在当时要求加快社会主义改造速度的背景下实属难得，同时他还创新性地将资本主义经济中有益的技术和经验视为民族遗产，并清楚地认识到："凡属不合理的部分，应该逐步加以改变；凡属合理的部分，不但在公私合营企业中应该继续发挥它的作用，而且在国营企业中也应该充分加以运用"②。之所以如此，是因为社会主义改造工作的目的在于："公私合营的企业必须比资本主义的企业办得好，合作社必须比个体经营的企业办得好"，"公私合营企业、合作企业的职工和从业人员的劳动收入，不应该比社会主义改造以前降低，而应该在努力生产、改善经营的基础上逐步有所增加"③。

时隔一个多月，陈云在《要使用资方人员》讲话中进一步阐述了"利用、限制、改造"民营经济政策所带来的消极影响，如产品质量普遍下降、工业品品种规格减少、货不对路、市场管理太死等，并对"资本主义生产处于无政府状态，大范围不合理，但小范围合理；我们现在是大范围合理，小范围不合理"的观点表示赞同。在此基础上，陈云主

---

① ②　陈云：《关于私营工商业的社会主义改造问题》，载于《人民日报》1956年6月19日。
③　《陈云文选》（第二卷），人民出版社1995年版，第320页。

张要进行一个摸索阶段，即"既要实行计划经济，管好市场，反对投机倒把，又不要把市场搞得太死。不走这条路，我们又找不到其他更好的路"①。此时，陈云已经开始酝酿如何将计划与市场、国营与民营之间的优势进行互补利用，而这一思想的正式形成则是在 1956 年 9 月召开的中共八大。会上，陈云针对将大量原有的非社会主义经济成分迅速转变为社会主义经济成分后所带来的诸多新问题、新任务做了关于《社会主义改造基本完成以后的新问题》报告，这份报告系统总结并明确提出了有关改进我国社会主义经济模式的初步构想——"三个主体、三个补充"思想，具体内容为：首先在工商业经营方面，国家经营和集体经营模式为主体，一定数量的个体经营作为补充；其次在工农业生产方面，按照国家计划生产为工农业生产的主体，按照市场变化在国家计划许可范围内的自由生产作为补充；最后在社会主义市场方面，国家市场为主体，一定范围内国家领导的自由市场作为补充，构成社会主义统一市场的组成部分。② 该思想立足中国经济发展实际，从理论层面突破了以单一公有制、单一经营形式、单一市场、高度集中的计划经济为特征的苏联社会主义经济模式，是探索具有中国特色社会主义经济建设道路的一次重要尝试。其试图将民营经济生产经营方式视为社会主义经济的补充成分，不仅是克服当时社会主义改造高潮给我国经济体制带来的某些弊病以及盲目追求纯而又纯的公有制思想的一剂对症良药③，而且在社会主义公有制经济格局下长期保留个体经济、私营生产管理模式等方面作出了具有前瞻性的理论探索，构成改革开放以后我国逐步形成并确立以公有制为主体、多种所有制经济共同发展的所有制结构理论的一个重要思想来源。

（二）社会主义社会保留部分资本主义经济的思想火花

中共八大决议指出，当前国内的主要矛盾是先进的社会主义制度同落

---

① 《陈云文选》（第二卷），人民出版社 1995 年版，第 333 页。
② 中共中央文献研究室编：《建国以来重要文献选编》（第九册），中央文献出版社 1994 年版，第 287 页。
③ 薄一波：《若干重大决策与事件的回顾》（上），中共中央党校出版社 1991 年版，第 495 页。

后的社会生产力之间的矛盾，主要任务是集中力量解决这一矛盾，尽快把我国从落后的农业国变为先进的工业国，同时，陈云提出的"三个主体、三个补充"思想在会议上得到广泛认可。在此背景下，"可以搞国营，也可以搞私营""消灭了资本主义，再搞资本主义"的思想火花应运而生，成为在社会主义社会的条件下进一步探索民营经济存在与发展问题的良好开端。

1956 年底，毛泽东同中国民主建国会（以下简称"民建"）和工商联负责人谈到国家市场、合营企业的对立物——自由市场、地下工厂、夫妻店的存在和发展问题时，表示其根本原因在于国营、合营企业不能满足社会需求。例如，合作工厂生产的衣服裤腿长短不一、扣子没眼、质量差劣，国营、合营企业生产的部分产品出现规格不合、供应不足等现象。对此，毛泽东在参考苏联新经济政策[1]的基础上提出"可以搞国营，也可以搞私营；可以消灭了资本主义，又搞资本主义"的经济主张，具体而言就是在形式方面，可以使地下工厂地上化、合法化，可以雇工开私营工厂同国营、合营企业竞争，还可以开夫妻店；在数量方面，只要社会有需求，地下工厂的数量可以适当增加；在规模方面，允许开私营大厂，并签订协议保证"十年、二十年不没收"，对于华侨投资，保证"二十年、一百年不要没收"。[2] 随后，毛泽东的意见得到了其他领导人的赞同。同年 12 月 29 日，刘少奇在一届全国人大常委会第五十二次会议上指出："我们国家有百分之九十的社会主义，百分之几的资本主义，我看也不怕。有这么一点资本主义，一条是它可以作为社会主义经济的补充，另一条是它可以在某些方面同社会主义经济作比较"。[3] 1957 年 4 月，周恩来也在国务院全体会议第四十四次和第四十六次会议上表示："主流是社会主义，小的给些自由，这样可以帮助社会主义的发展"，具体在工业、农业、手工业领域都可以采取这个办法，"工、农、商、学、兵除了兵以外，每一行都可以来一点自由，搞一点私营的。文

---

[1] 苏联 1921 年开始实行用以代替"战时共产主义"的新经济政策，主要内容包括：用粮食税代替余粮收集制；鼓励发展商业，在一定限度内允许自由贸易和私商存在；在国营企业中实行经济核算制，并以租让、租赁等形式发展国家资本主义。
[2] 中共中央文献研究室编：《毛泽东文集》（第七卷），人民出版社 1993 年版，第 168 页。
[3] 中共中央文献研究室编：《刘少奇论新中国经济建设》，中央文献出版社 1993 年版，第 326～327 页。

化也可以搞一点私营的。这样才好百家争鸣！在社会主义建设中，搞一点私营的，活一点有好处"。①

　　以上几位领导人基本都认同且提出了在社会主义公有制经济为主体的格局下可以适当保留小部分个体经济、私营经济的相关思想，同时初步认识到了民营经济的灵活性、竞争性对促进国营经济提高质量与效率、全面发展生产力的积极作用。但此后由于政治方针和意识形态等因素的转变，这些有益的思想火花未能得以延续迸发，相反，在对待民营经济的问题上长期陷入误区并发展到以阶级斗争为纲的局面，从各个领域展开对私人资本主义的批判，致使民营经济在我国基本消失。尽管上述具有前瞻性的思想仅是昙花一现，但是这种探索仍然给我们留下了深刻的启示：事实上，这些思想产生和存在的本身表明了我国在中共八大以后的一段时期内已经明确意识到照搬照抄苏联经验的弊端和错误，并开始积极思考如何打破苏联模式的禁锢，探索一条能够将马克思列宁主义普遍真理同中国实际情况相结合的、适合中国国情的社会主义建设道路，而上述主张在社会主义社会中保留部分民营经济的构想正是对突破苏联模式的创新尝试，也是对中国特色社会主义道路的初步探索。基于回溯历史的视角而言，这些思想同时也构成了改革开放以后我国提出重新建构民营经济发展空间与制度安排的思想来源和理论参考。

第三节　以改造所有制基础为导向的民营经济制度建构

一、《中华人民共和国宪法》：确立所有制结构发展格局思想

　　1954 年 9 月 20 日，第一届全国人民代表大会第一次会议通过并颁布

① 中共中央文献研究室编：《建国以来重要文献选编》（第十册），中央文献出版社 1994 年版，第 164 页。

了《中华人民共和国宪法》（以下简称《宪法》）。《宪法》是中华人民共和国诞生以来的第一部宪法，它的制定一方面是以新中国成立前夕所颁布的起临时宪法作用的《共同纲领》为基础，另一方面又是对《共同纲领》的发展，通过国家根本大法的制度形式巩固了中国人民革命的胜利果实以及新中国成立以来在政治领域和经济领域取得的新成果，同时也充分反映了我国在社会主义过渡时期的总任务和改造经济所有制结构以建设社会主义公有制经济的宏观发展格局。

首先，《宪法》第五条对当时中国国民经济中所存在的生产资料所有制形式做了基本划分，主要包括国家所有制（即全民所有制）、合作社所有制（即劳动群众集体所有制）、个体劳动者所有制和资本家所有制四种形式，并将前两者界定为社会主义经济，后两者界定为非社会主义经济。

其次，《宪法》根据我国社会主义过渡时期的总路线和根本任务要求，在对以上四种不同形式的生产资料所有制进行具体分析的基础上，规划并确立了各种所有制形式的最终发展方向以及建设社会主义公有制经济的宏观格局。具体而言，《宪法》规定："国营经济是全民所有制的社会主义经济，是国民经济中的领导力量和国家实现社会主义改造的物质基础"，因而对国营经济实施优先发展战略；"合作社经济是劳动群众集体所有制的社会主义经济，或者是劳动群众部分集体所有制的半社会主义经济"，国家对合作社的财产予以保护，并实施鼓励、指导和帮助合作社经济发展的战略；个体经济的主体既包含个体农民，也包含个体手工业者和其他非农业个体劳动者在内，国家依照法律保护个体劳动者的生产资料所有权，但同时鼓励和指导他们根据自愿原则组织生产合作、供销合作和信用合作，实际上就是对个体经济实施社会主义改造，走发展生产合作以形成劳动群众集体所有制的战略道路；对于私营经济，"国家依照法律保护资本家的生产资料所有权和其他资本所有权"，但同时"对资本主义工商业采取利用、限制和改造的政策"，即鼓励和指导他们转变为各种不同形式的国家资本主义经济，通过国家资本主义的和平过渡逐步形成以全民所有制代替私人资本主义所有制的发展战略。①

总之，《宪法》以国家根本大法的角色，规定了我国在国民经济所有制格局发展方面的根本任务和根本制度：对包括个体经济和私营经济在内的民营经济实行社会主义改造，将现存的个体劳动者所有制和私人资本主义所有制形式逐步变革为劳动群众集体所有制和全民所有制，最终形成以单一的社会主义公有制为所有制基础的国民经济发展格局。这一经济思想的制度化为我国社会主义改造运动的顺利开展提供了坚实的法律保障，同时也为消灭民营经济及其赖以生存的私人所有制奠定了深刻的思想基础，进而促使该思想在社会经济生活中逐渐演化成为合法性和强制性的行为约束，以致对我国过渡时期与计划经济时期的国民经济发展路径产生了深远的影响。

二、《公私合营工业企业暂行条例》：公私合作思想的制度化

1953 年 9 月，在李维汉的论证和倡议下，将资本主义工商业纳入各种不同形式的国家资本主义逐渐成为实现对其进行社会主义改造的重要途径。其中，加工订货、统购包销、经销代销等一系列措施属于国家资本主义的初级形式，通过有计划的公私合营，实现由单个企业的公私合营向全行业的公私合营发展则属于国家资本主义的高级形式。在初级形式的国家资本主义企业中，生产资料的所有权和企业的经营管理权基本全部归属于企业家个人；而在高级形式的国家资本主义企业中，国家将在原有私营企业的基础上投入部分资金和部分干部，通过国家和企业家对生产资料的共同占有来实行双方在企业内部的联系与合作。公私合营企业的组建在一定程度上突破了私营企业所有权与经营权的私人所有制度，体现了生产资料公私共有思想的产生和实践，是对资本主义工业进行社会主义改造过程中的关键环节。1954 年 3 月，中共中央批准了中财委《关于一九五四年扩展公私合营工业计划会议的报告》暨中财委《关于有步骤地将有十个工人

---

① 中共中央文献研究室编：《建国以来重要文献选编》（第五册），中央文献出版社 1993 年版，第 523～524 页。

以上的资本主义工业基本上改造为公私合营企业的意见》，提出此后资本主义工业改造的工作重点是有计划地扩展公私合营工业企业。同年9月，为了推动和规范公私合营工业企业的组建与发展，政务院依据过渡时期总路线的任务要求以及近年来有关公私合营的指导方针和工作经验，制定并颁布了《公私合营工业企业暂行条例》（以下简称《条例》）。该《条例》将公私合营工业企业明确界定为："由国家或公私合营企业投资并由国家派干部，同资本家实行合营的工业企业"。① 其作为公私合营工业企业的规范准则，一方面，对有步骤地推动资本主义工业的社会主义改造起着重要作用；另一方面，则蕴含了该时期以渐进方式变革生产资料私有制为特征的制度思想，具体表现在以下四点。

第一，在企业组织方面，明确规定应当根据国家的需要、企业改造的可能性以及私人工商业者意愿对资本主义工业企业实行公私合营，并经由人民政府核准。这表明与私人企业家仅凭借主观能动性独立自主地创建私营企业的组织方式不同，公私合营企业的组建须遵守国家计划，在本质上是社会主义经济直接领导下的社会主义成分与资本主义成分合作的企业，这两种经济成分在合营企业内部一方面存在着领导与被领导的主次关系，但另一方面也存在着企业所有权与经营权共有共享的合作关系。如《条例》第三条规定："合营企业中，社会主义成分居于领导地位，私人股份的合法权益受到保护。"②

第二，在经营管理方面，《条例》规定在坚持公方领导为主的前提下，合营企业由公方代表（即人民政府主管业务机关所派代表）同私方代表共同负责和承担经营管理工作；公私代表双方在合营企业中的行政职务由人民政府主管业务机关同私方代表共同协商后决定；涉及企业公私关系的事项，应由公私双方代表协商处理，如遇重大问题不能达成协议时，可提交合营企业董事会协商后报请人民政府主管机关核定。③

第三，在股权划分方面，合营企业的公私双方须根据公平合理、实事

①②　中共中央文献研究室编：《建国以来重要文献选编》（第五册），中央文献出版社1993年版，第449页。
③　中共中央文献研究室编：《建国以来重要文献选编》（第五册），中央文献出版社1993年版，第449～450页。

求是的原则，对企业的实有财产进行估价，同时对企业的债权债务进行清理核算，从而最终确定公私双方所持有的股份份额。其中，《条例》第六条针对合营企业的财产估价问题做了详细规定：即公私双方应当"参酌财产的实际尚可使用的年限和对于企业生产作业的大小，协商进行"。"企业财产的估价，应当有职工的代表参加；在有必要的时候，由人民政府工商行政机关派人指导。"①

第四，在利益分配方面，公私合营企业的年利润在依法缴纳所得税后，应当在企业公积金、企业奖励金、股东股息红利三方面进行合理分配，其中，公股分得的股息红利应当依照规定上缴，而私股分得的部分则可由私股股东自行支配。《条例》第十七条还具体规定：股东股息红利加上董事长、经理和厂长等人的酬劳金约占年盈余总额的25%；企业奖励金参酌国营企业的相关规定以及企业原本的福利情况进行适当提取；发付前二者以后的余额即作为企业公积金。②

综上可见，《公私合营工业企业暂行条例》在企业组织、经营管理、股权划分、利益分配四个方面，首先强调社会主义成分在其中的领导地位以及人民政府对合营企业相关事务的核准核定权，但同时也注重在遵循公平合理原则的基础上，保护私人股份和私方代表在合营企业中的经营管理、财产债务核算、收益分配等合法权益不受侵害。这表明其制度设计原则是以渐进方式变革生产资料私有制为核心，旨在建立起一套能够规范和保障生产资料公私共有、经营管理权力公私共享的企业制度，以实现有计划、有步骤地扩展国家资本主义的高级形式，从而进一步推动资本主义工业的社会主义改造运动得以顺利过渡和高效完成。与新中国成立之初所颁布的《私营企业暂行条例》的制度内容相比，《公私合营工业企业暂行条例》中最显著的变化就在于对企业所有权与经营权归属的变革。从制度背后所内含的思想层面来看，前者基于亟待恢复国民经济的现实需要以及贯彻落实对民营经济实行"利用、限制"的政策思路，产生和孕育了一种既

---

① 中共中央文献研究室编：《建国以来重要文献选编》（第五册），中央文献出版社1993年版，第450页。
② 中共中央文献研究室编：《建国以来重要文献选编》（第五册），中央文献出版社1993年版，第452页。

保障私营企业拥有私有产权进行自主经营发展生产，也利用国家计划合理调整私营工商业以走上计划经济轨道的经济思想；后者基于社会主义过渡时期的总路线要求以及贯彻落实对民营经济实行"社会主义改造"的政策思路，最终形成了一种以变革企业所有制基础为目的、以生产资料公私共有为过渡路径的经济思想。而这两种经济思想的差异又在一定程度上分别反映了民营经济在我国两个不同历史时期中发展水平与发展路径的区别。

三、私股定息制度的存废：公私合营企业国营化思想的实践

私股定息制度产生于我国资本主义工商业实行全行业公私合营以后，是国家对原属资本家个人所有的生产资料采取和平赎买政策的一种实践形式，即不论合营企业盈亏，一定时期内由国家按照私营企业实现公私合营时所清算核实的私股份额，每年向私营工商业者发放规定的固定股息。

该制度是改造资本主义工商业的一项重要措施。在社会主义改造高潮的影响下，除西藏等边疆少数民族地区以外，我国各地的私营企业基本上已于1956年初全部实现了全行业公私合营，为了适应全行业公私合营所带来的新情况以及进一步加快完成社会主义改造的需要，同年2月8日，国务院全体会议第二十四次会议审议通过了《关于私营企业实行公私合营时对财产清理估价的几项主要问题的规定》和《关于在公私合营企业中推行定息办法的规定》两项重要决议。前者重点强调应当根据"公平合理、实事求是"的原则，对公私合营企业中私方所拥有的实有财产（包括机器设备、房屋及其他建筑物、矿藏、生产经营所用工具器具、原材料、成品制品、呆滞物资、企业原有公积金等）进行清理估价，以便最终确定私股份额。后者则是在划分核实私股份额的基础上，对公私合营企业中的私股推行定息制度的具体办法做了详细说明：其一，界定所谓定息就是不论公私合营时期的企业盈亏，依据息率按季度给予私股股东股息；其二，规定对全国公私合营企业中的私股份额实行定息息率，范围为1～6厘，即年息1%～6%；其三，对于不同地区、不同行业以至同一行业中的不同企业而言，可以根据国计民生的现实需求和具体情况，在上述规定的年息幅度以内采取不同的息率或确定统一的息率。在这两项《规定》出台以后，来

自中共中央许多方面的意见和建议都认为在规定息率的时候应遵循"简单一些"和"放宽一些"的原则，据此，陈云在6月18日召开的第一届全国人民代表大会第三次会议上发表《关于私营工商业的社会主义改造问题》讲话，明确提出在息率方面，"可以不分工商、不分大小、不分盈余户亏损户、不分地区、不分行业，统一规定为年息五厘，即年息5%"。①随后，陈云"年息五厘"的提议被国务院采纳并发布《关于对私营工商业、手工业、私营运输业的社会主义改造中若干问题的指示》，该指示文件标志着私股定息制度在我国的正式实施，同时还规定"个别需要提高息率的企业，仍然可以超过五厘。过去早已采取定息办法的公私合营企业，如果它们的息率超过五厘，不降低；如果息率不到五厘，提高到五厘"。②

私股定息制度自1956年起正式实施支付，规定连续实行7年，期满后因现实需要政府决定再延长3年，最终至1966年9月24日中共中央批转《关于财政贸易和手工业方面若干政策问题的报告》之时终止。至此，私股定息制度一律取消，资方代表也一律撤销，公私合营企业全部更名为国营企业，公私合营经济完全被改造成为社会主义全民所有制的国营经济。实际上，在私股定息制度推行以前，公私合营企业的利益分配形式采取的是一种"四马分肥"模式，即将企业利润分为国家所得税、企业公积金、工人福利和资方红利四个方面进行分配，其中，资方红利约占四分之一，私营工商业者仍然与公方共同拥有对合营企业的所有权与经营管理权。但是，在全行业公私合营展开以后，"四马分肥"的利益分配形式逐渐被私股定息制度所取代，意味着私营工商业者的利益收入不再与企业经营的利润盈亏挂钩，其对企业生产资料的所有权只表现在按照私股份额所取得的固定利息上，这在本质上仅是一种资本投资回报的体现，而私营工商业者对生产资料的支配权以及对企业的经营管理权已经随着利益分配方式的改变转归国家统一所有，最终实现了公私合营企业的国营化，完成了对生产资料私人所有制的社会主义变革。如果说"四马分肥"的利益分配

① 《陈云文选》（第二卷），人民出版社1995年版，第314页。
② 中共中央文献研究室编：《建国以来重要文献选编》（第八册），中央文献出版社1993年版，第457页。

形式蕴含了公私合作的经济思想，那么，私股定息制度的产生与取消过程则充分体现了公私合营企业国营化思想的形成与实践轨迹，同时也反映了由公私合作思想向公私对立思想的转变。

第四节　民营经济思想转折阶段的
理论与绩效评析

一、民营经济思想转折阶段的理论特征分析

1953～1977年是我国在国民经济实现恢复的基础上，伴随社会主义改造运动的大力开展，逐步确立社会主义公有制的经济基础和全面建设计划经济体制的曲折发展阶段。这期间，受国际政治经济形势的变化、苏联社会主义政治经济学理论体系的建立及其在中国传播的多方影响，我国在最初构想与选择社会主义经济建设道路方面形成了一定的理论约束，即基本参照并效仿了苏联理论体系和斯大林所定义的社会主义经济建设道路——构建以实现生产资料公有制、优先发展重工业、建立高度集中的计划管理体制为三大基点的社会主义经济模式，从而改变并切断了我党和人民政府在新中国成立初期结合马克思主义经济学理论与我国实际国情所形成的具有中国特色的新民主主义经济发展路径。对苏联模式的选择和效仿，要求我国在主观上及时转变新中国成立初期对待民营经济的政策措施，具体而言就是由国民经济恢复时期所采取的"鼓励、扶持与限制"民营经济的方针逐步向计划经济时期"限制、改造与消灭"民营经济的方针转变。进而反映到思想领域和制度领域，该时期所产生的相关民营经济思想则表现出一种以改造和变革私有制为主线的特征。

虽然在20世纪50年代末60年代初期，党内曾出现过对于照搬照抄苏联模式的短暂批判，并倡议应以苏联的经验教训为鉴戒，同时立足总结本国经验以探索出一条符合中国国情的社会主义建设道路，但事实上，由于早期深受苏联社会主义经济建设模式的影响，我国已经产生了对于追求

纯而又纯的公有制经济和高度集中的计划经济体制的路径依赖。在这样的理论逻辑和思想体系下，就不难理解为何我国在 20 世纪六七十年代依然执着于将无产阶级与资产阶级、社会主义道路与资本主义道路之间的矛盾视为国内社会的主要矛盾，并且将阶级斗争凌驾于发展生产力和进行经济建设之上。因此之故，以私人所有制为基本特征的个体经济和私营经济直接成为被限制、改造和消灭的对象，最终导致民营经济在我国的发展空间急剧缩小乃至消亡，而与之相关的民营经济理论和思想火花虽然曾有短暂绽放，但很快便随着民营经济实体的泯灭而失去根基和存在的意义。

即便如此，通过前文的论述，可以发现我国在计划经济时期，尤其是 20 世纪 50 年代初～60 年代初这段时间，在苏联社会主义政治经济学理论体系的理论约束和民营经济有限的发展空间内，仍然产生和发育了比较丰富的民营经济思想。这些思想在理论层面主要体现了以下三方面的特征。

其一，从思想内容来看，该时期所产生的民营经济思想大体上呈两条发展线索。一条线索是效仿和沿袭了苏联社会主义政治经济学的理论体系及其进行社会主义经济建设的实践经验，并运用其原理来分析和指导我国的社会主义经济问题，主张通过对民营经济实行社会主义改造，从而实现对生产资料私有制的限制和消灭。具体表现为以国家资本主义模式为和平过渡的私营经济改造思想、推动农业合作化递进发展思想、建立社会主义公有制经济的宏观发展格局思想、生产资料公私共有思想、公私合营企业国营化等经济思想的产生与实践。另一条线索则是对照搬照抄苏联模式的批判和反思，鉴于我国社会主义改造过程中出现的一系列社会经济矛盾，主张立足本国经验，探索出一条符合中国国情的社会主义建设道路。具体表现为关于过早过快限制并消灭农民自留地、家庭副业以及一刀切实行全行业公私合营的理论反思、"消灭了资本主义，再搞资本主义"的民营经济部分保留思想、以"三个主体、三个补充"为核心的中国社会主义经济建设模式构想的初发。这两条思想线索在表面上看似背道而驰，但实际上却是互相交织、互相作用的，可以说该时期我国在理论认知和经济制度领域关于民营经济的一些重要问题的认识和论争，以及在论争中形成的某些具有前瞻性的卓越思想观点，基本上都是围绕这两条发展线索展开的。其中，以第一条思想线索（即以苏联模式为借鉴基础的民营经济改造思想）

为主导，并在经济实践中得以贯彻实施；第二条思想线索（即在反思苏联模式的前提下对民营经济改造思想的质疑和批判）则是作为对前者的回应与纠正，虽然其多为理论上的争论和批判，许多观点主张也没有得到落实，但这并不影响二者形成主辅相成之势，共同构成且丰富了该时期的民营经济思想。

其二，从思想主体来看，该时期所产生的民营经济思想基本上是以国家主要领导人的政策思想和相关民营经济法律条例中所内含的制度思想为主，而来自学界的理论认知及学术讨论则十分缺乏。具体而言，在政策思想方面，毛泽东针对资本主义工商业的改造路径、农业合作化的发展速度、在社会主义社会中进一步探索民营经济的存在和发展等问题给予了一系列的政策指导和建议；陈云站在长期主持经济工作的前线，就社会主义改造过程中产生的偏差进行了及时的考察和反思，提出了诸如将民营经济中所蕴含的先进生产技术和经营管理经验视为民族遗产，实行计划与市场、国营与民营之间的优势互补，构建公私成分主辅相济的中国特色社会主义经济建设道路等许多具有创新性和前瞻性的思想观点；李维汉重点调研和论证了国家资本主义模式作为改造资本主义工商业途径的可行性；邓子恢围绕农业生产合作社的发展速度问题提出了与毛泽东不同的经济观点；此外，周恩来、刘少奇等领导人也就如何对待和处理民营经济与国营经济关系的问题发表了较为丰富的意见。在制度思想方面，以1954年颁布的《中华人民共和国宪法》《公私合营工业企业暂行条例》和1956年开始全面实施的私股定息制度为主要代表，其中所内含的建设社会主义公有制经济的宏观发展格局思想、生产资料公私共有思想、公私合营企业国营化思想等，充分地体现了我国计划经济时期以变革私有制、建立公有制的经济基础为主要目标的制度设计原则及思路。遗憾的是在学术领域，仅有谷春帆、宋海文等个别学者于该时期针对民营经济的存在和发展问题提出了零星的比较具有建设性的思想观点，但未能形成体系且学理深度有限。这与该时期我国学术领域在总体上承袭了苏联社会主义政治经济学理论体系，并以苏联经济建设模式为路径参照，而以马克思主义经济理论为指导并结合中国经济实际来探究社会主义经济问题的政策建议和学术思想受到压制和打击有相当大的关系。此外，在20世纪60年代以后"政治统

帅经济"的社会氛围中，有关经济理论问题的讨论被逐渐淡化，经济领域
的学术研究因而基本处于停滞状态，这在很大程度上也是造成该时期缺乏
学术思想的另一个主要原因。

其三，从思想演变的动态历史过程来看，与国民经济恢复时期的民营
经济思想比较而言，该时期所产生的民营经济思想发生了转折。这一转折
主要表现在不同时期起主导作用的经济思想在预期目标和主要内容上的流
变。在国民经济恢复时期，我国初步形成了以促进国民经济恢复为主要目
标、以调整公私关系为主要途径、以推行国家计划领导和扶助企业自主经
营相结合为主要特征的民营经济思想体系。而到计划经济体制时期，则形
成了以建立公有制经济为主要目标、以改造所有制基础为主要途径、以逐
步限制并消灭生产资料私人所有权和经营权为主要特征的民营经济思想体
系。总体上，该时期民营经济思想并没有延续上一时期民营经济思想的主
要内容和脉络方向演进，而是在短时期内迅速形成了由调整民营经济为主
导向改造民营经济为主导的思想转折，改变了新中国民营经济思想的变迁
轨迹，同时在实践中直接影响并切断了我国民营经济发展运行的正常
路径。

究其思想转折的原因，大体有三点：一是思想来源的理论基础不同。
经济恢复时期的民营经济思想是基于马克思主义经济理论在旧中国的传播
以及新民主主义经济理论在新中国成立前后的形成和发展；而计划经济时
期所形成的民营经济思想主要是受苏联社会主义政治经济学理论体系的影
响。二是实践经验的借鉴对象不同。前者是中国共产党成立后在吸收、借
鉴马克思主义经济理论的基础上，将其与中国革命，特别是与革命根据地
和人民解放区的经济实践相结合所形成的产物，符合我国国情，有利于协
调公私各方面的利益从而获得共同发展；后者则是在承袭苏联社会主义政
治经济学理论体系的基础上，以苏联经济建设的模式为路径参照的产物，
脱离了中国经济实际来探究社会主义经济建设问题的行为逻辑难免造成一
刀切、急于求成的片面发展局面，不利于调动和发挥公私经济各方面的潜
在积极性和全部生产力，最终导致国民经济发展的不可持续性问题充分暴
露。三是国家宏观经济发展目标及路线方针的转变。新中国成立之初，亟
须改变旧中国遗留下来的兼具落后性与投机性的半殖民地半封建性质的经

济基础，实现国民经济的基本恢复，因此，实施新民主主义三大经济纲领，建立新民主主义经济成为我国当时宏观经济的发展目标，从而对资本主义工商业进行合理调整，扶助民族工商业以发展生产是全面建立新民主主义经济的主要方针之一；而在国民经济基本实现了恢复和好转的基础上，我国的宏观经济发展目标则迅速转变为以实现"一化三改"为核心的过渡时期总路线，从而展开对农业、手工业、资本主义工商业的改造，随后，社会主义建设总路线的提出使得逐步巩固社会主义公有制的经济基础成为计划经济时期的主要经济方针，在此过程中，公有制经济范围的不断扩大就意味着以私有制为基础的民营经济发展空间的逐渐缩小。民营经济作为我国宏观经济格局中的一部分，在计划经济体制的形成过程中，其发展路径和政策实施必然受到国家宏观经济发展目标和路线方针的指导和约束，这也就不难理解民营经济思想为何在不同时期会呈现出不同的变化。事实上，国家宏观经济发展目标及路线方针的转变往往依赖于对理论基础和实践经验的认识程度和分析深度，因此，可以说思想来源的理论基础不同和实践经验的借鉴对象不同是该时期民营经济思想发生转折的根本原因，而国家宏观经济发展目标及路线方针的转变则是它们二者作用的结果，是该时期民营经济思想出现转折的直接原因。

二、本阶段民营经济思想的实践绩效考察

在上述思想的指导和影响下，党和政府于计划经济体制形成时期，在实际经济工作中逐步形成并采取了对民营经济进行"限制、改造与消灭"的主要方针以及相应的制度安排，对我国民营经济的发展轨迹和实践绩效产生了直接且深远的影响。

一方面，从整体趋势来看，在以改造为主导的民营经济思想的影响下，本阶段我国民营经济在数量上和规模上大体经历了一个从多到少、从有到无的实践发展过程。1953～1977 年，从以"一化三改"为核心的过渡时期总路线实施开始，消灭私有制、建立社会主义公有制、完善计划经济体制、"以阶级斗争为纲""割资本主义尾巴"等一系列旨在限制、改造、肃清民营经济的政策或运动相继展开，使得 1952 年底尚占我国国民

经济比重约51%的民营经济在短短20余年间基本消失殆尽。

　　具体来说，就个体经济而言，经过对农业和手工业的社会主义改造运动后，我国以生产资料个人所有制为基础的农民和手工业者的个体经济已经基本上转变为集体所有制经济，个体农业和手工业从业者所剩无几。如图3－1所示，以城镇个体就业人员数量为例，1953年我国城镇居民中从事个体经济活动的就业人数有近898万人，占当年城镇就业人员总数的比例达32.6%，到1956年底我国社会主义改造工作基本完成之时，城镇个体就业人数急剧下降至仅剩16万人，占比0.5%，相较1953年减少了约882万人，降幅高达98.2%。这充分体现了我国社会主义改造运动的速度之快、强度之大。在此后20年间，我国城镇就业人员总数大体呈不断上升趋势，然而个体就业人数虽因政策的调整出现过小幅增加和上下波动，但总体比例均不超过5%，而至1977年底，这一指标更是首次下降到了新中国成立以来的历史最低点，在全国共9127万人的城镇就业总人数中，仅剩区区15万人从事个体经济。

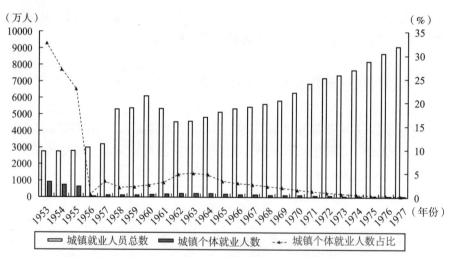

图3－1　1953～1977年我国城镇个体就业人员数量变化趋势

资料来源：根据国家统计局网站（www. data. stats. gov. cn）就业人员和工资年度数据整理而成。其中，国家统计数据中城镇单位数据不含私营单位，因此，本书仅以目前能够搜集到的城镇个体就业人员数量为例来说明个体经济的发展变化趋势。

就私营经济而言，通过对资本主义工商业进行以各种形式的国家资本主义为过渡的社会主义改造以及实行和平赎买政策后，我国以生产资料私有制为基础的私营经济已经基本转变为社会主义公有制经济。如图3－2所示，以工业企业数量为例，除因统计数据缺失的1966～1969年以外，从1957～1977年，我国按所有制形式分规模以上工业企业数量中只存在国有和集体两种所有制形式的工业企业，可谓是国家所有制经济和集体所有制经济两分天下的局面。1957年，我国工业企业单位总数共计16.95万个，其中国有工业企业数量为4.96万个，占比29.3%；集体工业企业数量为11.99万个，占比70.7%。此后20年间，由于相继受"大跃进"时期的片面发展重工业思想、国民经济调整时期的"以农业为基础、以工业为主导"的工业化道路思想、"文化大革命"时期的以军事工业和备战工程为中心的片面发展重工业思想以及农、轻、重发展关系调整思想的指导和影响[1]，我国工业企业

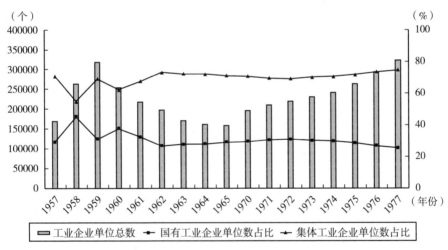

图3－2　1957～1977年我国按所有制形式分工业企业数量变化趋势

资料来源：根据国家统计局网站（www.data.stats.gov.cn）按登记注册类型分规模以上工业企业经济指标年度数据整理而成。其中，因国家统计数据中缺少1966～1969年的年度数据，故在图中省略，特此说明。

---

[1]　赵晓雷：《中国工业化思想及发展战略研究》，上海财经大学出版社2010年版，第65～70页。

虽然在数量上呈现出上升—下降—再上升的波动趋势，但是在企业所有制形式的格局分布上却始终没有发生根本性的变化，即国有工业企业的数量占比基本维持在30%上下浮动，集体工业企业的数量占比则基本维持在70%上下浮动，二者相辅相成，完全没有私营工业企业生存的一席之地。

另一方面，从局部变动来看，我国民营经济的退潮并非一蹴而就，在此期间，特别是20世纪50年代末至60年代初，曾先后出现过在社会主义社会中保留一定程度民营经济及其经营管理方式的思想探索，虽然这些思想火花的延续时间较短，但却在推动民营经济的实践调整层面发挥了重要的影响和作用。以个体经济的发展变化为例，其在1953～1977年的整体变迁趋势虽以由多到少、从有到无为主线，但在社会主义改造完成之后以及国民经济调整时期却出现了两次逆反趋势，即个体经济的从业人数和发展水平有了一定程度的增长和提高。

具体而言，在社会主义改造工作基本完成之时，不论是从数量上还是规模上来看个体经济都处于将要泯灭或消失的地位：1956年我国参加合作社的农户占全国农户总数的比重超过96%（见表3-1），除仅存的自留地、家庭副业等零星残余之外，全国农村个体经济已基本转为集体所有制经济；同年，加入手工业生产合作社的手工业者约占其从业人员总数的91.7%，而全国未参加合作社的个体手工业者仅剩54.4万人（见表3-2）。然而，由于社会主义改造过程中出现的过快过急问题引发了种种社会经济矛盾，国人开始思考社会主义经济制度下能否存在和保留部分民营经济的命题，如陈云的"三个主体、三个补充"思想在中共八大会议上得到了广泛认可和肯定，会议决议吸纳该思想以促进国民经济的发展与改造工作，并依据这一思路对"二五"计划做了具体部署，其中明确允许个体手工业和小商小贩继续存在并在一定范围内开放自由市场。在此基础上，1957年我国个体经济的生存空间有了小幅恢复，占国民收入比重为2.8%[1]，其中城镇个体就业人数相比1956年的16万人增加了88万人，增幅达550%，占城镇就业人员总数的比例也由1956年的0.5%升至3.2%（见图3-1）。但随后的中共八大二次会议改变了中共八大关于国

---

[1] 苏星、杨秋宝：《新中国经济史资料选编》，中共中央党校出版社2000年版，第277页。

内主要矛盾的正确分析，提出党的主要任务应是防止资本主义复辟，从而在"大跃进""人民公社化运动"的影响下，农村的自留地、家庭副业、集市贸易和城镇的个体手工业、小商小贩等都受到了严格的限制和改造，个体经济因此发展受阻甚至大大减少。

"一大二公"导致国民经济比例严重失调，农民的生产积极性严重受挫。于是1960年冬，中共中央开始纠正经济建设中存在的"左"倾错误，决议从1961年起对国民经济实行"调整、巩固、充实、提高"的指导方针，其中明确规定了"社会主义经济领导下的个体手工业是社会主义经济的必要补充和助手"①，并将"大跃进"时期并入国营商业和供销合作社的小商小贩重新划出去，开放部分农村和城市的集市贸易。由于指导思想的转变，全国个体经济有了一定程度的发展。如图3-1所示，1960～1963年我国城镇个体就业人数由150万人增加到231万人，增幅达54%，并且在此期间城镇个体就业人数占城镇就业总人数的比重由2.5%上升至5%，翻了一番。然而，从20世纪60年代后期开始发起的"文化大革命"，致使"斗私批修""防止资本主义复辟""割资本主义尾巴"等活动愈演愈烈，从而城乡集市贸易再次受到严重冲击几乎全面萎缩，修鞋修车、零售摊点等个体劳动一律取消，小商小贩一律并入国营商店的代购代销组织，凡符合条件的个体从业者通通组成合作小组、合作社。据统计，截至1975年，我国工业总产值中除了国家所有制占比83.2%，就只有集体所有制占比16.8%；在商业零售总额中国家所有制占比56.8%，集体所有制占比43%，而个体所有制仅占0.2%。②其中，城镇个体就业人数从1964年的227万人开始呈递减趋势，到1977年时全国仅剩下15万从业者，这期间锐减了93.4%（见图3-1）。至此，除极少数小商小贩尚存以外，民营经济在整个国民经济结构中基本消失。

综上所述，本阶段我国民营经济在整体上大致经历了一个由多到少、从有到无的实践发展过程，但它的退潮并非一蹴而就，其中在社会主义改造完成之后以及国民经济调整时期曾出现过两次逆反趋势，民营经济的从

---

① 中共中央文献研究室编：《建国以来重要文献选编》（第十四册），中央文献出版社1997年版，第436页。
② 根据《中国统计年鉴》（1983）相关数据计算而得。

业人数和发展规模有了一定程度的增长，然而这两次增长态势并没有获得持续，相反却十分短暂。由此可以发现，1953～1977 年我国民营经济的起伏发展轨迹与本阶段民营经济思想的理论特征密切相关，其绩效结果基本上反映并实现了该时期民营经济思想的阶段特征与政策目标。虽然 20 世纪 50 年代末～60 年代初曾产生了在社会主义社会中保留一定程度民营经济及其经营管理方式的思想探索，使民营经济获得了短暂发展，但最终并没有扭转或改变其在以改造为主导的民营经济思想影响下的发展路径和消失命运。即便如此，若以当今的眼光和经验教训回溯历史，则会感慨在计划经济体制时期受"左"倾思潮影响的经济社会中仍然产生并发育了一些试图立足国情且符合客观经济规律的发展民营经济的真知灼见，实为珍贵。

第四章

新中国民营经济思想的复归：
以重构为主导
（1978~1996）

　　1978～1996 年，伴随思想领域拨乱反正，理论领域积极探索马克思主义经济学中国化的同时吸收、借鉴西方经济理论，政策领域逐步为恢复和发展个体、私营经济放宽制度约束的合力推动，使原本于计划经济体制时期基本消失的民营经济在我国改革开放的进程中又得以重新出现，进而为该时期民营经济思想的产生与发展积累了较为丰富的物质基础与实践经验。从经济思想演变的轨迹来看，相比国民经济恢复时期民营经济思想的萌发与计划经济体制时期发生的思想转折并曾一度消退的历史进程，该时期可谓民营经济思想的复归阶段。但此复归并非一种简单地从有到无，再从无到有的反复过程，而是在不同于以往的政治、经济、社会等结构性条件下所产生的对再次发展民营经济的客观需求以及相关新理论的探索。具体投影到思想内容上，该阶段则呈现出紧密围绕民营经济的人才部署、性质界定、地位确认、概念探讨、制度供给五个层面进行重构民营经济生产要素的思想特征。

第一节　经济体制改革初期民营经济思想的复归背景

一、思想解放引领中国经济建设宏观指导理念的转变

　　从"文化大革命"结束至十一届三中全会召开前夕，我国政治经济工作总体上经历了一段"在徘徊中前进"的局面，其间中国共产党面临着中国发展方向和道路向何处去的重大考验。选择何种方向、要走何种道路，在本质上就是思想路线的问题，党中央对此提出并推行"两个凡是"① 的思想方针，以致经济建设过程中求成过急的现象和一些遗留的"左"倾错误始终无法真正地得到纠正，国民经济发展失调。在这样的背景下，爆发

---

　　① 即"凡是毛主席作出的决策，我们都坚决维护；凡是毛主席的指示，我们都始终不渝地遵循。"

了一场关于真理标准问题的大讨论①，由此拉开了全国性思想解放运动的序幕，逐步恢复的马克思主义实事求是思想路线，为推进党的工作重心转移和经济体制改革做了重要的思想准备。② 1978年12月，十一届三中全会停止使用"以阶级斗争为纲"的口号，并将工作重点转移到社会主义现代化建设上来，开辟了新中国成立以来党和国家历史上具有深远意义的伟大转折。在解放思想、实事求是的号召下，党内外思想格外活跃，全国人民也逐渐从个人崇拜和教条主义的枷锁中脱离出来，冲破并纠正了中共八大二次会议以来把阶级斗争作为我国社会主要矛盾的思想禁锢，出现了努力研究新情况、解决新问题的新局面——逐步探索一条符合国情的社会主义现代化建设道路。1992年初，国际社会出现苏联解体、东欧剧变的动荡局面，中国共产党再一次面临思想路线选择的重大考验。在此背景下，邓小平视察南方并发表系列重要谈话，科学总结了十一届三中全会以来党的基本实践与经验，并明确回答了困扰和束缚国人的许多重大认识问题③，坚定地引领了中国经济体制改革迈入市场化方向的新阶段。

在思想解放的影响和带动下，社会主义现代化建设初期，我国指导经济建设的基本理念与计划经济体制时期相比，发生了重大转变。主要体现在四个方面：一是对国家经济建设战略地位的认识转变，即经济建设由从属地位跃升为中心地位。中共八大二次会议提出党的主要任务是防止资本主义复辟，因此形成了阶级斗争凌驾于发展生产力和经济建设之上——"政治统帅经济"的指导思想；而十一届三中全会从新中国成立以来正反两方面的经验，特别是"文化大革命"的教训中，总结得出当前我国社会所要解决的主要矛盾是人民日益增长的物质文化需要同落后的社会生产之间的矛盾，进而将工作重点转移到以经济建设为中心的社会主义现代化建设上，党的各项工作都必须服从和服务于经济建设这个中心。二是对国家经济建设方法论的认识转变，即由以苏联社会主义模式为参照向以本国国

---

①　关于真理标准问题的讨论集中始于1978年5月，这场讨论冲破了"两个凡是"思想的禁锢，在党内外和广大干部群众中引起了强烈的反响，为中国共产党重新确立马克思主义思想路线、政治路线和组织路线奠定了理论基础，成为实现党和国家历史性转折的思想先导。

②　张卓元：《张卓元经济文选》，中国时代经济出版社2010年版，第38页。

③　《江泽民在中国共产党第十四次全国代表大会上的报告》，中华人民共和国中央人民政府网，http：//www.gov.cn/test/2008-07/04/content_1035850.htm。

情为经济建设出发点的转变。国民经济恢复后，我国开始仿效当时唯一具有社会主义建设经验的苏联着手进行社会主义过渡，逐步建立起以生产资料公有制、优先发展重工业、高度集中的计划管理体制为特征的社会主义经济制度，同时受"左"倾错误的影响，在此后的经济工作中长期存在脱离我国国情、超越实际可能性、忽视生产管理经济效率、缺乏科学论证等现象，从而造成国民经济的大量浪费、损失甚至停滞；然而，伴随着思想解放运动和十一届三中全会的顺利召开，党在经济工作方面提出了"经济建设必须适合我国国情，符合经济规律和自然规律""使生产的发展同人民生活的改善密切结合""在坚持独立自主、自力更生的基础上，积极开展对外经济合作和技术交流"等方针，从根本上纠正了我国进行经济建设的方法原则。三是对生产关系与生产力二者关系问题的认识转变，即由过分强调生产关系变革的单一作用到注重生产关系要适应生产力发展水平的观念深化。过渡时期总路线的实质就是要消灭生产资料私有制，使生产资料的社会主义公有制成为国家和社会唯一的经济基础，在总路线的指导下和急于求成的"左"倾思想影响下，我国的社会主义改造工作仅仅用时3年就基本实现，并且在后来的"人民公社化运动"和"文化大革命"期间，反对"唯生产力论"以及对生产关系的强调被推向极端①，导致国民经济出现严重的停滞和失调；十一届三中全会以后，党中央深刻认识到社会主义生产关系的发展并不存在一套固定的模式，"要根据我国生产力发展的要求，在每一个阶段上创造出与之相适应和便于继续前进的生产关系的具体形式"②，实际上就是要强调社会主义生产关系的变革和完善必须适应生产力的状况，同时有利于生产力的进一步发展。四是对计划与市场关系问题的认识转变，即经济建设由片面强调有计划按比例向以计划经济与市场调节相结合的模式转变。自斯大林1952年在《苏联社会主义经济问题》中提出社会主义国民经济有计划（按比例）发展规律后，该论述

---

① 有关当时生产关系与生产力关系的讨论观点可参见《经济研究》《经济学动态》编辑部编：《建国以来政治经济学重要问题争论（1949～1980）》，中国财政经济出版社1981年版，第53～63页。

② 中共中央党校党建教研室、中共中央党校出版社编：《十一届三中全会以来重要文献选编》，中共中央党校出版社1981年版，第190页。

及其相关讨论在相当程度上影响了我国经济体制建设，可以说，20 世纪 50 年代初~70 年代末中国计划经济体制形成和发展的主要理论基础之一就是遵循国民经济有计划按比例的发展规律①，然而由于缺乏社会主义建设经验和对当时生产力水平的认识局限，片面强调有计划按比例的计划经济体制的推行造成了效率不足、质量低下、资源浪费、经济波动较大等突出问题；党的十一届三中全会开始反思计划与市场的关系问题，通过以农村经营体制改革为先导，同时在城市进行以计划经济为主、市场调节为辅的改革探索和试点，最终于 90 年代初厘清了社会主义与资本主义、计划经济与市场经济之间的本质关系与区别，进而明确了建立社会主义市场经济的改革目标。

上述关于国家经济建设的战略地位、国家经济建设的方法论、生产关系与生产力、计划与市场关系的问题共同构成了我国指导经济建设的基本理论要素，它们在思想解放的作用下发生了质的变化，从以苏联模式为借鉴、政治统帅经济、片面强调生产关系和计划经济为特征的理念体系，逐渐向以经济建设为中心、立足本国国情、注重生产关系与生产力水平相适应、计划经济与市场调节相结合为特征的理念体系过渡和转型。实际上，这些转变直接体现了对改革高度集中的计划经济体制、打破单一公有制经济格局的诉求，同时也表明了我国试图突破以苏联为代表的社会主义生产关系发展的固定模式，探索出一条符合国情的社会主义现代化经济建设道路。在这样的思想背景和理念转变下，大力提高生产力、推进经济体制改革成为发展目标，为我国恢复和发展个体、私营经济作为公有制经济必要补充的民营经济思想得以孕育和生发提供了良好的土壤。

二、马克思主义经济学中国化与西方经济理论的引进

思想解放运动不仅体现在政治领域，而且对学术领域也产生了极为深远的影响。自 1978 年以后，我国的经济理论大体上呈现出两条发展线索：

---

① 赵晓雷：《中国工业化思想及发展战略研究》，上海财经大学出版社 2010 年版，第 240 页。

一条是在学习和研究马克思主义经济学的基础上，将其与中国经济改革实践相结合进行理论创新；另一条则是在引进、消化和借鉴西方现代经济理论的基础上，摒弃以斯大林社会主义经济理论和苏联模式为参照的发展线索。① 这两条发展线索的各自推进，以及到 20 世纪 80 年代后期的相互交融、汇通，为该时期民营经济思想的产生提供了理论来源，同时站在历史变迁的视角来看，也为新中国民营经济思想的复归重建营造了恰逢其时的宽松开放的学术环境。

具体而言，一方面，将马克思主义经济学与中国经济改革实践相结合从而进行理论创新，实际上也就是马克思主义经济学中国化的过程。虽然这一过程早在"十月革命一声炮响"之后就进入了尝试探索阶段，但由于经历了计划经济体制时期一些曲折的经验教训，直到十一届三中全会开始积极反思，马克思主义经济学中国化的进程才有了进一步的发展和突破，其理性认识程度和相关创新成果数量由此日益深化与增多。② 1978 年以后，马克思主义经济学中国化的理论成果集中体现在"社会主义初级阶段理论""中国社会主义所有制理论""社会主义市场经济理论""中国经济体制改革及转型理论"等方面。③ 这些理论的提出与完善，不仅是对马克思主义创始人或马克思主义经典著作中尚未做出具体阐述或未曾涉及的问题的研究和论证，如关于社会主义发展阶段、计划经济与市场经济相结合、社会主义所有制结构、公有制实现形式、多种所有制共同发展等问题，而且研究重心已呈现出从计划经济体制时期过分偏重对生产关系的讨论逐渐转向注重对发展生产力的讨论。在此基础上，我国对当代中国的基本国情作出了科学判断，从方方面面解答并跨越了生产力水平落后的国家如何建设社会主义与社会主义经济的理论难题，为构建中国特色社会主义经济理论，特别是形成"以公有制经济为主体、多种所有制经济共同发展"这一独特的理论框架奠定了思想基础，也为改革开放进程中逐步启动

---

① 胡寄窗、谈敏：《新中国经济思想史纲要（1949～1989）》，上海财经大学出版社 1997 年版，第 42～43 页。
② 马艳：《马克思主义经济学中国化的发展轨迹》，载于《学术月刊》2008 年第 3 期。
③ 蒋南平、汤子琼：《改革开放以来马克思主义经济学在中国的运用与经验》，载于《经济学动态》2014 年第 1 期。

重建个体私营经济提供了理论支撑。

另一方面，在思想解放、拨乱反正的大潮中，我国理论界从过去对苏联模式的倚重开始逐渐转向摒弃，取而代之的是推开世界大门，从各国的经济思想，特别是从西方经济理论中汲取理论滋养。实际上，新中国成立以后至改革开放前，西方经济学在我国的传播十分有限。据统计，1949～1979年，我国出版的西方经济学论著一共只有68种，其中英、美两国占52种，并且古典经济学的原著在这些翻译的论著中占有很大比重。① 而改革开放以后，西方经济学的传播则进入了迅猛发展阶段，尤其是20世纪80年代前后，我国通过邀请西方经济学家访华、举办经济学讲座（讲习班）、译介出版西方经济学著作、派遣留学生等途径②，实现对西方经济理论的大量引入与研究。在内容方面，80年代初期西方经济学的传入以古典和新古典经济理论为主，其中又以对后凯恩斯主流学派一些重要著作的介绍和研究为最多；80年代后期的传入则转向以经济增长理论和发展经济学为主，同时对经济管理理论、企业管理理论的介绍和研究亦成为一个重点；再到80年代末～90年代初，传入的内容又转向以新制度经济学、产权经济学理论为重点。③ 与此同时，我国对西方经济学的态度和认识也从新中国成立以后至改革开放前夕的全盘否定逐渐转变为批判、借鉴和利用之。例如，在以"社会主义市场经济"为改革目标这样一种史无前例的背景条件下，对改革进程中成长起来的个体私营经济的默许、试点与支持，不仅坚持了马克思主义经济学理论的指导原则，而且是在借鉴西方市场经济原理、产权经济学以及现代企业管理制度等基础上，结合我国生产力发展水平和经济体制改革的实际需求所做出的理论创新与实践突破。因此，对除马克思主义经济学以外的新的思想理论资源的引进、消化和吸收，有利于培养和启发新的经济思维模式，拓宽中国经济改革的路径选择，为该时期我国民营经济思想的产生提供了另一个重要理论来源。

---

① 胡寄窗、谈敏：《新中国经济思想史纲要（1949～1989）》，上海财经大学出版社1997年版，第91页。

② 文世芳：《改革开放初期西方经济学引入中国及影响》，载于《中共党史研究》2017年第7期。

③ 胡寄窗、谈敏：《新中国经济思想史纲要（1949～1989）》，上海财经大学出版社1997年版，第94～96页。

三、政策供给推进微观层面个体私营经济的逐步重生

十一届三中全会召开以前，我国的所有制结构为单一公有制经济，国民经济格局中主要是国营经济和集体经济，基本不存在私营经济，个体经济微乎其微，可以说当时除极少数小商小贩尚存以外，民营经济处于基本消失状态。据统计，1977 年我国城镇居民中个体经济就业人数仅剩 15 万人，而该指标在 1953 年却高达 898 万（见图 3 - 1）。事实上，我国单一公有制的经济结构初步形成于社会主义改造基本完成之时，此后尤其是在"文化大革命"期间被发展到极致。20 余年的社会主义建设实践表明，以苏联为代表的单一公有制的社会主义生产关系模式并不适合现阶段的中国国情，其在提高生产力效率、提供劳动激励、增加产品竞争、促进国民经济持续增长等方面的正向作用有限，而在经济计划缺乏科学依据、政治权利过分集中、思想路线出现"左"倾或"右"倾错误等情况下甚至可能导致严重的资源和经济损失。因此，1978 年十一届三中全会召开以后，中共中央、国务院在思想解放和总结我国体制结构与经济建设正反两方面经验教训的基础上，提出了改革计划经济管理体制和社会主义生产关系的宏观战略方针，具体到微观层面，则是对城乡个体经济、私营经济的恢复和发展采取由"不加限制"到"允许试点"再到"政策支持"的渐进策略，为该时期我国民营经济的逐步重生提供了比较宽松的政策环境，进而为民营经济思想的复归奠定了经济基础和实践参考。

具体而言，我国个体经济的重生始于农村经济改革的启动和突破。如表 4 - 1 所示，1978 年前后，安徽省委和四川省委相继制定了《关于当前农村经济政策几个问题的规定》和《关于目前农村经济政策几个主要问题的规定》，两份文件针对当时农村经济存在的生产力效率和劳动积极性低下的突出问题做了新规定：允许生产队根据农活的实际情况建立生产责任制；允许社员经营少量的自留地和正当的家庭副业。1979 年十一届四中全会通过《中共中央关于加快农业发展若干问题的决定》（以下简称《决定》），提出社员自留地、自留畜、家庭副业和农村集市贸易是社会主义经济的附属和补充，不应当作所谓的"资本主义尾巴"进行批判。这一

《决定》实际上为农村个体经济的恢复打开了长期以来的制度禁区。1980年中共中央发布《关于进一步加强和完善农业生产责任制的几个问题》，指出要充分发挥各类手工业者、小商小贩和各行各业能手的专长，少数要求个体经营的可与生产队签订合同持证外出劳动和经营。1984年国务院发布《关于农村个体工商业的若干规定》，鼓励农村剩余劳动力经营社会急需的行业，农村个体工商户的经营方式可以灵活多样。

另外，为了解决和安置大量下乡返城劳动力的就业问题，对农村个体经济的鼓励和扶植政策也带动了城市个体经济的兴起与发展。1980年国务院体制改革办公室印发《关于经济体制改革的初步意见》，其中提出"我国现阶段的社会主义经济是生产资料公有制占优势、多种经济成分并存的商品经济"；随后国务院发布《关于开展和保护社会主义竞争的暂行规定》指出："在社会主义公有制经济占优势的情况下，允许和提倡各种经济成分之间、各个企业之间发挥所长，开展竞争"。在此背景下，1981年国务院转批《国家工商行政管理局向国务院的汇报提纲》，明确肯定了发展城镇个体经济的方针政策，即"城镇集体和个体经济是我国多种经济成分的组成部分，恢复和发展个体经济，是搞活经济的一项重大措施，是社会的需要，是一项长期的经济政策，也是安排城市就业的一个途径"。同年召开的十一届六中全会审议通过《关于建国以来党的若干历史问题的决议》，就个体经济的发展问题进一步指出："一定范围的劳动者个体经济是公有制经济的必要补充"。1982年颁布的《中华人民共和国宪法》则将城乡劳动者个体经济正式作为社会主义公有制经济的补充成分纳入体制之内。1984年十二届三中全会一致通过的《中共中央关于经济体制改革的决定》，鼓励为城乡个体经济的发展扫除障碍，并特别强调在以劳务为主和适宜分散经营的经济活动中应大力发展个体经济。经过几年的酝酿和实践，国务院于1987年颁布《城乡个体工商户管理暂行条例》为个体工商户的合法权益提供法律保护，标志着国家对个体经济合法地位的进一步认可。

在一系列宽松政策的指引下（见表4-1），我国几乎将要消失的城乡个体经济又重新获得生存和发展的机会。1978～1996年，我国城镇个体就业人数从区区15万人逐步增加至1709万人，其占城镇就业总人数的比重也发生了突飞猛进的变化，相应从 0.16% 逐步上升至 8.58%。①

表 4 – 1　　　　1978～1996 年相关个体、私营经济发展的政策法规

年份	文件名称	政策内容
1978	《关于目前农村经济政策几个主要问题的规定》	尊重生产队的自主权，鼓励实行生产责任制；允许社员经营少量的自留地和家庭副业
1978	《关于进一步落实党对民族资产阶级若干政策的决定》	给予资产阶级工商业者及其子女公平、合理、合法的待遇
1979	《中共中央关于加快农业发展若干问题的决定》	社员自留地、自留畜、家庭副业和农村集市贸易是社会主义经济的附属和补充，决不允许把它们当作资本主义经济来批判和取缔
1979	《关于对原工商业者的若干具体政策的规定》	取消"资本家""资产阶级工商业者""私方人员"称呼，摘除原工商业者资本家的帽子
1980	《关于经济体制改革的初步意见》	提出我国现阶段的社会主义经济是生产资料公有制占优势、多种经济成分并存的商品经济
1980	《关于进一步加强和完善农业生产责任制的几个问题》	充分发挥各类手工业者、小商小贩和各行各业能手的专长；经有关部门批准，少数要求个体经营的可与生产队签订合同持证外出劳动和经营
1980	《关于开展和保护社会主义竞争的暂行规定》	在社会主义公有制经济占优势的情况下，允许和提倡各种经济成分之间、各个企业之间发挥所长，开展竞争
1981	《国家工商行政管理局向国务院的汇报提纲》	城镇集体和个体经济是我国多种经济成分的组成部分，恢复和发展个体经济是搞活经济的重大措施
1981	《关于建国以来党的若干历史问题的决议》	国营经济和集体经济是我国基本的经济形式，一定范围的劳动者个体经济是公有制经济的必要补充
1981	《关于城镇非农业个体经济若干政策性规定》	明确城镇个体经济的性质、经营范围以及扶持与保护城镇个体经济发展的政策
1982	《中华人民共和国宪法》	在法律规定范围内的城乡劳动者个体经济是社会主义公有制经济的补充；国家保护个体经济的合法的权利和利益

---

①　根据国家统计局网站（www. data. stats. gov. cn）1978～1996 年就业人员和工资年度数据整理和计算而得。

续表

年份	文件名称	政策内容
1982	《全面开创社会主义现代化建设的新局面》	鼓励劳动者个体经济在国家规定范围内和工商行政管理下适当发展，作为公有制经济的必要的、有益的补充
1984	《关于农村个体工商业的若干规定》	国家鼓励农村剩余劳动力经营社会急需的行业；农村个体工商户的经营方式可以灵活多样
1984	《中共中央关于经济体制改革的决定》	在以劳务为主和适宜分散经营的经济活动中，应大力发展个体经济
1987	《城乡个体工商户管理暂行条例》	规定个体工商户的合法权益受国家法律保护，任何单位和个人不得侵害
1988	《中华人民共和国宪法修正案》	国家允许私营经济在法律规定范围内存在和发展；私营经济是社会主义公有制经济的补充；国家保护私营经济的合法的权利和利益
1988	《中华人民共和国私营企业暂行条例》	规定私营企业是指企业资产属于私人所有，雇工在8人以上的营利性经济组织
1991	《中国个体劳动者协会章程》	中国个体劳动者协会是在中国共产党和人民政府领导下，由全国城乡个体工商户组成的群众团体
1993	《关于促进个体私营经济发展的若干意见》	针对个体私营经济的行政管理、经营范围、经营形式等作出了若干新规定

　　对城乡个体经济诸多政策限制的逐步放宽，一方面体现了我国在所有制结构问题上对实行单一公有制经济的社会主义生产关系固定模式和认识误区的初步突破；另一方面，个体经济在重生和发展的过程中无疑将面临资金积累、雇工经营、扩大规模等情况，在此基础上私营经济也同时得以应运重生。1987年中共十三大报告指出："目前全民所有制以外的其他经济成分，不是发展得太多，而是还很不够"，并特别强调发展一定程度的私营经济有利于促进生产、活跃市场、扩大就业，是公有制经济必要和有益的补充。次年，《中华人民共和国宪法修正案》以国家根本大法的形式确立了私营经济的补充地位及其合法权益。国务院随即颁布《中华人民共

和国私营企业暂行条例》（以下简称《条例》），将私营企业明确界定为企业资产属于私人所有、雇工 8 人以上的营利性经济组织，并对私营经济的合法地位、权益以及经营范围、方式等作了说明和规范。自《条例》实施之日起，全国各地的工商行政管理机关开始办理私营企业的登记注册。据统计，截至 1988 年底，除山西、黑龙江、西藏三省区尚未开展私营企业登记注册工作外，全国已登记注册的私营企业有 4 万余户，从业人员数量超过 72 万人①；1990～1996 年，全国私营企业从业人员总数从 170 万人激增至 1171 万人，其中城镇从业人员数量由 57 万人上升到 620 万人，农村从业人员数量则由 113 万人上升到 551 万人②。

第二节　发展生产力目标下的民营经济理论认知

十一届三中全会作出了把党和国家的工作重点转移到以经济建设为中心的社会主义现代化建设上来的重大战略转移，并强调各项工作都必须服从和服务于经济建设这个中心。《关于建国以来党的若干历史问题的决议》亦明确指出："社会主义生产关系的发展并不存在一套固定的模式，我们的任务是要根据我国生产力发展的要求，在每一个阶段上创造出与之相适应和便于继续前进的生产关系的具体形式。"③ 因此，大力发展生产力的同时变革生产关系中不适应生产力发展的环节成为该时期我国经济工作的重中之重。围绕这一中心目标，采取市场调节机制与计划经济相结合、积极引入民营经济打破单一公有制经济格局的举措成为我国改革计划经济体制弊端的重要途径。在此过程中，有关如何对待原工商业者及其子女、如

---

① 黄孟复：《中国民营经济史·大事记》，社会科学文献出版社 2009 年版，第 234 页。
② 根据国家统计局网站（www. data. stats. gov. cn）《中国统计年鉴 1999 年》按城乡分从业人员数据整理而得。
③ 中国共产党中央委员会：《〈关于若干历史问题的决议〉和〈关于建国以来党的若干历史问题的决议〉》，中共党史出版社 2010 年版，第 79 页。

何认识与理解新时期民营经济的性质与地位、如何协调与处理多种经济成分并存等问题的思考认知以及理论探讨，共同构成了该阶段民营经济思想的主要内容，同时也成为本节将要考察的对象。

一、重新审视并发挥原工商业者作用的人力资源思想

1956 年底，以毛泽东为核心的党内代表以及中华全国工商业联合会会员代表曾就社会主义改造基本完成以后进一步发挥工商业者在社会主义建设中的作用问题展开讨论，提出要把定息不多、占 80%～90% 的中小工商业者从资本家队伍或资产阶级范围中区别出来。但后因反右派斗争的扩大化和"文化大革命"的爆发，该项工作未能及时落实而就此搁置，以致1957～1977 年间工商业者及其子女所具有的资本家或资产阶级身份成为一个带有歧视性的政治身份，在政治地位和经济参与等方面存在差别待遇[1]，不少有经营管理经验和才干的工商业者因此被排挤在社会主义经济建设的事业之外。直到十一届三中全会以后恢复实事求是的思想路线，这种经济人才资源浪费的情况才得到了扭转，以邓小平为核心的党中央在面对"知识不够、资金不足"的社会主义现代化经济建设新局面时，突破性地提出了要重新审视对待原工商业者的认识问题，充分发挥原工商业者的作用支持经济建设的思想。

这一思想集中体现在邓小平与老工商业者的座谈讲话以及对原工商业者落实的一系列政策之中。1979 年 1 月 17 日，邓小平在约请胡厥文、胡子昂、荣毅仁、古耕虞、周叔弢等老工商业者座谈时提出：一来"要发挥原工商业者的作用，有真才实学的人应该使用起来，能干的人就当干部"，鼓励推荐有本领、有技术专长、有管理经验的人来管理企业；二来"要落实对原工商业者的政策，这也包括他们的子孙后辈"，应该将早已不拿定息、不存在剥削的资本家的帽子摘掉，鼓励把工商界的闲置资金和闲置人才都利用起来，提高经济建设效率。[2] 在对待原工商业者的政治身份问题

---

① 冯筱才：《身份、仪式与政治：1956 年后中共对资本家的思想改造》，载于《华东师范大学学报（哲学社会科学版）》2012 年第 1 期。
② 《邓小平文选》（第二卷），人民出版社 1994 年版，第 156～157 页。

上，邓小平明确指出："我国的资本家阶级原来占有的生产资料早已转到国家手中，定息也已停止十三年之久，他们中有劳动能力的绝大多数人已经改造成为社会主义社会中的自食其力的劳动者"，并且"他们作为劳动者，正在为社会主义现代化建设事业贡献力量"。① 该论断实际上为原工商业者"脱资本家之帽、加劳动者之冕"获得非歧视性的合法政治身份进而积极投身社会主义经济事业做了思想准备。随后于 1979 年 11 月 12 日，中共中央批转《关于把原工商业者中的劳动者区别出来问题的请示报告》（以下简称《报告》），针对 1956 年实行公私合营时并入的一批小商、小贩、小手工业者以及其他劳动者，将其与原资产阶级工商业者进行区别并明确他们的劳动者成分，解决了长时间以来把这部分劳动者统称为"私方人员"、按资产阶级工商业者对待的问题。② 《报告》下达后，全国从列入范围的共计 86 万人的原资产阶级工商业者中区别出劳动者 70 万人，约占 81%。③ 1979 年 12 月 17 日，中共中央又批转了《关于对原工商业者的若干具体政策的规定》（以下简称《规定》），提出要对原工商业者（不包括已区别为小商、小贩、小手工业者以及其他劳动者）的一些政策作出相应调整，以进一步调动其为社会主义现代化建设服务的积极性。《规定》强调：在原工商业者中，不要具体划分谁是自食其力的劳动者，谁是拥护社会主义的爱国者；停止对其的"资本家""资产阶级工商业者"或"私方人员"等称谓；在政治上应与干部、工人一视同仁；在经济工作中应与其他职工一样合理加以安排使用，充分发挥其在技术、业务、经营管理方面的能力等。④ 以上两份文件的批转和落实，表明了中共中央妥善解决党内和人民内部矛盾、建立改革开放新时期统一战线的决心，同时也为社会主义现代化经济事业吸纳了一批有经验有活力的经济建设者，拓宽了人力资源供给的渠道。

---

① 《邓小平文选》（第二卷），人民出版社 1994 年版，第 186 页。
② 中华人民共和国国家经济贸易委员会编：《中国工业五十年——新中国工业通鉴第六部 1976. 11~1984（上卷）》，中国经济出版社 2000 年版，第 566 页。
③ 张晋藩等主编：《中华人民共和国国史大辞典》，黑龙江人民出版社 1992 年版，第 866 页。
④ 中华人民共和国国家经济贸易委员会编：《中国工业五十年——新中国工业通鉴第六部 1976. 11~1984（上卷）》，中国经济出版社 2000 年版，第 568~569 页。

二、由农村个体经济向城镇个体经济发展的认识深化

粉碎"四人帮"后经过 2 年多的调整时期，我国国民经济虽然获得了一定的恢复，但农业基础薄弱、农民生活水平低下的问题依然十分严峻。对此，十一届三中全会提出"社员自留地、家庭副业和集市贸易是社会主义经济的必要补充部分"的论断，在此思路下，通过恢复城乡个体经济以解决生产力发展问题的思想主张获得生发。薛暮桥可以称得上是改革开放后第一位公开系统提出该思想的经济学者，他曾先后多次在经济理论工作会议和学术报告中谈论及此。1979 年 3 月，薛暮桥在分析和总结我国过去 20 多年社会主义经济建设经验教训的基础上，批判了长期以来经济工作中"左"的错误，强调要把发展农业生产力、提高农民生活水平放在重要位置，对粉碎"四人帮"后某些地区仍然坚持"穷过渡""割资本主义尾巴"的做法予以了充分否定。[1] 这是对不主张取消农民自留地、家庭副业和集市贸易等农村个体经济，同时要保留其作为集体经济补充成分思想的初步探讨。在薛暮桥看来，应从客观经济规律和现阶段中国国情出发来看待个体经济：一方面，历史实践证明个体经济的"尾巴"割不掉也不能割，由于在手工劳动的基础上，仅依靠集体经济的积极性和劳动收入根本无法保证社员最低限度的生活需求；另一方面，在社会主义公有制经济占绝对优势的条件下，"留一点资本主义和个体经济的尾巴，可能利多害少"[2]。经十一届四中全会讨论通过，该思想被采纳并反映在《中共中央关于加快农业发展若干问题的决定》中，该文件指出：社员自留地、自留畜、家庭副业和农村集市贸易是社会主义经济的附属和补充，不应当作所谓资本主义尾巴去批判；同时在保证巩固和发展集体经济的基础上，应鼓励和扶持农民经营家庭副业，以达到增加个人收入、活跃农村经济的目的。[3] 在此基础上，对恢复和发展个体经济认识的深化过程逐渐从农业问

---

① 《薛暮桥经济论文选》，人民出版社 1984 年版，第 183、199 页。
② 《薛暮桥经济论文选》，人民出版社 1984 年版，第 219 页。
③ 中共中央文献研究室编：《三中全会以来重要文献选编》（上），重要文献出版社 2011 年版，第 162 页。

题转移到城市问题上来。1979 年 7 月讨论关于城镇劳动就业问题时，薛暮桥建议在城市发展一批集体经济和个体经济，以鼓励和帮助城镇待业劳动力广开门路、自主就业，但也强调对于发展个体经济仍有限制，即不允许剥削雇佣劳动。如此既有利于形成竞争，促使国营经济减少官僚主义作风；又有利于填补空白，发展国营经济不愿经营的事业；还有利于满足市场需求，从而方便人民生活。① 同年 9 月，叶剑英在庆祝中华人民共和国成立 30 周年大会上的讲话中特别指出：我国全民所有制经济以及农村人民公社和城镇各种形式的集体所有制经济都得到了很大发展，目前在有限范围内继续存在的城乡劳动者的个体经济是社会主义公有制经济的附属和补充。② 1980 年 9 月，华国锋在第五届全国人民代表大会第三次会议上特别强调："企图消灭必要的个体经济并尽快促进集体所有制向全民所有制过渡的思想，过去已经给我们造成了严重的危害，现在仍然给我们留下了许多困难"③，表明了中共中央致力肃清"左"倾思想影响的决心。1982年 12 月，第五届全国人民代表大会第五次会议通过的《中华人民共和国宪法》规定：城乡劳动者个体经济是社会主义公有制经济的补充，国家保护个体经济的合法权利和利益，并通过行政管理以及国营经济和集体经济与个体经济的经济联系指导、帮助和监督个体经济。对个体经济法律地位和作用的认可，进一步促进了我国城乡个体经济的发展。

思想政策上先后对恢复和发展农村和城镇个体经济的高度肯定也带动了理论界的关注和讨论。进入 20 世纪 80 年代后，涌现出不少学者发表对我国发展城乡个体经济观点的支持，并围绕个体经济的性质、存在必然性、发展趋势等基本问题进行了广泛探讨。这在深化对个体经济理解和认识的同时，也为贯彻落实恢复和发展个体经济的思想政策进一步提供了丰富的论证材料和理论基础。

首先，个体经济的性质问题是学者们关注的重点，讨论内容围绕"个

---

① 《薛暮桥经济论文选》，人民出版社 1984 年版，第 230～235 页。
② 中共中央文献研究室编：《三中全会以来重要文献选编》（上），中央文献出版社 2011 年版，第 185 页。
③ 全国人民代表大会常务委员会办公厅：《中华人民共和国第五届人民代表大会第三次会议文件汇编》，人民出版社 1980 年版，第 11～12 页。

体经济是否属于资本主义经济"展开。一种观点认为个体经济是"资本主义尾巴"，发展个体经济实际上就是发展资本主义经济。[①] 另一种观点认为个体经济的性质由社会占主导地位的经济结构所制约和决定，从而现阶段个体经济属于社会主义经济范畴，具有社会主义性质，具体表现在个体经济的生产资料、经营活动、服务对象等方面都依赖于社会主义公有制经济。[②] 再一种观点认为它既非资本主义性质亦非社会主义性质，而是社会主义社会中的劳动者个体经济，其与社会主义经济相联系，被视为公有制经济的附属和补充。此种观点为大多数学者所接受，其理由是：占主导地位的生产关系并不能决定处于非主导地位或从属地位的生产关系性质，二者不能混同[③]；就社会主义制度下的个体经济基本特征而言，是劳动者占有少量劳动资料并与自身劳动力直接结合进行生产经营活动，这种结合决定了个体经济形式的特殊性[④]，是带有社会主义色彩的新型个体经济[⑤]。

其次，关于恢复和发展个体经济必然性的问题，基于我国生产力发展水平理论的分析逻辑是大多数学者所主张的，他们认为个体经济存在的原因在于我国现阶段生产力水平低下，或是由生产力多层次的不平衡性所决定的，将我国手工业尚未实现机器化转型以及生产力水平的空间差异作为解释变量，因此在发展公有制经济的同时需要个体经济作为补充。[⑥] 王林昌在此观点的基础上，将我国个体经济存在的必然性归结为个体劳动方式

① 徐曙生：《个体经济研究中的几个问题（资料）》，载于《经济管理》1981年第11期。
② 许玉龙、高世本：《城镇个体经济的性质与作用》，载于《经济科学》1980年第3期。
③ 王茂湘：《论我国现阶段城镇个体经济》，载于《经济科学》1981年第1期。
④ 张同廷：《试论社会主义时期的个体经济》，载于《经济问题》1980年第9期。
⑤ 廖丹清：《目前我国城镇个体经济的特点》，载于《江汉论坛》1981年第3期；王成吉：《对我国现阶段个体经济的再认识》，载于《经济科学》1985年第5期；叶峰：《重新认识我国现阶段的农村个体经济》，载于《苏州大学学报（哲学社会科学版）》1985年第1期。
⑥ 刘志远、曹阳：《个体经济是社会主义经济的必要补充——上海市个体经济情况的调查》，载于《财经研究》1981年第2期；方生：《关于城镇个体经济的几个问题》，载于《东岳论丛》1981年第2期；奚桂珍、杨娴：《试论城镇个体经济存在的客观必然性及其性质》，载于《经济问题探索》1981年第5期；周为尧：《试论城镇个体经济的新特点》，载于《经济研究》1981年第12期；严宁康、钱志祥：《试论社会主义社会个体经济》，载于《上海经济研究》1987年第2期；林文益：《我国现阶段私有经济存在的必然性——关于个体经济和私营经济问题研究之一》，载于《财贸研究》1992年第5期等。鉴于此类文献数量较多，故此处不逐一列举，仅引用摘录具有代表性的文献。

的存在、各种经济形式间经济效果的差别性，以及我国社会主义公有制经济尚不发达三个具体原因。① 冒天启则认为，个体经济所具有的补充公有制经济不足满足社会需要、广开就业门路发展社会生产、各展所长改进国营经济经营作风、利于工匠技艺等民族传统文化传承等积极作用，也是我国支持发展个体经济的客观原因之一。② 但也有学者提出不同意见，认为个体经济可以与低水平也可以与高水平的生产力相联系，即"无论在何种生产力水平下，只要有适合于分散和小规模进行的生产经营项目，个体经济形式就有可能继续存在下去"。该观点强调生产力处于不同发展阶段所引致的生产消费结构与方式的变化，必然将产生新的适合于个体经营的项目与之匹配。③

最后，关于个体经济的发展趋势与方向问题，主要呈现两种观点。第一种观点认为，由于我国现阶段导致剥削他人劳动的客观经济基础和社会结构条件已经不存在，个体经济不可能发展成为资本主义④，故应在坚持公有制经济为主体的原则下鼓励并支持其发展⑤，但也不能忽视其小商品生产所带有的盲目性与公有制经济之间的矛盾⑥；同时，由于个体经济对不同水平的生产力具有"兼容性"，因此其将在社会主义制度下继续存在较长时间后被淘汰⑦。第二种观点则认为，我国个体经济将在相当长的时期内根据内生因素和外部条件的变化发展成为不同的形式。王少明指出，我国个体经济由原来只能向公有制经济过渡转变为向多极化方向发展，特

① 王林昌：《对个体经济存在的必然性的再认识》，载于《武汉大学学报（社会科学版）》1986 年第 2 期。

② 冒天启：《个体经济在我国现阶段存在的客观必然性及其作用》，载于《经济研究》1982 年第 7 期。

③ 宫希魁：《个体经济的存在是由生产力水平低决定的吗？》，载于《经济问题探索》1983 年第 9 期。

④ 即改革开放以后存在的个体经济，既不同于生产资料私有制条件下的个体经济，也不同于新中国成立初期至社会主义改造完成之前的个体经济。参见卢志鑫：《怎样看待我国现阶段的个体经济》，载于《经济问题》1980 年第 4 期。

⑤ 徐森忠：《要允许个体经济有一定的发展》，载于《经济研究》1980 年第 10 期；张同廷：《试论社会主义时期的个体经济》，载于《经济问题》1980 年第 9 期；周文骞：《中国个体经济、私营经济的现状和发展趋势》，载于《浙江大学学报》1992 年第 2 期。

⑥ 卢志鑫：《怎样看待我国现阶段的个体经济》，载于《经济问题》1980 年第 4 期。

⑦ 曹怀瑾：《关于个体经济在社会主义制度下历史命运的思考》，载于《江西师范大学学报（哲学社会科学版）》1993 年第 4 期。

别是 20 世纪 80 年代中后期个体经济向私营经济发展的趋势显著。① 李国荣将私营经济视为除社会主义道路和资本主义道路以外的个体经济发展的第三条道路。② 戎文佐提出个体经济将向 3 个方向发展：一是向私营企业发展，转变为由私人资本组成的以雇用劳动为特征、以营利为目的的组织；二是向合营企业发展，转变为多种所有制的合作经营与经济联合组织；三是向职工入股形式发展，使个体经济、合伙经济、合营经济转变为不同程度的合作经济。③ 蒋岳、张肃珣认为，目前个体经济正处于资本原始积累阶段，同时也将产生资本的积聚和集中，从而其经营形式和组织结构将会随之发生转变，即由独资或合伙企业逐渐向有限责任公司和股份有限公司发展。④

三、从质疑雇工经营到推动私营经济发展的理论突破

城乡个体经济恢复并发展到一定程度以后，个体经营户往往因生产的发展和资金的积累产生扩大经营规模的现实需求，从而出现采取雇工经营的做法。由于雇工经营行为或是存在雇佣劳动关系在传统意义上被视为私营经济的基本特征之一，关于个体经济雇工经营问题的讨论实际上直接涉及并反映我国对于恢复和发展私营经济的态度看法以及认识程度，因此，相关社会主义条件下雇工经营属于何种性质、是否存在剥削关系、是否要求数量限制等问题逐渐成为 20 世纪 80 年代社会各界争论的焦点，并在此基础上进一步衍生出有关私营经济性质，以及是否允许私营经济发展的理论探讨。

关于雇工经营的性质问题，是 20 世纪 80 年代初期理论界争论的焦点与核心所在，主要形成了三种代表性观点。第一种观点认为雇工经营基本属于社会主义性质。持该观点的学者提出社会主义条件下的雇工经营是"一种在不发达的社会主义条件下，沿用资本主义雇工形式的、带有一定

---

①　王少明：《八十年代我国个体经济的发展》，载于《世界经济与政治》，1993 年第 1 期。

②　李国荣：《私营经济：个体经济发展的第三条道路》，载于《世界经济文汇》1989 年第 5 期。

③　戎文佐：《论个体经济与个体经营》，载于《经济科学》1993 年第 1 期。

④　蒋岳、张肃珣：《我国个体经济和私营经济发展研究》，载于《中国工业经济研究》1994 年第 2 期。

剥削的、有利于发展社会主义商品生产的劳动组织形式"，其理由在于：社会主义条件下的雇工经营在雇主与雇员之间的政治经济关系、生产资料占有、工资性质、利润分配、经营特征等方面，与资本主义的雇佣关系存在原则上的区别①，同时我国雇工经营的产生是同农村实行联产承包责任制直接相关的②。第二种观点认为雇工经营基本属于资本主义性质③，或具有资本主义经济成分。其中，罗伟雄主张这一观点并提出其具有两个特点：一是目前农村的雇工经营带有类似资本主义生产方式产生初期的雇佣劳动性质；二是这种雇工经营在社会主义公有制占绝对优势的条件下出现，因此其在生产、交换、分配和消费等环节上不能不受到社会主义经济的制约。④ 周敏谦、陈武元强调历史上任何时候雇工经营都只代表资本主义生产方式，但在我国社会主义条件下它不可能发展成为占主导地位的生产方式，因而是"一种过渡性的经济形态"。⑤ 李玉珠、何经沛则主张雇佣劳动最本质的经济关系是雇主占有雇工的剩余价值并由此产生剥削，从而属于资本主义性质；但该经济范畴在社会主义制度下的地位却发生了由主导向附属的转变，利润也部分地转变为集体和国家所有，因而具有资本主义和社会主义的二重性。⑥ 第三种观点认为雇工经营的性质具有可转变性，既不能将其与资本主义的雇佣劳动画等号，也不能简单地与社会主义经济画等号。一类说法是目前我国农村的雇工经营与资本主义的雇工经营在形式上具有诸多相似之处，虽然在社会主义条件下二者不能等同，但仍存在发展成为资本主义生产方式的可能性。⑦ 另一类说法是我国存在三种

---

① 蒋励、彭力：《对社会主义条件下雇工经营问题的再探讨》，载于《农业经济丛刊》1983年第4期；梅兴华、程汉清：《农村雇工经营的利弊与发展趋势》，载于《农村经济》1983年第4期。

② 中国农村发展问题研究组：《关于当前农村"雇工"经营的实践与理论（下）》，载于《农业经济丛刊》1984年第2期。

③ 李建立：《关于目前雇工经营中几个问题研究》，载于《中国劳动科学》1986年第7期。

④ 罗伟雄：《关于目前我国农村雇工经营问题浅议》，载于《农业经济丛刊》1983年第5期。

⑤ 周敏谦、陈武元：《试论我国农村出现的雇工经营》，载于《农村经济》1983年第11期。

⑥ 李玉珠：《农村雇工问题探索》，载于《农业经济丛刊》1983年第4期；何经沛：《关于当前我国雇工问题的探讨》，载于《计划经济研究》1983年第31期。

⑦ 晓章：《略论目前农村的雇工经营》，载于《农业经济丛刊》1982年第6期；卢文：《关于农村私人雇工问题的探讨》，载于《农业经济丛刊》1983年第3期；齐翔延：《对雇工经营问题的一点看法》，载于《农业经济丛刊》1983年第4期。

不同性质的雇工经营，即不体现剥削关系的劳动互助、小业主式的雇工经营和资本主义的雇工经营。①

　　关于雇工经营的剥削问题，也伴随着其性质问题成为讨论关注的重点，即"雇工到什么程度被界定为剩余价值剥削、被转变为完全资本主义性质的雇佣劳动"，理论界对此存在三种意见。一种意见是援引马克思和恩格斯在《资本论》与《反杜林论》中阐述货币转化为资本问题时所举的例证，即雇工到了八个，量变就发生了质变，雇工的剥削就变成了剩余价值剥削，小业主就变成了资本家。② 另一种意见是参照土地改革时期划分富裕中农和富农的标准，将剥削收入占家庭收入超过25%的雇工经营视为资本主义性质的，而25%以内的则视为小业主式的雇工经营。③ 再一种意见认为举例说明与实际情况存在差别，并且农村雇工的现象已不同于土地改革时期，因此不能机械性地套用以上两个标准，而应具体情况具体分析。对此，有学者就明确指出"从书本上照搬马克思分析资本主义条件下的雇工企业的范畴在理论上是错误的"。④ 卢文则提出，可以从雇工所得最低劳动报酬、区分简单劳动与复杂劳动、雇主在社会其他方面获得的转移收入三个方面综合判断雇工经营是否存在剥削。⑤ 罗伟雄根据马克思主义劳动价值论，提出从有剥削行为到转化为剥削者需要具备三个条件：一是剥削收入占其纯收入的50%以上；二是雇主不亲自参加劳动而专门从事商业企业性活动；三是剥削收入和不亲自参加劳动的情况应持续一定年限以上，例如三年。⑥

　　伴随理论界针对现实经济中所出现的城乡雇工经营性质和剥削问题的热烈讨论，中共中央和国务院秉承着"看一看"的审慎态度，相继出台了一系列指导性文件。例如，1981年《关于城镇非农业个体经济若干政策

---

① 彭克宏：《对我国目前雇工问题初探》，载于《马克思主义研究》1986年第2期。
② 何经沛：《关于当前我国雇工问题的探讨》，载于《计划经济研究》1983年第31期。
③ 王贵宸、刘文璞、何廼维：《关于农村雇工经营问题》，载于《农业经济丛刊》1982年第6期。
④ 中国农村发展问题研究组：《关于当前农村"雇工"经营的实践与理论（下）》，载于《农业经济丛刊》1984年第2期。
⑤ 卢文：《关于农村私人雇工问题的探讨》，载于《农业经济丛刊》1983年第3期。
⑥ 罗伟雄：《关于目前我国农村雇工经营问题浅议》，载于《农业经济丛刊》1983年第5期。

性规定》指出：个体经营户通常为一人经营或家庭经营，经工商行政管理部门批准后可请1～2个帮手，技术性较强或者有特殊技艺者最多可带5个学徒；1983年，《关于当前农村经济政策的若干问题》针对雇工大户或私人企业采取"不宜提倡、不要公开宣传、不要急于取缔"的方针；1987年，《把农村改革引向深入》的通知指出：针对扩大经营规模而超过雇工人数限制的私人企业，应采取"允许存在、加强管理、兴利抑弊、逐步引导"的方针，并强调个体经济和少量私人企业在社会主义初级阶段和商品经济发展的较长时期内存在是不可避免的。面对城乡雇工经营规模不断扩大、雇工人数超过规定限制而出现私营企业的现实情况，以及上述具有默许性质和支持性质的政策指引的双重合力影响下，20世纪80年代后期我国理论界的讨论焦点逐渐向私营经济的性质与私营经济的恢复和发展问题转移。

关于私营经济的性质问题，理论界争论得最为激烈，主要呈现四种观点。第一种观点认为私营经济属于资本主义性质。因为就其本质而言，私营经济是以生产资料私有制为基础的雇佣劳动经济[1]，然而鉴于现阶段我国社会对"资本主义经济"称谓的忌讳，才导致了关于私营经济性质的种种模糊说法[2]。第二种观点认为，私营经济虽具有资本主义私有制特征，但因处于社会主义条件下，所以兼具特殊性和复杂性。[3] 主张该种观点的学者人数为最多，但在具体表述方面又有所差异。其中，有的学者视其为带有不同程度社会主义因素的新型资本主义经济[4]；有的学者将其看作是独立于个体经济与私人资本主义经济之间的一种私有制经济成分[5]；有的学者则称之为"准资本主义经济"，即存在于社会主义初级阶段，按资本

① 黄如桐：《关于私营经济的几个基本问题》，载于《马克思主义研究》1995年第5期。
② 袁恩桢、顾光青：《社会主义初级阶段的私营经济》，载于《学术月刊》1988年第10期。
③ 王永江：《试论社会主义社会现阶段的私营经济》，载于《江西社会科学》1987年第3期；孙代尧：《论私营经济在我国现阶段的性质和作用》，载于《经济科学》1989年第3期；潘石：《我国现阶段私营经济性质剖析》，载于《中国经济问题》1991年第1期；孙方：《我国私营经济的性质与利弊分析》，载于《当代经济科学》1991年第5期；王政祥：《当代中国私营经济研究》，河南大学出版社1992年版，第39页；于光远：《对中国私营经济讲这样四点》，载于《经济社会体制比较》1993年第6期。鉴于此类文献数量较多，故此处不逐一列举，仅引用摘录具有代表性的文献。
④ 王克忠：《我国现阶段私营经济的几个问题》，载于《学术月刊》1989年第7期。
⑤ 郑炎潮：《试论社会主义初级阶段的私营经济》，载于《改革》1987年第3期。

主义经营方式活动，又在一定范围受社会主义社会的国家宏观调控并使之有利于社会主义的一种新型资本主义。[①] 第三种观点认为私营经济既不属于资本主义经济性质，也有别于社会主义经济性质。这是因为私营经济虽然存在私人资本主义经济所具有的雇佣劳动关系，但在产生过程、内部经济关系、运行环境等方面又与资本主义经济有本质不同；同时其在社会主义条件下，虽然与占社会主义社会主导地位的公有制经济互相联系，但在生产资料所有制性质上也不能归属于社会主义经济。[②] 第四种观点认为，对私营经济性质的争议归根到底是对社会主义条件下国家资本主义的再认识。持该观点的学者提出现阶段私营经济是一种变形的私人资本主义经济，由于在微观上私人经营者本能地有通过占有他人剩余劳动实现积累和扩张的动机，但在宏观上又受到社会主义公有制经济的影响、渗透和制约，使其积累和扩张的动机受到限制，因而国家资本主义是把私人资本主义经济和社会主义公有制经济联系起来的桥梁，我国现阶段的私营经济则可视为国家资本主义。[③]

关于恢复和发展私营经济必然性的问题，是随着相关支持性政策的出台而逐渐兴起的，旨在进一步论证中央精神和改革方向的客观性与科学性。第一类观点持"多重因素作用论"，有学者认为，私营经济的产生和发展与我国转换二元经济结构的现实需求、城乡个体经济的自发成长趋势、公有制经济覆盖面有限、企业经营管理机制尚不完善等因素息息相关，私有化是我国在新经济格局下的一条路径选择，具有历史必然性[④]；也有学者将其归因于个体经济的恢复与发展、相关政策的放宽，以及存在

① 胡岳岷：《中国现阶段私营经济简论》，载于《社会科学战线》1988年第3期。
② 徐绍义、白振山：《私营经济的特点、发展趋势及对策初探》，载于《农业经济问题》1988年第8期；李国荣：《私营经济：个体经济发展的第三条道路》，载于《财经研究》1988年第7期。
③ 王树林、刘大庆、武小强：《我国现阶段的私营经济》，载于《管理世界》1988年第5期；程民选：《社会主义初级阶段的私营经济史国家资本主义经济》，载于《财经科学》1988年第3期；任仲权：《我国现阶段私营经济的性质辨析》，载于《财经科学》1991年第3期；吴正禄：《浅谈我国私营经济的性质》，载于《改革》1991年第5期；丁任重：《对我国私营经济的多维考察》，载于《财贸研究》1992年第1期。
④ 王树林、刘大庆、武小强：《我国现阶段的私营经济》，载于《管理世界》1988年第5期。

社会低层次生产力三者的共同作用①。第二类观点侧重"生产力水平论"，认为我国处于社会主义初级阶段，因此生产力水平的不发达不平衡是私营经济存在和发展的决定性因素②，只要有利于发展社会主义生产力的经济成分就应该积极发展③。第三类观点侧重"经济改革推动论"，认为中国经济改革所引发的社会生产方式和交换方式的变革是主要原因④，具体而言即中国农村经济改革以及农村发育起来的商品经济机制为私营经济在我国的重现提供了历史前提和现实条件⑤。更进一步，有学者提出私营经济兴起的根本原因源于农村财产关系的变革与重构，该观点基于对产权理论的认识，强调农村改革使财产归属由集体化向个体化、集中化向分散化、虚置化向明确化转变，重构以后的农民财产权利拥有了进入非农产业的自由，这些非农财产与劳动力的结合产生个体经济，进而向以雇佣劳动为特征的私营经济发展。⑥ 第四类观点强调"个体经济发展论"，认为私营企业是我国个体经济和承包经营的一种自然发展的产物⑦，同时个体经济逐渐发展成为私营经济也具有历史必然性，这是由于社会主义初级阶段受生产力发展水平的制约，我国的个体经济不可能全部走社会主义道路，势必有一部分将沿着私有制道路向私营经济发展。⑧ 第五类观点主张"私营经济补充作用论"，认为现阶段私营经济在加大社会产品与劳务供给、推动社会就业、增加财政收入、促进社会主义市场体系发育、增强国有企业竞争力等方面所具有和发挥出来的积极作用是私营经济存在和发展的基本原因。⑨

---

① 陈新：《论私营经济的发展阶段》，载于《经济研究》1989 年第 9 期。
② 林文益：《我国现阶段私有经济存在的必然性——关于个体经济和私营经济问题研究之一》，载于《财贸研究》1992 年第 5 期。
③ 杨永华：《对私营经济几个理论问题的再认识》，载于《经济研究》1993 年第 11 期。
④ 张厚义、秦少相：《我国私营经济的现状》，载于《中国农村经济》1988 年第 12 期。
⑤ 刘文璞、张厚义、秦少相：《关于农村私营经济发展的理论分析》，载于《中国社会科学》1989 年第 6 期。
⑥ 张森福：《关于我国现阶段私营企业发展的理论分析》，载于《中国农村经济》1988 年第 10 期。
⑦ 黄德均：《私营企业：现状、特点与未来——全国私营企业调查综述》，载于《南开经济研究》1989 年第 3 期；贾铤、王凯成：《私营企业主阶层在中国的崛起和发展》，载于《中国社会科学》1989 年第 2 期；张厚义：《中国大陆私营经济的再生与发展》，载于《社会学研究》1993 年第 4 期；齐翔延：《刍议我国现阶段的私营经济》，载于《经济学家》1994 年第 1 期。
⑧ 丁任重：《对我国私营经济的多维考察》，载于《财贸研究》1992 年第 1 期。
⑨ 厉以宁：《论私营经济与私营股份企业》，载于《中国工商管理研究》1992 年第 1 期。

四、民营经济作为补充成分的所有制结构多元化思想

在我国，所有制结构不仅在微观领域是对各种经济成分构成情况的现实体现，而且在宏观领域关系到党和政府对国家经济发展格局的总体设想。新中国成立至改革开放前夕，由于不适当地片面强调"不断向更高级的生产资料所有制过渡"，导致我国所有制结构经历了从国民经济恢复时期（1949～1952年）在国营经济领导下、多种经济成分共同发展的多元模式向计划经济体制时期（1953～1977年）单一公有制经济模式的演变。在此过程中，民营经济被基本取消，整个国民经济以国营经济和集体经济的不断扩大取而代之。然而，令人失望的是，脱离了生产力发展水平而建立起来的纯而又纯的单一公有制经济结构并没有发挥出社会主义制度的优越性，同时在此基础上建立起来的统收统支的财政制度和绝对平均的分配制度，造成了"吃大锅饭""捧铁饭碗"等激励缺位、轻视盈亏、供需失调、资源浪费、产品质低、技术落后的情况愈演愈烈，国民经济出现严重失调。[1] 正是在这样的背景下，重新引入民营微观主体作为补充成分的所有制结构多元化思想得以孕育。但由于长期以来受苏联社会主义发展固定模式和片面理解马克思社会主义所有制理论的影响[2]，在社会主义经济制度中引入除公有制以外的其他所有制经济成分的构想并非一蹴而就，这期间不论是政界还是理论界，对所有制结构多元化改革的认识和理解都经历了一个逐步深化的过程。事实上，该思想的本质在于突破单一公有制的经济格局，其核心是在坚持公有制经济为主体的前提下，鼓励发展以产权激励为特征、以市场竞争为基础的个体、私营等经济形式，进一步为发展生产力、践行市场化取向的经济改革注入新的活力。因此，所有制结构多元化思想的形成过程实际上也是对我国民营经济地位和作用的认识深化过程。

---

① 吴敬琏：《经济改革问题探索》，中国展望出版社1987年版，第204页。
② 马克思、恩格斯所设想的社会主义社会将以生产资料公有制代替资本主义私有制，成为单一的全民所有制社会；而斯大林根据苏联的建设实践将社会主义所有制概括为全民所有制（国家所有制）和集体农庄（集体所有制）两种形式。

（一）所有制结构多元化思想在宏观政策领域的演变

从宏观政策领域来看，党和政府关于所有制结构多元化改革的认识程度是伴随着对我国生产力发展水平的客观分析、个体私营经济恢复和发展的实践探索、社会主义初级阶段理论的基本形成、经济体制市场化改革目标的建立明确而逐步加深的。

具体而言，1982 年 9 月，党的十二大报告提出将城乡个体经济作为公有制经济的补充，初步形成了"多种经济形式并存"的所有制结构格局。基于我国现阶段生产力发展水平的不平衡，"只有多种经济形式的合理配置和发展，才能繁荣城乡经济，方便人民生活"。[①] 1984 年 10 月，《中共中央关于经济体制改革的决定》明确了要在坚持社会主义制度的前提下改革生产关系和上层建筑中不适应生产力发展的一系列环节的战略决策，并进一步指出要注意为当前城乡个体经济的发展扫除障碍，积极发展多种经济形式和经营方式。1986 年 9 月，《中共中央关于社会主义精神文明建设指导方针的决定》首次提及要在坚持公有制为主体的前提下发展"多种经济成分"的概念，鼓励一部分人在共同富裕的目标下先富起来。1987 年 1 月，中共中央发布《把农村改革引向深入》通知，指出针对因扩大经营规模而导致雇工人数超过限度的私人企业，也应采取"允许存在、加强管理、兴利抑弊、逐步引导"的方针，在社会主义初级阶段存在个体经济和少量私人企业是不可避免的。经过 5 年的实践摸索和战略酝酿，1987 年 10 月，党的十三大报告指出："目前全民所有制以外的其他经济成分，不是发展得太多了，而是还很不够"[②]，提出要将私营经济同样作为公有制经济必要和有益的补充，由此进一步推动我国由允许个体经济发展的"多种经济形式并存"向同时允许个体、私营、外资等发展的"多种所有制经济并存"的多元所有制结构格局转变。1989 年 9 月，江泽民在庆祝中华人民共和国成立 40 周年大会上的讲话中强调要继续坚持"以公有制为主

---

① 中共中央文献研究室编：《改革开放三十年重要文献选编（上册）》，中央文献出版社 2008 年版，第 262 页。

② 中共中央文献研究室编：《改革开放三十年重要文献选编（上册）》，中央文献出版社 2008 年版，第 471 页。

体、发展多种经济成分"的方针，指出该方针有利于促进国民经济更好更快的发展，而不是要削弱或取消公有制经济的主体地位，更不是所谓的经济"私有化"，同时明确不仅要鼓励多种经济成分的积极发展，而且要综合运用经济、行政和法律手段限制其不利于社会主义经济发展的消极作用。1991年2月，《经济体制改革"八五"纲要和十年规划》提出要初步建立社会主义有计划商品经济新体制和计划经济与市场调节相结合运行机制的总目标，并将建立以社会主义公有制为主体、多种经济成分共同发展的所有制结构列为实现总目标的主要任务之一。1991年7月，江泽民在庆祝中国共产党成立70周年大会上发表重要讲话，进一步将"以公有制为主体、其他经济成分适当发展"视为有中国特色的社会主义经济，并指出要"逐步使得各种经济成分在整个国民经济中所占的比例和发展范围趋于比较合理"。[1] 又经过5年的实践探索和战略规划，1992年10月，党的十四大报告将社会主义市场经济体制作为我国经济体制改革的目标，而对所有制结构的总体设想是："以公有制包括全民所有制和集体所有制经济为主体，个体经济、私营经济、外资经济为补充，多种经济成分长期共同发展，不同经济成分还可以自愿实行多种形式的联合经营"。[2] 1995年9月，江泽民在《正确处理社会主义现代化建设中的若干重大关系》的讲话中重点论述了公有制经济与其他经济成分之间的关系问题，并再次强调"以公有制经济为主体、多种经济成分共同发展"是我们必须长期坚持的方针，"实践证明，只有坚持这条方针才能使我国经济充满生机和活力，促进社会生产力的迅速发展"。[3] 至此，在总结十一届三中全会以来20余年实践经验的基础上，同时历经党的十二大、十三大、十四大针对我国所有制结构改革的总体设想和战略部署，重新引入民营微观主体作为补充成分的所有制结构多元化思想基本形成。从中可以发现，党和政府对包括个体、私营经济在内的民营经济在发展社会主义生产力、促进国民经济增长方面所

[1]　中共中央文献研究室编：《改革开放三十年重要文献选编（上册）》，中央文献出版社2008年版，第594页。

[2]　中共中央文献研究室编：《改革开放三十年重要文献选编（上册）》，中央文献出版社2008年版，第649页。

[3]　中共中央文献研究室编：《改革开放三十年重要文献选编（上册）》，中央文献出版社2008年版，第825～826页。

发挥的积极作用的认识是逐步递进的。

（二）所有制结构多元化思想在经济学术领域的体现

从经济学术领域来看，伴随 1978 年以后我国农村和城市经济改革的启动与推进，国民经济首先在实践层面产生并呈现多种经济成分并存的局面已是不争的事实①，因此，学术界关注的焦点在于从理论层面作出规范分析和价值判断。这集中体现在探讨和解答以下两个问题方面，即是否允许多种经济成分在我国继续存在并有所发展？如果允许，那么是否将改变我国的社会主义性质？

关于是否允许多种经济成分并存与发展的问题②，主要呈现正反两种态度。一种态度是反对与取缔，持该种态度的学者通常将现阶段我国多种经济成分并存的情况等同于新民主主义时期，从而认为这是一种历史的倒退③，但此种观点仅为少数学者所认同。另一种态度则是支持与允许，持该种态度的学者普遍主张四个方面的理由：一是认为多种经济成分并存的现象并非社会主义社会、新民主主义社会抑或是资本主义社会所特有的，且十一届三中全会以来所存在的多种经济成分与新民主主义时期存在根本不同④，尽管两个时期内都广泛存在国营经济、集体经济、个体经济、私营经济、合作经济等经济成分，但它们在对象、范围、地位、作用和管理方式等方面都存在明显区别⑤，特别在社会主义改造完成以前，当时私有制经济仍占据优势，多种经济成分并存的局面是在没有解决"谁战胜谁"的背景下存在的，而改革开放以来社会主义公有制经济已然占有绝对优

---

① 何建章等：《关于多种经济成分若干问题的调查报告》，载于《计划经济研究》1981 年第 9 期。

② 关于是否允许多种经济成分并存与发展问题的前提是对关于个体、私营等经济成分性质的探讨和界定，鉴于这一问题在前文中已有专门论述和总结，故而此处不再赘述。

③ 郝守忠：《对我国现阶段生产资料所有制结构的探讨》，载于《求是学刊》1980 年第 4 期。

④ 何建章：《关于多种经济形式并存的几个理论问题》，载于《计划经济研究》1982 年第 34 期。

⑤ 生产力结构的多层次性或不平衡性表现为现代化机器大工业生产，半机械化工场手工业，以人力、畜力手工工具为基础的手工劳动生产同时并存。参见甘民重：《对多种经济成份并存的几点认识》，载于《中国经济问题》1985 年第 4 期；张魁峰：《论我国多种经济成分并存的长期性与比例性》，载于《财贸经济》1988 年第 7 期。

势，"谁战胜谁"的问题已基本解决①。二是对社会主义改造完成以后过早过快限制并取消个体经济和城镇集体经济的"左"倾政策的历史反思。实践经验表明，在生产力水平较低的条件下片面追求所有制的全面升级，实行"一大二公"的政策路线对国民经济的发展极为有害②，而过早地取消个体私营经济必将给人民生活带来不便③。三是对生产关系的变革要适应生产力发展水平这一客观规律的强调，即实行多种所有制结构的根本原因在于我国现阶段生产社会化程度低以及生产力发展水平的不平衡，非以人的意识所能转移的④，而过去的一段时期内我国在理论上背离了马克思主义关于生产关系一定要适合生产力发展的基本原理，片面地强调生产力的反作用⑤。四是认为在社会主义公有制占绝对优势的条件下允许多种经济成分并存在多个领域具有积极作用和影响，例如，有利于活跃国民经济、展开竞争效应；有利于调动劳动者积极性、提高劳动生产率；有利于充分利用劳动力资源、增加社会总产品；有利于合理化产业结构、提高经济效益；有利于扩大就业门路、方便人民生活等。⑥

　　关于发展多种经济成分是否将改变我国社会主义性质的问题，学者们基本都持否定观点，认为实行多种经济成分并存的政策并不会危及我国的

　　① 郝守忠：《对我国现阶段生产资料所有制结构的探讨》，载于《求是学刊》1980年第4期。
　　② 针对过去生产资料所有制变革中存在的"左"的错误，1981年3～4月召开的"我国现阶段生产资料所有制结构问题"讨论会进行了专门研讨，与会学者普遍认可这一历史问题，但在具体分析"左"的表现方面有所差异。参见《我国现阶段生产资料所有制结构问题讨论会讨论的情况和提出的问题》，载于《经济研究》1981年第6期；郝守忠：《对我国现阶段生产资料所有制结构的探讨》，载于《求是学刊》1980年第4期；唐宗焜：《从实践看我国生产资料所有制结构》，载于《经济研究》1981年第6期。
　　③ 刘光杰：《对我国现阶段生产资料所有制结构的探讨》，载于《学术月刊》1981年第6期。
　　④ 苏国衡：《谈谈我国的所有制结构》，载于《北京师院学报（社会科学版）》1980年第4期；董辅礽：《社会主义经济制度及其优越性》，北京出版社1981年版，第107～108页；史宇谦：《关于所有制结构问题的探讨》，载于《学术月刊》1981年第7期；王永江：《论多种经济成分共存的客观必然性》，载于《江西社会科学》1982年第2期；杨长福：《坚持国营经济的主导地位和发展多种经济形式》，载于《经济研究》1982年第12期；石争：《发展多种经济成份是我国社会主义初级阶段的重要特征和历史必然》，载于《贵州社会科学》1988年第1期。
　　⑤ 傅权茂：《论多种经济成分长期并存的所有制结构》，载于《理论探索》1984年第1期。
　　⑥ 何荣飞：《论多种所有制结构对提高我国国民经济效果的作用》，载于《经济问题》1982年第7期；郭振英等：《关于我国所有制结构的几个问题》，载于《经济研究》1992年第2期；郭振英等：《关于我国所有制结构的现状、问题和建议》，载于《中国社会科学》1992年第2期。

社会主义道路和前途①，并强调在公有制经济占绝对优势的条件下，个体、私营等经济成分只能居于社会主义经济的附属地位或发挥补充作用，其在整个国民经济中的比重仍然较小，同时国家可以通过宏观调控和法律手段对个体、私营经济所具有的自发性与盲目性进行限制，以保障我国社会主义道路的经济基础是占主导地位的公有制经济②。

如上所论，经过20世纪80年代~90年代初期围绕多种经济成分的存在和发展及其对我国社会主义性质影响问题的集中探讨，学者们基本从理论层面对我国多种经济成分并存的客观性和必要性进行了较为充分的历史分析与逻辑论证，为该时期引入民营微观主体作为补充成分的所有制结构多元化思想的形成提供了一定程度的理论支撑。

五、"民营经济"概念的当代复兴及其相关学术探讨

民营经济作为一种客观经济形态，其相关思想的诞生在中国发源甚早，可回溯至中国古代的先秦时期③，然而，"民营经济"概念的产生与发展却迟至近代。据研究表明，国人使用"民营"概念始于20世纪20年代末，当时"民营"主要指由民间经营国家规定的部分公共基础设施，中央、地方主管机构负监督之责，其内涵与"国营""公营"相对；在中国共产党历史上最早明确使用"民营"概念的是毛泽东，他曾多次提出在革命根据地和抗战期间鼓励发展"民营企业""民营的经济"的主张；但1949年后由于中国在政治制度、经济格局、社会环境等方面发生了巨大变革，中共中央发布《中央关于民营民办民间等字样的指示》，要求停用民营、民办、民间等称谓，此后至20世纪70年代后期，中国经济逐渐向纯

---

① 薛暮桥：《薛暮桥经济论文选》，人民出版社1984年版，第313页；张魁峰：《论我国多种经济成分并存的长期性与比例性》，载于《财贸经济》1988年第7期；冒天启：《坚持公有制为主体多种经济成份共同发展》，载于《中国特色社会主义研究》1996年第5期；中国社科院经济所市场经济课题组：《论公有制为主体与多种经济成份共同发展》，载于《经济研究》1996年第10期。
② 孙连成：《社会主义初级阶段的所有制结构》，载于《中国经济问题》1987年第4期；孙政齐：《对我国现阶段所有制结构的再认识》，载于《理论月刊》1992年第1期；黄如桐：《私营经济的发展与所有制结构的变化》，载于《经济学动态》1994年第1期。
③ 严清华、杜长征：《中国古代民营经济思想的演化及其选择机制》，载于《经济思想史评论》2006年第1期。

而又纯的单一公有制经济结构发展，伴随着农村自留地、家庭副业、集市贸易和城市个体商业、小手工业、私营企业等经济成分的基本消失，"民营"概念从政治、经济领域销声匿迹近三十载。①

改革开放以后，凭借个体私营经济的发展壮大及其法律地位的逐步确立，"民营"一词得以重现于报刊、会议、政府文件之中，然而其概念内涵较之近代中国已然发生巨大转变，由此引发了国内理论界关于民营经济及其概念问题的质疑与争论。该时期针对"民营经济"概念的学术讨论是在中国首批民营科技型企业诞生与发展的背景下展开的。20世纪80年代，在相关"鼓励和支持发展新型科研生产经营实体"的政策支持下②，中国首批民办科技企业应运而生并获得了迅猛发展，企业数量从1985年的10000家增至1992年的25979家③。这些企业打破了科技系统原本长期沿袭的单一国有国营模式，是中国经济体制与科技体制改革的一项成功实践。有鉴于此，国家科学技术委员会、国家经济体制改革委员会于1993年6月联合发布《关于大力发展民营科技型企业若干问题的决定》，同时召开第一届"全国民营科技型企业工作会议"，首次针对性地提出了"民营科技型企业"概念，明确其在本质上包含民有民营和国有民营两种经济形式，并对"自筹资金、自愿组合、自主经营、自负盈亏"的新型企业运行机制给予了高度认可。这是"民营"概念在新中国历史上首次被正式提出，"民营经济"的提法因此随着"民营科技型企业"这一概念的正式创制而逐渐兴起，以作为对改革开放后诞生的新型科技企业类型的一种称谓或冠名。与此同时，理论界围绕"民营是否等同于私营""'民营经济'提法是否必要"等问题展开了热烈讨论。

此次学术讨论集中在1993～1996年，学者们基本否定了"民营即私

---

① 程霖、刘凝霜：《经济增长、制度变迁与"民营经济"概念的演生》，载于《学术月刊》2017年第5期。

② 1984年10月，继"所有权同经营权可以适当分开""实行政企职责分开""积极发展多种经济形式"等议题在中共十二届三中全会上提出后，1985年3月、1988年3月相继发布的《中共中央关于科技体制改革的决定》《国务院关于深化科技体制改革若干问题的决定》进一步明确规定："允许集体和个人建立科学研究和技术服务机构""鼓励和支持科研机构以多种形式长入经济，发展成新型的科研生产经营实体"。

③ 李秋斌：《中国民营科技企业的发展历程、现状及对策研究》，载于《福建论坛（人文社会科学版）》2009年第11期。

营"的观点，认为前者是比后者范畴更为宽泛的一个概念。① 然而，针对由此生发的"民营经济"提法必要性问题则呈现出三类不同观点。第一类观点认为该提法必要且科学，应给予肯定和规范以推动深化改革。1993~1994 年，"中国民营经济发展现状与前景"研讨会、"民营企业与市场经济"座谈会、"中国民私营经济九十年代发展方向与政策"研讨会相继召开，三场会议均以民（私）营冠名的行为本身即是从学术术语使用层面对"民营企业""民营经济"概念提法的认可，会上所引发的讨论更是将民营经济研究工作推上了一个新的高度，其中以朱厚泽、李德伟、赵履宽、刘迎秋等为代表的一批专家学者认为"民营（化）"概念的提出是对中国15 年改革史的科学概括。② 周志纯也发文指出，民营经济是相对国营经济从经营形式上来界定的，该概念的提出及科学解释是中国经济改革历程的一个侧面。③ 第二类观点认为"民营经济"概念边界模糊，应当慎用。如林圯批判将私营企业改称为民营企业、国有租赁制企业改称为国有民营企业是把"民营经济"概念大词小用、以全概偏的混乱现象，易被误解利用，因此主张以原有名称称呼各类经济、经营形式更为妥当。④ 王忠民也曾对此提出相同疑虑。⑤ 第三类观点质疑"民营经济"概念的必要性，建议社会各界停用之。苏东斌是该观点的支持者，他认为我国经济体制改革是以明确所有制结构为基础，通过产权明确化过程塑造自负盈亏的现代企业来建设市场经济，在所有制关系上可以区分"国"与"民"，但在经营方式上只能区分租赁、股份法人、委托等，因此批判"民营经济"中"民"的指代混乱，使概念蕴含的所有制关系模糊不清，如果继续使用将

---

① 林圯：《评当前使用"民营"概念的一些混乱现象》，载于《学习与研究》1994 年第 14 期；晓青：《为"民营"正名》，载于《南方经济》1994 年第 1 期；刘迎秋：《中国经济"民营化"的必要性和现实性分析》，载于《经济研究》1994 年第 6 期；周志纯：《民营经济是改革的先导》，载于《决策与信息》1995 年第 10 期。

② 参会学者观点述要参见"民营经济发展现状与前景"研讨会会务组：《中国民营经济发展现状与前景研讨会纪要》，载于《经济学动态》1993 年第 12 期；李兆海：《促进我国民营经济的健康发展——中国民营经济发展现状与前景研讨会发言摘要》，载于《中国工商》1993 年第 12 期；黄如桐：《关于民营经济问题的观点综述》，载于《经济学动态》1994 年第 9 期。

③ 周志纯：《民营经济是改革的先导》，载于《决策与信息》1995 年第 10 期。

④ 林圯：《评当前使用"民营"概念的一些混乱现象》，载于《学习与研究》1994 年第 14 期。

⑤ 转引自"民营经济发展现状与前景"研讨会会务组：《中国民营经济发展现状与前景研讨会纪要》，载于《经济学动态》1993 年第 12 期。

阻碍国有民营企业的产权改革，并且对民有民营企业也是一种重复表述。[①]

　　由于不同学者对我国社会主义市场经济性质、经济体制改革方向、概念内涵与外延范畴等问题的理解角度不同，其主要观点和研究结论各执一词，以至于该时期尚未就"民营经济"提法是否必要这个问题达成基本共识。同时，由于"民营经济"这一提法本身是在民营企业不断发展以及我党和政府在政策制度上相继给予大力支持的背景下随着"民营科技型企业"概念的创制而悄然兴起的，即社会实践先于社会意识，这就出现了经济学术研究滞后于经济发展实践的现象，因而在这一时期相关"民营经济"概念问题尚未引起更多学者的关注，也未能形成学术争鸣之势，不利于争议问题的解决。因此，该时期"民营"概念仅是对我国改革开放后所诞生的新型科技企业类型的一种称谓，而理论界对"民营经济"概念的研究尚处于初期摸索阶段，概念本身的实质与内涵尚未明确。[②] 即便如此，"民营经济"概念在当代复兴这一现象本身以及围绕该现象的零散探讨，仍然是该时期民营经济思想的重要内容之一，一方面，标志着民营经济在实践中继计划经济体制阶段结束后在改革开放新时期的重新诞生；另一方面，探讨赋予"民营"概念以不同于新中国成立以前的新内涵也体现了该时期以重构民营经济为主导的思想特征。

第三节　以市场化改革为导向的
民营经济制度建构

一、"八二宪法"及 1988 年修正案：确立多种经济成分共同发展的总体设想

　　十一届三中全会后，我国在全面总结新中国成立以来正反两方面经验

---

① 苏东斌：《建议停用"民营经济"这一概念》，载于《党校科研信息》1993 年第 17 期。
② 程霖、刘凝霜：《经济增长、制度变迁与"民营经济"概念的演生》，载于《学术月刊》2017 年第 5 期。

教训的基础上，逐步实现了指导思想上的拨乱反正，澄清了长期以来在理论上和政治上的重大是非问题，并确立了以经济建设为中心的战略决策。面对我国在思想、政治、经济、社会等各个领域发生的新的重要转变，经过几年的酝酿研究与起草修改，1982 年 12 月第五届全国人民代表大会第五次会议通过并颁布了《中华人民共和国宪法》（以下简称"八二宪法"）。该宪法是继 1954 年、1975 年、1978 年后我国制定并颁布的第四部宪法，作为我国的现行宪法，此后历经 1988 年、1993 年、1999 年和 2004 年四次修订。"八二宪法"是新中国宪政史上的一个重要里程碑，它在继承 1954 年《中华人民共和国宪法》精神和原则的基础上，纠正了长期以来"左"倾思想及路线的影响，并立足我国改革开放初期的实际国情，是一部"有中国特色的、适应新的历史时期社会主义现代化建设需要的、长期稳定的新宪法"。[1] 该宪法及其 1988 年修正案在经济体制改革方面先后确立了包括个体经济、私营经济等多种经济成分共同发展的总体设想，为推进我国所有制结构的改革和社会主义市场经济体制的建立奠定了基础框架。

首先，"八二宪法"对我国社会主义经济制度的基础及其补充成分进行了明确阐述，为在社会主义经济格局中引入个体经济提供了法律保障。该宪法第六条规定："中华人民共和国的社会主义经济制度的基础是生产资料的社会主义公有制，即全民所有制和劳动群众集体所有制"；第十一条规定："在法律规定范围内的城乡劳动者个体经济是社会主义公有制经济的补充，国家通过行政管理指导、帮助和监督个体经济"；同时强调了国营经济是社会主义经济格局中的主导力量，国家保障其巩固与发展。[2]

其次，为了进一步鼓励私营经济的发展并适应其现实需要，1988 年 4 月召开的第七届全国人民代表大会第一次会议通过了"八二宪法"的修正案草案，在原第十一条规定的基础上增加规定："国家允许私营经济在法律规定的范围内存在和发展。私营经济是社会主义公有制经济的补充。国家保护私营经济的合法的权利和利益，对私营经济实行引导、监督和管理"。这是继明确个体经济法律地位后，对我国存在和发展中的私营经济

---

① 张晋藩：《中国宪法史》，中国法制出版社 2016 年版，第 391 页。
② 资料来源：中国人大网，http：//www. npc. gov. cn/npc/zt/qt/gjxfz/2014 - 12/03/content_1888093. htm。

进行了又一次法律地位的认可，为在社会主义经济格局中引入私营经济提供了法律保障，进一步扩大了我国社会主义公有制经济补充成分的范围。

总体而言，"八二宪法"及其1988年修正案以国家根本大法的形式给予了我国民营经济发展最基本的制度保障，为鼓励和引导个体经济、私营经济以及其他经济成分并存发展提供了制度层面的宏观架构。根据这一总体设想，我国逐步明确了建立社会主义市场经济体制的总体目标以及所有制结构多元化的改革方向，并在此基础上进一步助推了民营经济的快速成长。

二、《中华人民共和国私营企业暂行条例》：关于计划与市场边界的初期探索

自1984年10月《中共中央关于经济体制改革的决定》提出要突破将计划经济与商品经济对立起来的传统观念后，我国就在积极探索如何实现从计划经济向公有制基础上的有计划的商品经济过渡。1988年4月通过的《中华人民共和国宪法修正案》将私营经济引入社会主义经济格局中，是对私营经济作为公有制经济补充成分法律地位的承认，为实践社会主义有计划的商品经济提供了重要的微观主体。因此，如何促进并规范私营经济发展的问题就不可避免地涉及对国家计划与市场调节边界的探索。正是在这样的背景下，1988年6月，国务院以"鼓励、引导私营企业健康发展，保障私营企业的合法权益，加强监督管理，繁荣社会主义有计划商品经济"为立法宗旨颁布了《中华人民共和国私营企业暂行条例》（以下简称《条例》）。《条例》针对私营企业的范畴界定、经济地位、组织类型、权利义务、经营管理、财务税收、监督处罚等内容做了全面规定。下面重点就该《条例》与我国1950年12月颁布的《私营企业暂行条例》中涉及计划与市场问题的内容做几点比较说明。

其一，与《私营企业暂行条例》相比，本《条例》相对弱化了国家计划在调控和管理私营企业方面的作用与影响，这是由两则条例产生的时代背景以及国家经济体制改革目标的区别所致。前者旨在新民主主义时期通过国家制定的产销计划克服私营企业的生产盲目性，进而引导私人资本

向国家资本主义方向发展，最终积累向社会主义计划经济过渡的物质基础。① 而后者旨在探索经济体制改革的新时期，综合运用经济手段、法律手段和行政手段鼓励和监督私营企业健康发展，引导私人资本成为公有制经济的补充，从而实现由计划经济体制向社会主义有计划的商品经济过渡，最终达到发展生产力的目的。如《条例》第二十五条规定："除国家法律、法规规定者外，任何单位不得以任何方式要求私营企业提供财力、物力、人力。对于向私营企业的摊派，私营企业有权拒绝提供，工商行政管理机关有权予以制止。"②

其二，与《私营企业暂行条例》相比，本《条例》相对放宽了对私营企业经营管理自主性的约束，即在国家制度规定的范围内适当发挥价值规律或市场调节的功能，而这一变化正是我国逐步探索并最终确立以市场化改革为导向的经济体制改革路径的初步体现。具体来说，前者主要通过产销计划与严格的核准登记制度以限制和规范私营企业的业务内容及经营范围，促使私人投资的方向和结构向国家计划生产的方向发展。而后者虽然对私营企业的组织形式、开办关闭等也实行核准登记制度，但取消了国家计划的强制性指导，且对其经营范围、权利义务等内容的规定边界较为宽泛。如《条例》第十二条规定："私营企业可以在国家法律、法规和政策规定的范围内从事工业、建筑业、交通运输业、商业、饮食业、服务业、修理业和科技咨询等行业的生产经营"，但"不得从事军工、金融业的生产经营，不得生产经营国家禁止经营的产品"；第二十二条规定：私营企业"可以同外国公司、企业和其他经济组织或个人举办中外合资、合作经营企业，可以承揽来料加工、来样加工、来件装配，从事补偿贸易"。③

综上所论，《条例》诞生于我国全面探索改革以往高度集中计划经济体制的进程之中，因而其中所包含的主要内容与制度思想就不可避免地反映了改革大局的宏观思路，抑或是反受其影响。通过将之与新中国成立初期颁布实施的《私营企业暂行条例》比较之后，发现本《条例》集中体

---

① 关于《私营企业暂行条例》的相关法律内容在前文中已有详细论述，故此处不再赘述。
②③ 北大法宝. 法律法规数据库，http：//www.pkulaw.com/law。

现了对主要依靠国家计划规范私营经济发展模式的突破，初步形成了一套在弱化国家计划、强化自主经营基础上的引导私营经济健康发展的新模式，并且其中隐含了关于计划与市场边界问题的一些探索与尝试。尽管21世纪初期《条例》的部分内容已经与国内外政治经济环境出现的新变化和新变革不相适应，引发了社会各界废除《条例》的诉求①，但自1988年颁布以来至1996年这段时期内，《条例》仍然对我国私营经济的发展起了重要的推动和规范作用。

第四节　民营经济思想复归阶段的 理论与绩效评析

一、民营经济思想复归阶段的理论特征分析

1978～1996年是我国在全面总结新中国成立以来正反两方面历史经验，特别是"文化大革命"教训的基础上，将党和国家的工作重点由阶级斗争转移到经济建设，进入社会主义现代化建设的新时期。在此期间，思想领域的拨乱反正一方面推动了我国宏观经济指导理念逐步从以苏联模式为借鉴、政治统帅经济、片面强调生产关系和计划经济为特征的理念体系，向以经济建设为中心、立足本国国情、注重生产关系与生产力水平相适应、计划经济与市场调节相结合为特征的理念体系过渡和转型；另一方面，带动了学术领域的正本清源和百家争鸣现象，马克思主义经济学中国化的理论成果为探索具有中国特色的社会主义经济建设道路，特别是为改革开放进程中逐步重建个体、私营经济提供了有力的理论支撑，同时推开世界大门对过去固定的苏联模式予以摒弃，取而代之的是从世界各国，尤其是从西方经济理论中汲取理论滋养，成为该时期民营经济思想的另一个

---

① 杨积堂：《论〈私营企业暂行条例〉的存与废》，载于《河北法学》2012年第6期；郑显华、肖德芳：《〈私营企业暂行条例〉之存废》，载于《法学杂志》2006年第1期。

重要理论来源。此外，政策领域对我国城乡个体、私营经济所采取的"不加限制—允许试点—政策支持"的渐进式策略选择，为民营经济的重生和发展提供了相对宽松的制度环境，进一步也为民营经济思想的复归奠定了较为丰富的经济基础和实践参考。

上述三方面的合力作用，不仅为民营经济思想挣脱计划经济体制时期的理论约束和制度藩篱，并最终得以在社会主义现代化建设新时期重新产生营造了良好的初始环境，而且也为这一思想的不断发展和丰富提供了持续的动力支持。基于这些不同于前两个时期的政治经济背景、理论背景与制度背景等结构性条件，该时期民营经济思想主要呈现出以下几个特征。

（一）重构民营经济生产要素成为主导线索

在思想内容方面，该时期所产生的民营经济思想虽然涉及人力资源任用、经济性质界定、法律地位确认、学术概念探讨、所有制结构改革等多个领域，表面上看似零散不成体系，但若从思想产生的根本原因及其作用影响来看，可以发现这些思想大体上是围绕着以重构民营经济生产要素（factors of production）为主导线索向前推进的，即在既有的以国营经济和集体经济为主体的生产要素框架中，以增量改革的方式引入包括原工商业者、私人资本、支持民营经济发展的相关制度安排等生产要素，并辅以理论供给和舆论支持。具体而言，首先，充分发挥原工商业者作用的人力资源思想重新审视了对原工商业者的认识问题，使不少过去因政治因素被排挤在外的、真正拥有经营管理经验的工商业者重新加入社会主义经济建设的队伍中，不仅扭转了改革开放初期人才紧缺、资金不足的局面，而且拓宽了劳动力资源和资本投入的长期供给渠道。其次，理论界针对个体经济、雇工经营、私营经济性质以及"民营经济"概念等问题的观点争论和学术探讨，在深化各界关于社会主义条件下民营经济性质的认识、破除恢复和发展民营经济在意识形态方面障碍的同时，进一步为贯彻以发展生产力为根本目标、落实民营经济作为补充成分的战略决策提供了思想素材和理论支撑。最后，引入民营经济作为社会主义公有制经济补充成分的所有制结构多元化思想的形成以及对个体、私营经济法律地位的相继确认，在制度层面突破了过去单一公有制的经济格局，鼓励发展以产权激励为特

征、以市场竞争为基础的民营经济，进而为发展生产力、践行市场化取向
的经济体制改革给予了必要的制度支持，注入了新的活力。

（二）学术思想呈现井喷式增长态势

在思想主体方面，该时期所产生的民营经济思想既包括主要领导人的
政策思想和经济制度中所内含的经济认知，如邓小平、江泽民等提出的有
关充分发挥原工商业者作用的人力资源思想、重视个体私营经济对生产力
发挥积极作用的思想、所有制结构多元化改革思想等，"八二宪法"及其
1988 年修正案和《中华人民共和国私营企业暂行条例》中所蕴含的在公
有制经济为主体的条件下允许多种经济成分共同发展的总体设想、在弱化
国家计划强化市场调节机制的基础上引导私营经济健康发展思想等；也包
括众多学者们观点不一的理论探讨与学术思辨，如 20 世纪 80 年代初期聚
焦个体经济性质与发展趋势、雇工经营性质及其剥削关系等问题的讨论，
80 年代后期所衍生出的有关私营经济性质及其发展必要性问题的分析，
贯穿 80 年代～90 年代初期围绕多种经济成分的存在与发展及其对我国社
会主义性质影响问题的集中探讨，90 年代中期针对"民营是否等同于私
营""'民营经济'提法是否必要"等理论问题所展开的争论等。需要特
别指出的是，相较于前两个时期，该时期理论界关于民营经济问题的讨论
与研究相对活跃很多，所呈现出来的学术思想也较以往更为丰富，尤其是
在相关论文的发表数量上体现得最为显著。[①] 因此，学术思想的井喷式增
长成为该时期民营经济思想发展的主要特征之一。尽管其中大部分研究主
要是围绕个体经济、雇工经营、私营经济、民营经济性质以及概念界定的
比较分析和逻辑推理，而仅有少部分研究开始基于民营经济实际发展状况
进行统计调查和实证分析，但通过这些频繁且集中的定性讨论和规范分
析，有助于促使社会各界跳脱意识形态方面的理论束缚，从而对改革开放
以来发展起来的民营经济以及相关经济政策达成一个比较客观且理性的社
会共识。

---

① 例如，在中国知网中文期刊数据库中以"个体经济"为主题进行检索的结果为：1949～
1977 年共计发表论文 8 篇，1978～1996 年共计发表论文 2554 篇；以"私营经济"为主题进行检
索的结果为：1978 年以前无论文发表记录；1979～1996 年共计发表论文 3468 篇。

（三）新中国民营经济思想进入复归阶段

从思想演变的动态历史过程来看，相较于国民经济恢复时期民营经济思想的萌发与计划经济体制时期发生思想转折并一度消退的变迁历程而言，该时期可谓民营经济思想的复归阶段。但此复归并非一种简单地从有到无，再从无到有的反复过程，而是在不同于以往的政治、经济、社会等结构性条件下所产生的对再次发展民营经济的客观需求以及相关新理论的探索。具体而言，国民经济恢复时期，我国初步形成了以促进国民经济恢复为主要目标、以调整公私关系为主要途径、以推行国家计划领导和扶助企业自主经营相结合为主要特征的民营经济思想体系；到计划经济体制时期，则形成了以建立公有制经济为主要目标、以改造所有制基础为主要途径、以逐步限制并消灭生产资料私人所有权和经营权为主要特征的民营经济思想体系；再到经济体制改革初期，基于对我国现阶段生产力发展水平理性认知的回归，基本形成了以全面发展生产力为主要目标、以市场化导向的经济体制改革为主要途径、以重构包括劳动力、资本、制度等在内的民营经济生产要素为主要特征的民营经济思想体系。因此，立足于历史发展的动态视角，该时期所产生的民营经济思想是继消退之后的复归，不仅再一次改变了新中国民营经济思想的变迁轨迹，同时也在实践中推动了我国民营经济的恢复、发展与成长。

二、本阶段民营经济思想的实践绩效考察

在上述思想的指导和影响下，党和政府于经济体制改革初期，在实际经济工作中逐步形成并采取了对民营经济进行"引导、帮助与监督"的主要方针及相应的制度建构，对我国民营经济的发展轨迹和实践绩效产生了直接且积极的影响。

一方面，十一届三中全会召开以后，通过给予社会主义改造时期全行业公私合营时被并入的一批小商、小贩、小手工业者以及原资产阶级工商业者平等合法的政治身份，并陆续释放有利于恢复和发展城乡个体、私营经济的政策信号，为民营经济的重生提供了一定程度的劳动力、资本和制

度支持，从而有力地推动了其自改革开放以来在数量和规模上的显著增长。我国民营经济最早重现于改革开放初期的农村地区，伴随着农业生产责任制改革的试点与扩大，以及农民自留地、家庭副业和集市贸易的恢复，农村个体、私营经济在 20 世纪 80 年代初期即已获得了较快发展，并且这一趋势一直持续到 90 年代。据 1989 年开始启动相关农村个体和私营企业经济统计工作以来的数据显示（见图 4－1），1990 年我国农村个体就业人数为 1491 万人，私营企业就业人数为 113 万人，分别占同期农村就业人员总数的 3.2% 和 0.2%。而到 1996 年，农村个体就业人数已经超过 3300 万人，私营企业就业人数也发展超过 550 万人，占比分别增长至 6.7% 和 1.1%。在短短 7 年间，我国农村个体就业人数就增加了 1517 万人，增长率翻一番；私营企业就业人数增加 438 万人，增幅近 3.9 倍。

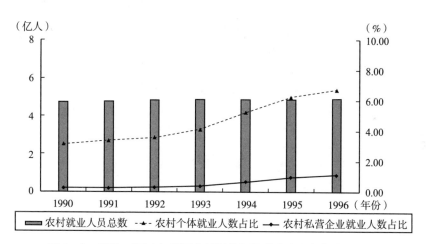

图 4－1　1990～1996 年我国农村民营经济就业人员数量变化趋势

资料来源：根据国家统计局网站（www.data.stats.gov.cn）就业人员和工资年度数据整理而成。其中，国家统计数据中有关农村个体经济与私营企业的数据自 1990 年起才有统计数据记载。

　　在城镇中，如图 4－2 所示，1978 年我国城镇居民中从事个体经济活动的就业人数仅为 15 万人，占当年城镇就业人员总数的比重不到 0.2%，这是该指标在新中国成立以来出现的历史最低点，而到 1996 年，城镇个体就业人数已经突破 1700 万人，占比约 8.6%。这期间除了 1989～1991

年，个体经济因受意识形态和改革方向的质疑而出现少量减退迹象以外，1978～1996 年我国城镇个体就业人数在总体上呈不断上升趋势，就业人数净增加 1694 万人，增幅高达 113 倍。与此同时，城镇私营经济的恢复和发展也在稳步向前推进，据 1989 年开始启动相关私营企业经济统计工作以来的数据显示，我国城镇私营企业就业人数从 1990 年的 57 万人迅速增加到 1996 年的 620 万人，占城镇就业总人数的比重也从 0.3% 上升至 3.1%，短短 7 年间增幅高达 9.8 倍。

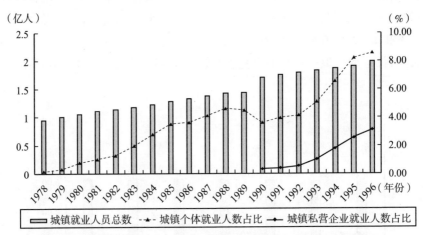

图 4-2　1978～1996 年我国城镇民营经济就业人员数量变化趋势

资料来源：根据国家统计局网站（www. data. stats. gov. cn）就业人员和工资年度数据整理而成。其中，国家统计数据中的城镇私营企业数据自 1990 年起才有统计数据记载。

另一方面，对个体、私营经济性质及其发展必要性问题上的理论突破，以及对以公有制经济为主体、多种经济成分共同发展的所有制结构多元化改革的认识深化，推动了我国在该时期初步形成对公有制经济特别是国有企业改革的同时，大力发展个体、私营等非公有制经济的战略格局，从而使我国国民经济结构发生了转变。在社会主义改造完成以后的计划经济体制时期，全国范围内的生产资料公有制变革基本实现，以致我国的投资主体仅存政府一员，尽管当时还有一些零星的个体农业、手工业以及小商小贩尚存，但民间投资的生存和发展空间基本上已被消除殆尽。而改革开放以来，个体、私营经济的恢复和发展使我国的所有制结构与投资结构都产生了重要变化，初步形成了多种经济成分共同发展、多种投资主体并存的新格局。

在工业生产领域，如表4－2所示，1978年我国工业总产值为4237亿元，仅由国有企业和集体企业两部分组成，分别占比77.6%和22.4%；而到1980年，在我国工业总产值中则出现了个体企业、外资企业等其他经济类型企业，虽然此时其对总产值的贡献份额极小（其中个体企业的工业产值仅1亿元，占比0.02%；其他经济类型企业工业产值为24亿元，占比0.47%），但却打破了计划经济体制时期单一公有制经济的所有制结构。此后在多种经济成分共同发展的过程中，公有制经济内部，以及公有制经济与非公有制经济之间在工业总产值中的比重发生了重要转变。1980～1995年，全国工业总产值从5154亿元增长至91894亿元，其中国有及国有控股企业的工业产值所占比重从76%逐步下降至33.9%，减少了近42个百分点；集体企业所占比重则从23.5%逐步上升到36.6%，这主要归功于乡镇企业的异军突起；个体企业所占比重从仅有的0.02%迅速攀升至12.9%，增加了12个百分点；其他经济类型企业所占比重也从原来的不足1%增加至16.6%，增势强劲。由此可见，该时期我国公有制经济份额在整体上趋于逐步下降态势，而非公有制经济份额则从无到有，呈现出逐步上升态势；但在经济总量上，包括国有经济和集体经济在内的公有制经济仍然占据主体地位，而个体、私营等非公有制经济目前所占比重相对而言还较小。

表4－2　　1978～1995年我国工业总产值中各种经济成分比重变化

占全国工业总产值比重（%）	1978年	1980年	1985年	1990年	1995年
国有及国有控股企业	77.6	76.0	64.9	54.6	33.9
集体企业	22.4	23.5	32.1	35.6	36.6
个体企业	—	0.02	1.8	5.4	12.9
其他经济类型企业	—	0.47	1.2	4.4	16.6

资料来源：根据国家统计局网站《中国统计年鉴1999年》工业总产值数据整理而成，http：//www.stats.gov.cn/yearbook/indexC.htm。

在社会投资领域，如表 4－3 所示，1980 年我国全社会固定资产投资总额为 910.9 亿元，其中国有经济投资额为 745.9 亿元，占比高达 81.9%；集体经济投资额为 46 亿元，占比 5%；个体经济投资额为 119 亿元，比重约 13.1%。而到 1995 年，全社会固定资产投资总额已增长至 20019.3 亿元，其中国有经济投资额为 1089.2 亿元，占比 54.4%，相较 15 年前下降了 27.5 个百分点；集体经济投资额为 3289.4 亿元，占比 16.4%，相较 15 年前上升了 11.4 个百分点；个体经济投资额为 2560.2 亿元，比重约 12.8%，虽然在绝对值上相较 15 年前有所提升，但却在全社会投资总额所占比重方面下降了 0.3 个百分点；而这期间包括联营经济、股份制经济、外资经济等在内的其他经济成分有所增长，投资额达 3271.5 亿元，占比 16.4%。由此可见，改革开放以来的这段过程中，包括国有经济和集体经济在内的公有制经济投资份额在总体上呈逐渐下降趋势，而个体、私营等非公有制经济投资份额却在逐步上升，但在绝对量上仍然以公有制经济投资份额为主体。

表 4－3　　　　　　　1980～1995 年全社会固定资产投资额中
各种经济成分比重变化

占全社会固定资产投资总额比重（%）	1980 年	1985 年	1990 年	1995 年
国有经济	81.9	66.1	66.1	54.4
集体经济	5.0	12.9	11.7	16.4
个体经济	13.1	21.0	22.2	12.8
其他经济	—	—	—	16.4

资料来源：根据国家统计局网站《中国统计年鉴 1999 年》全社会固定资产投资数据整理而成，http://www.stats.gov.cn/yearbook/indexC.htm。其中，其他经济类型包括联营经济、股份制经济、外商投资经济、港澳台投资经济等国有、集体和个体经济以外的经济成分。

综上所述，本阶段我国民营经济大体上经历了一段从无到有、从少到多的恢复与发展过程，其在城乡就业人数、工业生产总值、社会固定资产投资等方面都实现了数量上和规模上的绝对增长，基本达到了解决城乡就业困难、激发微观市场主体活力、促进生产力发展的宏观经济预期目标。同时，民营经济在国民经济结构中比重的逐渐上升与公有制经济比重的逐

渐下降，标志着以公有制经济为主体、多种所有制经济共同发展的所有制
结构多元化改革的初步实现。因此可以说，1978～1996年民营经济的发展
轨迹和绩效结果基本上反映并实现了该时期民营经济思想的主要特征及其
政策目标，同时也为21世纪我国全面深化市场导向的经济体制改革以及
民营经济在新时代的进一步发展和创新奠定了坚实的思想基础与经验
参考。

第五章

新中国民营经济思想的发展：
以创新为主导
（1997～2019）

1997～2019 年，我国进入全面深化经济体制改革的攻坚时期，国有经济布局的战略性调整以及中国特色社会主义经济理论的不断发展，为该时期民营经济的成长提供了良好的机遇和理论支撑；但是，深化经济体制改革过程中逐渐凸显出来的针对民营经济的意识形态歧视和制度性障碍等现实矛盾，对民营经济的进一步发展也构成了前所未有的困难和挑战。因此，在新的时代背景与竞争环境中，党和政府以及民营经济本身不断尝试在理论层面、制度层面、舆论层面、实践层面进行调整、适应，并积极探索新的发展路径，为该时期民营经济思想的产生提供了新的理论素材和经验积累，在此基础上发展并形成了不同于以往任何时期的以突破和创新为导向的思想内容与理论特征。从而以思想演进的阶段性视角来看，相较于国民经济恢复时期民营经济思想的生发、计划经济体制时期民营经济思想的转折与消退、经济体制改革初期民营经济思想的复归，该时期可谓民营经济思想的发展阶段。

第一节　经济体制改革深化时期民营经济思想的发展背景

一、国有经济布局战略性调整与民营经济的发展机遇

在积极推进中国经济体制改革和构建社会主义市场经济微观基础的历史进程中，大体呈现出两条重要的发展线索：一条是以调整政府与企业关系为核心的国有企业改革之路；另一条则是以引入激励机制与竞争机制为核心的民营经济恢复与发展之路。这两条线索皆始于改革开放战略启动之初，二者沿着各自的改革路径同步发展，并在改革持续深化的过程中逐步形成既存在竞争也互为补充的互动发展模式，这意味着国有经济的深化改革将在一定范围内和一定程度上对民营经济的进一步发展产生正面或负面的影响。

具体而言，在经历改革开放初期针对增强国有企业活力所实施的"扩

权让利"两权分离""股份制改革"以及"建立现代企业制度"等一系列改革方针的基础上，面对长期仍处于亏损的部分中央国企和地方国企，1995 年中共十四届五中全会提出"抓大放小"战略，即决定保留 500～1000 个大型国有企业，出售或出租规模较小的国有企业。[①] 1997 年，党的十五大报告进一步提出国有企业"抓大放小"的战略性改组方针：以企业为主体、以资本为纽带、以市场为基础形成具有较强竞争力的跨地区、跨行业、跨所有制、跨国经营的大型企业集团；同时采取改组、联合、兼并、租赁、承包经营和股份合作制、出售等形式加快放开搞活国有小型企业的步伐。[②] 自此，"放小"工作即中小型国有企业进行非国有化改制在全国范围内正式开展起来。[③] 1998 年，超过 80% 的地方国企和集体企业实施改制，大量小型国企实际上转为了民营企业。[④] 1999 年，中共十五届四中全会通过的《关于国有企业改革和发展若干重大问题的决定》在明确国有企业改革和发展的主要目标与指导方针的基础上，具体指出在战略上调整国有经济布局的同时要有机结合产业结构的优化升级和所有制结构的调整完善，"坚持有进有退，有所为有所不为"。[⑤] 这就是要求国有经济控制涉及国家安全、自然垄断、提供重要公共产品和服务的行业，以及支柱产业和高新技术产业中的重要骨干企业，而在其他行业和领域中鼓励和引导个体、私营等民营经济的发展。

在这样的改革思路和战略布局下，国有经济逐步从一般竞争性行业和领域退出，转而向需要发挥国家控制力的战略部门集中，这就给民营经济的长足发展提供了更多的机会和更大的空间，由此逐渐形成了所谓"国退民进"的局面。[⑥] 如图 5－1 所示，1998～2002 年，我国国有控股工业企

---

① 云妍、魏楚伊：《从"国营"到"国有"：国企治理结构改革的反思与前瞻》，载于《中国经济史研究》2017 年第 5 期。

② 中国共产党历次全国代表大会数据库：http://cpc.people.com.cn/GB/64162/64168/64568/65445/4526288.html。

③ 吴敬琏：《当代中国经济改革教程》，上海远东出版社 2016 年版，第 194 页。

④ Ross Garnaut, Ligang Song and Yao Yang. Impact and Significance of State-owned Enterprise Restructuring in China, *The China Journal*, 2006（55）：35－63.

⑤ 中共中央文献研究室编：《改革开放三十年重要文献选编（下册）》，中央文献出版社 2008 年版，第 1038～1039 页。

⑥ 高德步：《中国民营经济史》，山西太原出版社 2014 年版，第 137～139 页。

业从 6.47 万个减至 4.11 万个，占全国工业企业数量比重相应从 39.2% 下降到 22.7%，降幅约 16%；而私营工业企业数量则相应从 1.07 万个增加至 4.92 万个，占全国工业企业数量比重从 6.5% 上升到 27.1%，升幅超过 20%。此后从 2003 年到 2016 年，国有控股工业企业数量基本呈逐步下降趋势，而私营工业企业数量在总体上保持持续上升态势。因此，民营经济在新的时代背景和历史时期的进一步发展和壮大，为本阶段民营经济思想的产生提供了新的思想素材和实践经验，必然将孕育和形成不同于以往任何时期的思想内容和理论特征。

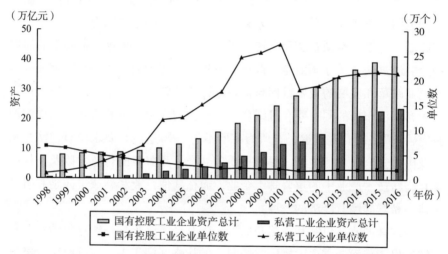

图 5-1　1998～2016 年我国国有工业企业与私营工业企业数量及资产发展趋势

资料来源：根据《中国统计年鉴》2007～2017 年相关数据整理而成，http://www.stats.gov.cn/tjsj/ndsj/2017/indexch.htm。

二、政策歧视、政策偏差与民营经济发展的制度障碍

自改革开放至 1996 年，民营经济在中国虽然获得了较快的恢复与发展，但其经济地位和法律地位仍被限制在社会主义公有制经济的补充范围内，这一形势直到第十五次全国代表大会召开以后才取得实质性扭转。1997 年，党的十五大报告在承前启后的历史性节点上宣布要高举邓小平理

论伟大旗帜，坚定不移地沿着十一届三中全会以来的正确路线前进，这就意味着我国将继续坚持解放思想、实事求是的思想路线，从社会主义初级阶段的实际国情出发，以"三个有利于"为根本判断标准，坚持深化改革、扩大开放的战略决策。具体到经济体制改革方面，江泽民在报告中明确提出要将"公有制为主体、多种所有制经济共同发展"确立为我国社会主义初级阶段的基本经济制度，同时强调要"继续调整和完善所有制结构、进一步解放和发展生产力"，并在此基础上宣布将个体、私营等非公有制经济视为我国社会主义市场经济的重要组成部分。① 随后，1999 年通过的《中华人民共和国宪法修正案》第十一条补充规定："在法律规定范围内的个体经济、私营经济等非公有制经济，是社会主义市场经济的重要组成部分。国家保护个体经济、私营经济的合法的权利和利益。国家对个体经济、私营经济实行引导、监督和管理。"自此以后，民营经济在我国的法律地位和经济战略地位获得了提升，其成长速度和发展态势也相应取得了一定程度的提高。

然而，在实际工作中由于计划经济体制及其行政干预意识的长期影响，同时部分国有企业因退出竞争性领域而加大力度维持行政性垄断地位，政府在宏观调控、市场监管和公平竞争方面的行动缺位，再加上民营经济发展本身所面临的经营环境具有"先天不足、后天失调"的缺陷，这些多方面的因素导致我国许多领域对民营企业的市场准入限制和政策性歧视仍然存在。② 民营经济的长期发展因此受到挑战和阻碍，出现了一系列困难和问题：进入 21 世纪，不少民营企业的正当经营行为或企业创新性行为因政策调整的滞后和社会舆论的影响而受到非议③，对个别企业和行业的冲击较大④，促使民营企业的快速发展与政策调整滞后的矛盾凸显。与此同时，还存在大量中小型民营企业因所有制歧视和规

---

① 参见中国共产党历次全国代表大会数据库：http://cpc.people.com.cn/GB/64162/64168/64568/65445/4526288.html。

② 吴敬琏：《当代中国经济改革教程》，上海远东出版社 2016 年版，第 205 页；高德步：《中国民营经济史》，山西太原出版社 2014 年版，第 151 页；汪海波：《对"国进民退"问题之我见》，载于《经济学动态》2011 年第 1 期。

③ 高德步：《中国民营经济史》，山西太原出版社 2014 年版，第 145~146 页。

④ 吕斌：《孙大午在金融管制中跌倒》，载于《法人》2008 年第 2 期；周文水：《陕北油田事件背后的行政强力》，载于《时代潮》2005 年第 13 期。

模歧视，而出现贷款困难和融资渠道不畅的困境；不少民营企业因享受不到与外资企业同等的税收优惠政策，而暴露出企业税率过高、税负过重、重复征税等问题；私有财产权缺乏有效的法律保护也导致许多民营企业家仍持有思想顾虑。[①] 此外，由于长期受行政命令的思维惯性和寻租活动的阻碍，许多相关民营经济发展的政策实施情况很不理想，有些行业和地方曾一度出现民企退出严重的现象[②]，如不及时扭转将使民营经济的经营和发展环境进一步恶化。面对新时代民营企业发展过程中遇到的困难和问题，习近平特别指出：政策落实不到位、效果不显著是原因之一，有些部门和地方在实际工作中对于平等保护民营企业产权、允许民营企业平等参与市场竞争、平等使用生产要素等方面给予的政策偏差还很大。[③]

上述这些在我国深化经济体制改革过程中逐渐凸显出来的针对民营经济的制度性障碍以及政策落实不到位等问题，不仅在客观上对民营经济的发展提出了理论创新的诉求，而且在实践中也对政府和民营企业本身提出了更高、更灵活、更有效率的宏观调控职能和微观经营管理能力的要求，而这些都将为本阶段民营经济思想的形成和发展提供新的理论元素和经验证据。

三、中国特色社会主义经济理论的发展与民营经济思想创新

中国特色社会主义经济理论是中国特色社会主义理论体系的基础与核心[④]，其是在经过中国共产党诞生 90 多年来的不断探索、经过新中国成立

[①] 厉以宁：《关于促进非公有制经济发展的几点建议》，引自陈全生、"促进非公有制经济发展研究"课题组：《中国非公有制经济发展前沿问题研究（2004～2005）》，北京机械工业出版社 2004 年版，第 44～46 页；杨天宇：《我国民营经济发展的制度性障碍研究》，载于《改革》2003 年第 6 期。

[②] 吴敬琏：《当代中国经济改革教程》，上海远东出版社 2016 年版，第 206 页。理论界对于"国进民退"的说法存在不同观点，尤其是 2008 年全球性金融危机爆发以后，相关争论尤为激烈。具体内容可参见：卫兴华、张福军：《当前"国进民退"之说不能成立——兼评"国进民退"之争》，载于《马克思主义研究》2010 年第 3 期；钱凯：《关于"国进民退"问题的观点综述》，载于《经济研究参考》2010 年第 60 期。

[③] 习近平：《在民营企业座谈会上的讲话》。参见新华网：http：//www.xinhuanet.com/politics/leaders/2018－11/01/c_1123649488.htm。

[④] 中国特色社会主义经济理论体系已不是个别的原理和原则，而是具有丰富内容且相互联系的，既包括生产发展特点，也涵盖生产关系体系特点的较为完整的理论体系。参见卫兴华：《中国特色社会主义经济理论体系研究》，载于《经济学动态》2011 年第 5 期。

70 年来的社会主义建设实践，特别是经过改革开放 40 年来实践经验和理论创新的基础上不断发展和逐步完善起来的。主要内容包括：社会主义本质论、社会主义市场经济理论、社会主义初级阶段基本经济制度理论、收入分配理论、转变经济发展方式与科学发展理论等。^① 其中，社会主义初级阶段基本经济制度理论不仅是中国特色社会主义经济理论的核心内容之一，也是改革开放以来探索中国经济体制改革和公有制实现形式的重大理论成果之一。1997 年，党的十五大正式提出"社会主义初级阶段基本经济制度"这一概念，将"公有制为主体、多种所有制经济共同发展"确立为我国的基本经济制度，同时强调个体、私营等非公有制经济是我国社会主义市场经济的重要组成部分。^② 自此以后，包含个体、私营经济在内的中国民营经济的地位由改革开放初期的"公有制经济的补充成分"转变为"社会主义市场经济的重要组成部分"，实现了中国经济所有制结构改革的突破性飞跃。2002 年，党的十六大发展了社会主义基本经济制度理论，指出要"根据解放和发展生产力的要求，坚持和完善公有制为主体、多种所有制经济共同发展的基本经济制度"，同时首次提出"两个毫不动摇"方针^③。2007 年，党的十七大强调要"坚持平等保护物权，形成各种所有制经济平等竞争、互相促进新格局"。2012 年，党的十八大进一步提出"毫不动摇鼓励、支持、引导非公有制经济发展，保证各种所有制经济依法平等使用生产要素、公平参与市场竞争、同等受到法律保护"。党的十八届三中全会研究并通过了《关于全面深化改革若干重大问题的决定》，对社会主义基本经济制度的框架进行了全面概括："公有制经济和非公有制经济都是社会主义市场经济的重要组成部分，都是我国经济社会发展的

---

　　① 关于现阶段中国特色社会主义经济理论体系应包括哪些具体内容，理论界有不同的概括和论述，但究其本质内容基本一致，只是存在内容边界上的大同小异之别。这里主要采用卫兴华（2011）的观点，其他观点可参见王诚、李鑫：《中国特色社会主义经济理论的产生和发展——市场取向改革以来学术界相关理论探索》，载于《经济研究》2014 年第 6 期；吴航：《建国六十年中国社会主义经济理论的探索主题及主要成就》，载于《经济体制改革》2009 年第 5 期；洪远朋：《改革开放 30 年来我国社会主义经济理论和实践的回顾与展望》，载于《复旦学报（社会科学版）》2009 年第 1 期。

　　② 参见中国共产党历次全国代表大会数据库：http：//cpc.people.com.cn/GB/64162/64168/64568/65445/4526288.html。

　　③ 即毫不动摇地巩固和发展公有制经济，毫不动摇地鼓励、支持和引导非公有制经济发展。

重要基础。必须毫不动摇巩固和发展公有制经济，坚持公有制主体地位，发挥国有经济主导作用，不断增强国有经济活力、控制力、影响力；必须毫不动摇鼓励、支持、引导非公有制经济发展，激发非公有制经济活力和创造力"。十八届四中全会提出要"健全以公平为核心原则的产权保护制度，加强对各种所有制经济组织和自然人财产权的保护，清理有违公平的法律法规条款"。十八届五中全会强调要"鼓励民营企业依法进入更多领域，引入非国有资本参与国有企业改革，更好激发非公有制经济活力和创造力"。2017年，习近平在党的十九大报告中指出：把"两个毫不动摇"写入新时代坚持和发展中国特色社会主义的基本方略，作为党和国家的一项大政方针进一步确定下来，并在此基础上提出既要"深化国有企业改革，发展混合所有制经济，培育具有全球竞争力的世界一流企业"，也要"清理废除妨碍统一市场和公平竞争的各种规定和做法，支持民营企业发展，激发各类市场主体活力"。[①]

由此可见，社会主义初级阶段基本经济制度理论的产生与发展历经了长期的思想解放和不断的理论创新过程，并且在此过程中逐步形成了路径较为清晰的所有制结构改革方向和非公有制经济发展方略，这不仅在实践工作中为进一步发展民营经济的战略决策奠定了理论基础，而且在意识形态层面有助于社会各界客观且全面地认识民营经济的地位与作用问题，从而为民营经济思想在新时期的创新发展提供理论支撑。

第二节　激发经济活力目标下的 民营经济理论认知

站在世纪之交、承前启后的历史浪潮上，党的十五大作出了坚定不移地沿着十一届三中全会以来的正确路线前进的重要决策，坚持社会主义市

---

① 习近平：《决胜全面建成小康社会　夺取新时代中国特色社会主义伟大胜利——在中国共产党第十九次全国代表大会上的报告》。资料来源：中华人民共和国中央人民政府网，http://www.gov. cn/zhuanti/2017－10/27/content_5234876. htm。

场经济的改革方向，并始终站在时代前列领导改革和谋划改革。进入 21 世纪后，党中央进一步提出完善社会主义市场经济体制和建成更具活力、更加开放的经济体系战略部署。为了全面实现这一战略部署，这就要求我国更大限度地发挥市场在资源配置中的基础性乃至决定性作用，不断增强各种所有制经济的活力、竞争力和创造力。在此过程中，以更好地营造和激发民营经济的发展环境和经济活力为目标，围绕如何确立民营经济的平等市场主体地位、如何营造有利于民营经济发展的公平竞争市场环境、如何正确处理国有经济与民营经济之间的关系、如何理解"民营经济"概念的发展演变、如何看待民营企业与政府关系等问题的思考认知以及理论探讨，共同构成了该阶段民营经济思想的主要内容，同时也成为本节将要考察的对象。

一、民营经济的平等市场地位与市场环境建设思想

通常意义上，民营经济的生产要素来自市场，其产品和服务的销售通过市场实现，相关经营活动按照市场化的方式运作，可以说民营经济或民营企业是市场的主体。这一点在西方发达市场经济国家毋庸置疑，但对处于由计划经济向社会主义市场经济转型的中国来说，民营经济的市场主体地位及其所面临的市场环境则往往要受到来自国有经济或国有企业的影响和挑战。1978 年以前，基于高度集中的计划管理体制约束，我国市场发育相对缓慢[1]，而 1978 年以后伴随民营经济的恢复与初步发展等一系列增量改革的启动，形成了相对具有活力的市场雏形[2]，与此同时，原属计划经济体制内的国有企业也逐步展开了"放权让利""两权分离"等改革措施，并且在 1992 年党的十四大确立了社会主义市场经济的改革目标后，明确提出国有企业也应进入市场，在市场中实现优胜劣汰，通过平等的市场竞争发挥其主导作用的改革方向。由此，国有经济

---

[1] 李晓西：《中国市场化进程脉络：以计划经济和市场经济为边界》，载于《改革》2009 年第 12 期。

[2] 黄孟复：《中国民营经济发展报告 No.1（2003）》，社会科学文献出版社 2004 年版，第 30 页。

转向以市场化为着力点进行深化改革，一方面，国有企业的进入拓宽了我国国内市场范围，但另一方面，随着国有企业市场主体地位的确立及其先天所具有的政治经济优势，致使民营经济在市场竞争中往往处于劣势，难以获得平等竞争的市场主体地位。在此背景下，逐渐产生并形成了为民营经济确立平等市场主体地位、营造公平竞争市场环境的经济建设思想。

确切来说，这一思想的产生以个体、私营经济地位在我国所有制结构中的突破和提升为标志。以 1997 年为界，江泽民在十五大报告中首次宣布：个体、私营等非公有制经济是我国社会主义市场经济的重要组成部分，并将公有制为主体、多种所有制经济共同发展确立为我国社会主义初级阶段的基本经济制度。1999 年，该讲话中的思想精神被载入宪法，使民营经济在制度层面实现了以往作为公有制经济补充成分的角色转换，跃升成为我国社会主义市场经济的重要组成部分，初步确立了合法的市场主体地位。

然而，由于诸如企业制度、产权制度、金融制度等相关配套制度安排的滞后和不完善，以及实际工作中面对国有企业的垄断和政府职能的越位、错位、缺位等现象，导致民营经济在市场准入、资源配置、税收优惠、经营风险等方面理应享受的平等市场主体地位和公平竞争的市场环境始终难以落到实处。这一困境引起了党中央和国务院的高度重视，并针对实践中存在的各种影响不同所有制经济之间公平竞争的不利因素加以制约和规范，陆续出台了一系列旨在支持和促进民营经济发展的政策措施。

具体而言，党的十六大对非公有制经济在我国社会、经济领域的地位和作用予以了充分肯定，同时将改革过程中出现的民营科技企业从业人员、个体工商户、私营企业主等社会阶层称为中国特色社会主义事业的建设者，并首次提出"两个毫不动摇"方针，成为日后不断推动我国民营经济发展政策举措的理论基石。《中共中央关于完善社会主义市场经济体制若干问题的决定》明确了要清理和修订限制民营经济发展的法律法规，为其消除体制性障碍的改革目标。为了具体落实这一目标，国务院发布《关于鼓励支持和引导个体私营等非公有制经济发展的若干意见》，从放宽市场准入、加大财税金融支持、完善社会服务、维护企业与职工合法权益、提高企业自身素质、改进政府监管、加强指导和政策协调七大方面着手，帮助民营经济确立平等的市场主体地位。党的十七大从理论层面将发展民营经济再次提升到了一个新高度，不仅重申"两个毫不动摇"方针，还首次提出了"两个平等"设想：即一要坚持在法律上平等保护物权，二要形成各种所有制经济平等竞争、相互促进的新格局，为民营经济的科学发展指明了方向。① 为了具体落实"两个平等"设想，国务院出台《关于鼓励和引导民间投资健康发展的若干意见》，从扩大市场准入、推动转型升级、参与国际竞争、创造良好环境、加强服务指导和规范管理等多个方面，进一步系统提出了鼓励和发展民营经济以及民间投资的政策措施，以推动平等竞争市场环境的建立。党的十八大在继续坚持"两个毫不动摇"方针的基础上提出"三个平等"，即保证各种所有制经济"依法平等使用生产要素、公平参与市场竞争、同等受到法律保护"。随后，《中共中央关于全面深化改革若干重大问题的决定》明确提出："公有制经济和非公有制经济都是社会主义市场经济的重要组成部分，都是我国经济社会发展的重要基础"；"公有制经济财产权不可侵犯，非公有制经济财产权同样不可侵犯"；"坚持权利平等、机会平等、规则平等，废除对非公有制经济各种形式的不合理规定，消除各种隐性壁垒，制定非公有制企业进入特许经营领域具体办法"。② 这是将发展和保障民营经济合法权益与发展和保障国有经济合法权益的重视程度提升到了同一个层面，进一步为民营经济确立平等的市场主体地位、营造公平竞争的市场环境奠定了理论基础，提供了政策支持。2016年3月，习近平在民建、工商联界委员联组会上发表重要讲话，提出"三个没有变"原则，即"非公有制经济在我国经济社会发展中的地位和作用没有变；我们鼓励、支持、引导非公有制经济发展的方针政策没有变；我们致力于为非公有制经济发展营造良好环境和提供更多机会的

---

① 高德步：《中国民营经济史》，山西太原出版社 2014 年版，第 158～159 页。
② 全国人大常委会办公厅、中共中央文献研究室编：《人民代表大会制度重要文献选编（四）》，中国民主法制出版社 2015 年版，第 1666～1668 页。

方针政策没有变"。① "三个没有变"原则旨在让民营企业和民营企业家们真正从政策中增强获得感，同时坚定我国民营经济发展的方向。2017年，在新的历史条件下面对承前启后、继往开来的新时代，党的十九大把"两个毫不动摇"写入新时代坚持和发展中国特色社会主义的基本方略，作为党和国家一项大政方针进一步确定下来，同时重点指出要全面实施市场准入负面清单制度，清理废除妨碍统一市场和公平竞争的各种规定和做法，支持民营企业发展，激发各类市场主体活力。② 这是改革开放以来我国第一次在中国共产党全国代表大会上正式使用"民营企业"概念，并明确提出"支持民营企业发展"。2018年10月，习近平就民营经济发展问题给"万企帮万村"行动中受表彰的民营企业家回信，进一步强调改革开放40年来民营企业已经成为推动经济社会发展的重要力量，"支持民营企业发展是党中央的一贯方针，这一点丝毫不会动摇"。同年11月，习近平在京主持召开民营企业座谈会并发表重要讲话，再次重申"三个没有变"原则，并指出"要不断为民营经济营造更好发展环境，帮助民营经济解决发展中的困难，支持民营企业改革发展，变压力为动力，让民营经济创新源泉充分涌流，让民营经济创造活力充分迸发"。③ 民营经济发展的相关政策文件如表5-1所示。

表5-1　　　　　1997~2019年相关民营经济发展的政策文件

年份	会议/文件名称	政策内容
1997	《高举邓小平理论伟大旗帜，把建设有中国特色社会主义事业全面推向二十一世纪——江泽民在中国共产党第十五次全国代表大会上的报告》	个体、私营等非公有制经济是我国社会主义市场经济的重要组成部分；对非公有制经济要继续鼓励、引导，使之健康发展

① 《习近平看望参加全国政协十二届四次会议的民建、工商联委员》，新华社，http://news.xinhuanet.com/photo/2016-03/04/c_128774616_3.htm。
② 习近平：《决胜全面建成小康社会　夺取新时代中国特色社会主义伟大胜利——在中国共产党第十九次全国代表大会上的报告》，人民出版社2017年版，第33~34页。
③ 习近平：《在民营企业座谈会上的讲话》。参见新华网：http://www.xinhuanet.com/politics/leaders/2018-11/01/c_1123649488.htm。

续表

年份	会议/文件名称	政策内容
1999	《中华人民共和国宪法修正案》	《宪法》第十一条修改为：在法律规定范围内的个体经济、私营经济等非公有制经济，是社会主义市场经济的重要组成部分。国家保护个体经济、私营经济的合法的权利和利益。国家对个体经济、私营经济实行引导、监督和管理
2002	《全面建设小康社会，开创中国特色社会主义事业新局面——江泽民在中国共产党第十六次全国代表大会上的报告》	必须毫不动摇地鼓励、支持和引导非公有制经济发展。非公有制经济是社会主义市场经济的重要组成部分，对充分调动社会各方面的积极性、加快生产力发展具有重要作用
2003	《中共中央关于完善社会主义市场经济体制若干问题的决定》	个体、私营等非公有制经济是促进我国社会生产力发展的重要力量。清理和修订限制非公有制经济发展的法律法规和政策，消除体制性障碍
2004	《中华人民共和国宪法修正案》	《宪法》第十一条第二款修改为：国家保护个体经济、私营经济等非公有制经济的合法的权利和利益。国家鼓励、支持和引导非公有制经济的发展，并对非公有制经济依法实行监督和管理
2005	《关于鼓励支持和引导个体私营等非公有制经济发展的若干意见》	毫不动摇地巩固和发展公有制经济，毫不动摇地鼓励、支持和引导非公有制经济发展，使两者在社会主义现代化进程中相互促进，共同发展，是必须长期坚持的基本方针，是完善社会主义市场经济体制、建设中国特色社会主义的必然要求
2007	《高举中国特色社会主义伟大旗帜，为夺取全面建设小康社会新胜利而奋斗——胡锦涛在中国共产党第十七次全国代表大会上的报告》	坚持平等保护物权，形成各种所有制经济平等竞争、相互促进新格局。推进公平准入，改善融资条件，破除体制障碍，促进个体、私营经济和中小企业发展
2010	《关于鼓励和引导民间投资健康发展的若干意见》	进一步鼓励和引导民间投资，有利于坚持和完善我国社会主义初级阶段基本经济制度，以现代产权制度为基础发展混合所有制经济，推动各种所有制经济平等竞争、共同发展；有利于完善社会主义市场经济体制，充分发挥市场配置资源的基础性作用，建立公平竞争的市场环境；有利于激发经济增长的内生动力，稳固可持续发展的基础，促进经济长期平稳较快发展；有利于扩大社会就业，增加居民收入，拉动国内消费，促进社会和谐稳定

续表

年份	会议/文件名称	政策内容
2012	《坚定不移沿着中国特色社会主义道路前进，为全面建成小康社会而奋斗——胡锦涛在中国共产党第十八次全国代表大会上的报告》	毫不动摇鼓励、支持、引导非公有制经济发展，保证各种所有制经济依法平等使用生产要素、公平参与市场竞争、同等受到法律保护。加快发展民营金融机构
2013	《中共中央关于全面深化改革若干重大问题的决定》	公有制经济和非公有制经济都是社会主义市场经济的重要组成部分，都是我国经济社会发展的重要基础。必须毫不动摇鼓励、支持、引导非公有制经济发展，激发非公有制经济活力和创造力。公有制经济财产权不可侵犯，非公有制经济财产权同样不可侵犯。坚持权利平等、机会平等、规则平等，废除对非公有制经济各种形式的不合理规定，消除各种隐性壁垒，制定非公有制企业进入特许经营领域具体办法
2017	《决胜全面建成小康社会，夺取新时代中国特色社会主义伟大胜利——习近平在中国共产党第十九次全国代表大会上的报告》	构建亲清新型政商关系，促进非公有制经济健康发展和非公有制经济人士健康成长。全面实施市场准入负面清单制度，清理废除妨碍统一市场和公平竞争的各种规定和做法，支持民营企业发展，激发各类市场主体活力

1997 年至今，针对民营经济在市场竞争中往往处于劣势、难以获得公平竞争的市场地位和市场环境等突出问题，党和政府从理论层面和制度层面着手制定了一系列方针政策，从民营经济跃升成为我国社会主义市场经济的"重要组成部分"，到坚持"两个毫不动摇"方针，到"两个平等"设想的提出，再到明确"三个没有变"原则等，这些指导思想和政策措施的演进过程实际上正是民营经济平等市场主体地位与公平竞争市场环境建设思想的逐步形成与发展过程。

二、国有经济与民营经济协调发展模式的理论探索

继党的十五大将公有制为主体、多种所有制经济共同发展确立为我国社会主义初级阶段的基本经济制度，并提出个体、私营等非公有制经济是我国社会主义市场经济的重要组成部分以后，我国国有经济与民营经济之

间的发展关系实现了历史性突破，由计划经济体制时期的"完全对立"关系，历经经济体制改革初期的"主体—补充"关系，向现阶段经济体制改革深化时期的"平等竞争、相互融合"的协调发展关系演进。然而，国有经济与民营经济协调发展关系的形成并非一日之功，其间不仅经过了党中央和国务院的慎重讨论，形成了一系列逐步递进、方向明确的指导思想，而且引起了理论界围绕二者之间的发展关系问题展开了广泛的学术研究和理论探讨。

（一）　二者协调发展模式理论在宏观政策领域的演变

在宏观政策领域，理解国有经济与民营经济二者关系的关键在于把握两条主要线索：一是如何在进一步巩固和发展公有制经济的基础上，坚持公有制在我国经济结构中的主体地位，并发挥好国有经济的主导作用；二是如何鼓励、支持和引导非公有制经济发展，充分发挥其在促进经济增长、扩大就业和活跃市场等方面的重要作用。因此，可以说党和政府对国有经济与民营经济之间发展关系问题的认识是伴随着我国国有经济布局战略性调整方向和推动民营经济健康发展指导思想的不断明确而逐步深化的。2002年，江泽民在党的十六大报告中明确指出：坚持公有制为主体和促进非公有制经济发展是统一于我国社会主义现代化建设进程中的两个部分，不能将二者对立起来，各种所有制经济完全可以在市场竞争中发挥各自的优势，实现相互促进、共同发展。这为我国国有经济与民营经济之间的发展关系奠定了一个基本方向。2004年，十六届四中全会研究并通过了《中共中央关于加强党的执政能力建设的决定》，其中将如何正确处理坚持公有制为主体和促进非公有制经济发展的关系问题提升到了一个历史新高度，视为涉及中国经济体制改革全局的重大问题之一，而如何实现二者在社会主义现代化建设进程中相互促进、共同发展则成为考验我党驾驭社会主义市场经济能力的评判标准之一。2007年，胡锦涛在党的十七大报告中提出要形成各种所有制经济平等竞争、相互促进的新格局，并于2012年在十八大报告中进一步明确了对"新格局"的设想，即一方面，要坚持"毫不动摇巩固和发展公有制经济，推行公有制多种实现形式，推动国有资本更多投向关系国家安全和国民经济命脉的重要行业和关键领域，不断增强国有经济活力、控制力、影响力"；另一方面，要坚持"毫不动摇鼓励、支持、引导非公有制经济发展，保证各种所有制经济依法平等使用生产要素、公平参与市场竞争、同等受到法律保护"。① 以此勾勒了我国国有经济与民营经济二者之间协调发展模式的初步蓝图。2013 年，十八届三中全会通过的《中共中央关于全面深化改革若干重大问题的决定》指出："公有制经济和非公有制经济都是社会主义市场经济的重要组成部分，都是我国经济社会发展的重要基础"②，在此基础上将积极发展混合所有制经济作为公有资本与非公有资本相互融合的重要实现形式，并提升到国家发展经济战略的高度，为我国国有经济与民营经济二者关系的进一步发展指明了道路和方向。2017 年，习近平在十九大报告中提出既要"深化国有企业改革，发展混合所有制经济，培育具有全球竞争力的世界一流企业"，也要"清理废除妨碍统一市场和公平竞争的各种规定和做法，支持民营企业发展，激发各类市场主体活力"。③ 2018 年底，习近平在主持召开的民营企业座谈会上强调："把公有制经济巩固好、发展好，同鼓励、支持、引导非公有制经济发展不是对立的，而是有机统一的。公有制经济、非公有制经济应该相辅相成、相得益彰，而不是相互排斥、相互抵消"。由此，我国国有经济与民营经济二者之间平等竞争、相互融合的协调发展模式及其实现路径日趋清晰。

（二）二者协调发展模式理论在经济学术领域的兴起

在经济学术领域，伴随着国家宏观经济指导思想和政策制度的逐步明确以及国内理论界围绕"国退民进"与"国进民退"话题争论的不断升温，相关国有经济与民营经济协调发展的理论探讨逐渐兴起。学者们大多认为党的十六大、十七大、十九大报告已经准确阐明了社会主义市场经济

---

① 胡锦涛：《坚定不移沿着中国特色社会主义道路前进，为全面建成小康社会而奋斗——在中国共产党第十八次全国代表大会上的报告》，人民网，http：//cpc. people. com. cn/n/2012/1118/c64094 – 19612151. html。

② 全国人大常委会办公厅、中共中央文献研究室编：《人民代表大会制度重要文献选编（四）》，中国民主法制出版社 2015 年版，第 1666 ~ 1668 页。

③ 习近平：《决胜全面建成小康社会　夺取新时代中国特色社会主义伟大胜利——在中国共产党第十九次全国代表大会上的报告》，人民出版社 2017 年版，第 33 ~ 34 页。

中公有制经济与非公有制经济之间的关系问题，应当明确国有经济与民营经济并非完全对立、你进我退、此消彼长的简单替代关系，而应是相互促进、共同发展的关系。在此基础上，张宇强调国有经济可以在宏观稳定、技术创新、维护安全等方面为民营经济营造有利的宏观条件，而民营经济的发展则可以为国有企业改革提供有效的竞争环境、市场需求和分工协作。[1] 周泽红主张以对立统一的观点来看待和处理国有经济与民营经济二者之间的关系问题：既要看到它们彼此竞争的一面，也要理解没有竞争就没有活力的经济逻辑；既要看到它们各自的优势劣势，也不能忽视发挥比较优势正是市场经济的要义所在。[2] 高文也持类似观点，并具体提出其二者的"统一性"表现在：二者都处于我国社会主义市场经济的发展之中，二者间相互竞争、此消彼长的态势推动了地区及行业水平的提高，企业内部二者的竞争都源于企业利润最大化的逻辑驱动；其"对立性"表现在：一定时期内二者存在相互替代关系，在同一地区或行业中国有经济处于竞争优势地位，企业内部可以通过股权转让方式实现国有资本或民营资本的挤出效应；并主张从比较优势理论的视角建议协调二者之间保持适度的比重关系，即"相对削弱民营经济向国有经济转化的刚性、提高国有经济向民营经济转化的弹性、保证国有经济与民营经济之间适度的相互转化"。[3] 杜敏指出在社会主义市场经济条件下，市场这条纽带将我国国有经济与民营经济紧密联系在一起，二者在经济功能、产业结构、区域结构等方面体现了优势互补、相互促进的发展关系，因此不论从国家指导思想层面还是现实需要层面，抑或是历史实践经验来看，如何实现国有经济与民营经济的协调发展才是当前经济工作的重中之重。[4] 刘泉红提出，国有经济与民营经济协调发展模式应具有四个特征：一是互相补充，形成交错发展格局；二是互相合作，共同推动经济发展；三是互相竞争，市场准入门槛基本消失；四是互相促进，民营经济素质显著提升。并基于这一判断，建议

---

[1]　张宇：《当前关于国有经济的若干争议性问题》，载于《经济学动态》2010 年第 6 期。

[2]　周泽红：《国有经济改革与发展的几个理论问题辨析——从"国进民退"的争论谈起》，载于《理论探讨》2011 年第 3 期。

[3]　高文：《论"国有经济"与"民营经济"的关系——兼论当前我国"国有经济"与"民营经济"关系中的一个关键问题》，载于《当代经济》2013 年第 6 期。

[4]　杜敏：《新时期民营经济若干问题研究》，郑州大象出版社 2011 年版，第 284～285 页。

从加快国有经济布局调整、转变政府职能、促进民营企业提高自身素质等方面着手促进我国国有经济与民营经济协调发展。① 刘现伟分别从国有企业理论发展、民营经济战略地位、以管资本为主分类推进国企改革、鼓励民间资本参与国企改革、推动国企与民企融合发展、积极发展混合所有制几个方面系统论述了我国国有经济与民营经济融合发展的背景、思路与途径。② 此外，还有学者从中国发展阶段、国际竞争、宏观调控、"国民共进"等多个方面论证了我国国有经济与民营经济应在相互合作、相互竞争中实现共同发展③；或是基于空间经济学的视角，指出国有经济在地区经济发展中往往起"打头阵""领头雁"的作用，民营经济会因国有经济的注入和增长而出现追随效应，因此二者存在共生共荣、共同进退的关系④；或是提出国有企业与民营企业不应是过度竞争关系，而应是相互依存关系的观点，其原因在于目前中国国有企业比民营企业强大，一方面，国有企业不仅要与其竞争而且要支持其发展壮大；另一方面，站在国际市场的高度来看，国有企业应将主要竞争对手定位于跨国公司⑤。然而，也有部分学者主张"与民争利论""挤压民营经济发展论""不公平竞争论""增长拖累论"等观点⑥，这实际上是对我国国有经济与民营经济之间协调发展关系的质疑和批判。但总体上，理论界还是以主张国有经济与民营经济协调发展并积极探索如何实现这一协调发展模式的观点讨论为主流。

三、"民营经济"概念的发展演变及相关学术争鸣

改革开放以来，以个体、私营经济为主体的民营经济形式在实践发展

---

① 刘泉红：《国有企业改革：路径设计和整体推进》，社会科学文献出版社 2012 年版，第 131～133 页。
② 刘现伟：《国有经济与民营经济融合发展研究》，经济管理出版社 2017 年版。
③ 周明生：《实现国有经济和民营经济共赢》，载于《红旗文稿》2012 年第 18 期。
④ 张晓欢、常旭：《"国有"和"民营"共生共荣共进退》，载于《中国经贸导刊》2012 年第 22 期。
⑤ 文宗瑜、吴敬琏等：《"国有"与"民营"能和睦共处吗?》，载于《现代国企研究》2012 年第 10 期。
⑥ 这些观点已有学者进行了较为充分的整理，故此处不再展开论述。具体内容可参见洪功翔：《国有经济与民营经济之间关系研究：进展、论争与评述》，载于《政治经济学评论》2016 年第 6 期。

过程中逐步成长并壮大，然而，与之相应的"民营经济"概念却在理论和制度层面始终未获得明确界定，以致社会各界围绕这一概念的内涵外延、界定方法等问题先后进行了多次争论。继20世纪90年代初期理论界出现有关"民营经济"概念兴起的早期探讨后，90年代末期以及21世纪初期理论界又分别展开了以概念停用和概念界定为焦点的两次集中讨论。在此过程中，由于不同时期经济背景与制度约束的差异性，"民营经济"概念本身经历着阶段性的动态演化过程，另外，概念之争的背后往往折射出学术观点与经济思想的流变，因此，"民营经济"概念的发展与演变是该时期民营经济思想的主要内容之一，从构建基础理论元素的视角体现了学术领域对于民营经济的认知变化。

（一）20世纪末停用"民营企业"称谓与学术共识的促成

1997年，关于"南德集团董事长牟其中"的社会舆论事件[①]突发，成为各界再次质疑民营企业家及民营企业本质的导火索，更有甚者提出有些民营科技企业在搞私有制，是所谓的"复辟资本主义"。[②]在此背景下，国家工商局于1998年2月召开了"个体私营经济工作会议"，会议以"为了与十五大精神协调一致""为了与国家法律法规保持一致""为了语言文字使用规范"三点为由，要求各地停止使用"民营企业"称谓。[③]《中国民营科技促进会简报》《羊城晚报》《光明日报》等随即转载刊发会议精神，引起各界人士的广泛回应，致使1997~1999年再次出现了关于"民营经济"概念的集中探讨。

此次讨论主要聚焦两个方面：一是进一步论证和解决上一时期遗留的争议问题——"民营经济"提法是否科学与必要？事实上，早在几年前就已有学者针对"民营"及"民营经济"概念提出过零星批判，虽然在当

---

① 牟其中曾被中国《财富》杂志称为"中国第一民间企业家"。1995年8月~1996年8月，为维持"卫星业务"及偿还债务，牟其中伙同他人共谋，采取虚构进口货物的事实骗开信用证，非法获取资金达6.2余亿元。参见欧阳逸飞：《问题富豪：中国富豪问题调查报告》，人民日报出版社2003年版，第195~209页。

② 于维栋、李国光、彭树堂：《关于民营科技企业发展的几个理论问题》，载于《民营科技》1999年第6期。

③ 《"民营企业"的提法欠妥》，载于《羊城晚报》1998年3月20日，第1版。

时并未形成争鸣之势，但要说服批判者的质疑却是不易的，这给社会各界触发对该问题的进一步论争埋下了伏笔。[①] 1997 年 2 月，以《内部文稿》所刊登的《"民营经济"的提法质疑》一文为序幕，文章批判"民营经济"提法不仅忽视了所有制性质问题，还模糊了相同所有制经济内部的差异（包括产权归属与流动、生产经营方式、市场化运作、利益分配等），并且概念中的"民"也界定不清，有误导我国经济体制改革的社会主义方向之嫌，应尽早予以摒弃。[②] 该观点一经发表即引起学者们的关注并纷纷撰文总结或阐述对民营经济的认识和理解，同时伴随工商局叫停"民营企业"称谓事件，《特区经济》《浙江社会科学》《南方经济》等杂志开辟专栏陆续刊登了一系列相关文章，其中不乏质疑、否定、对立的观点。代表性观点有：黄文忠认为不应否定所有权与经营权可以分离的经济事实而仅关注所有制性质，以此进行反驳，并提出需要一个概念来表述因国营模式被打破而产生的大量非国营企业的改革现实，而"民营"概念正是在保证市场经济改革的社会主义性质基础上，强调并肯定了一种具有资源配置效率的经营方式概念，其在外延上与"国营"互相排斥，符合形式逻辑有关集合概念的要求，因此该概念并无不妥[③]；张旭昆、陈福清则从产权理论的视角强调要区分和理清"经营"与"所有"、所有制性质与企业组织形式两个方面的关系，同时主张"当我们研究哪一类经营方式更有利于提高既定资源的配置效率和利用效率时，把各种经济类型从经营权归属的角度分为民营经济和国营经济是非常科学的做法"[④]。

二是侧重于回应国家工商局叫停"民营企业"称谓的要求——是否应该停止使用这一提法？[⑤] 在上述观点论争后，黄文忠发表《民营经济是一个科学的概念》《"民营企业"的提法不应终止》两篇文章作为对叫停事

---

① 程霖、刘凝霜：《经济增长、制度变迁与"民营经济"概念的演生》，载于《学术月刊》2017 年第 5 期。

② 白永秀、马晓强：《"民营经济"的提法质疑》，载于《内部文稿》1997 年第 3 期。

③ 黄文忠：《民营经济的提法不科学吗？——与白永秀、马晓强先生商榷》，载于《经济特区》1998 年第 1 期。

④ 张旭昆、陈福清：《民营经济概念是从经营权角度对各种经济类型的科学概括——兼与白永秀、马晓强〈"民营经济"的提法质疑〉一文商榷》，载于《特区经济》1998 年第 3 期。

⑤ 程霖、刘凝霜：《经济增长、制度变迁与"民营经济"概念的演生》，载于《学术月刊》2017 年第 5 期。

件的正面回应，从考察历史文献和爬梳政策文件的视角论证了"民营企业"提法与中央正式文件的精神并不相悖，相反，该提法符合语言规范，不仅是同市场化改革紧密相关的重要经济概念，而且是我国企业实现形式多样化改革的理论复写和改革实践的理论创新产物[①]。与此同时，支持停用"民营企业"称谓的也不乏其人，如于维栋认为"民营"一词在我国尚属经济学语言而非法规语言，此次叫停事件如是针对"行政部门在其工作范围之内规范使用私营、个体、集体等名称，停止把个体、私营统称为民营"的要求是可以被接受的，但同时也强调这并非所谓的中央精神，因此不妨碍理论工作者和社会人士继续使用这一概念[②]。但整体上理论界反对停止使用"民营企业"的观点仍占主流：虞文亭指出，民营和国营是许多国家在市场经济中普遍采用的两种提法，我国如果要在市场经济中同国际接轨则应该继续使用"民营"概念并列入工商登记中[③]；蔡榜藩认为，摒弃"民营""民营经济"提法者正是自身混淆了所有制范畴与所有制实现形式范畴所致[④]；此外，杜松年、朱元春、黄文夫、单东等学者则从不同角度声援推进民营经济走向21世纪[⑤]。

　　总而言之，20世纪末期所呈现的这场学术论争较为激烈，正反观点之间的对立论证与批驳十分明确，但在总体上该时期仍以反对停止使用"民营企业"称谓的观点为主，并且该主流观点也产生了一定程度的正外部性作用：即在理论界讨论以后，一来，无论是国家工商局还是其他政府部门都没有采取实质性的强制禁提措施，"民营企业"称谓依旧为各级政府以及社会各界广泛使用；二来，《关于促进民营科技企业发展的若干意

---

　　① 黄文忠：《民营经济是一个科学的概念》，载于《浙江社会科学》1998年第2期；《"民营企业"的提法不应终止》，载于《特区经济》1998年第4期。
　　② 于维栋：《民营概念的研究》，载于《中国民营科技促进会简报》1998年5月12日。
　　③ 虞文亭：《民营经济是非公有制经济吗？——关于民营和民营科技企业若干问题的思考》，载于《华东科技》1998年第8期。
　　④ 蔡榜藩：《关于民营经济的三点思考》，载于《南方经济》1999年第5期。
　　⑤ 杜松年：《迎接21世纪民营经济》，载于《南方经济》1998年第2期；朱先春：《曲曲折折风雨路——关于"民营"问题的三次大辩论》，载于《港澳经济》1999年第3期；黄文夫：《走向21世纪的中国民营经济》，载于《管理世界》1999年第6期；单东：《民营经济论》，载于《浙江社会科学》1998年第2期；吴世泉：《试论"民营经济"正确界定》，载于《经济工作导刊》1998年第10期；廖丹清：《论民营经济形式与国有小型企业的改革》，载于《理论月刊》1999年第3期。其中，一些学者在赞成继续使用"民营企业""民营经济"概念的基础上，对概念内涵及其意义还作了观点不一的探讨。

见》《中共中央、国务院关于加强技术创新，发展高科技，实现产业化的决定》两份文件的发布进一步表明了党和政府充分重视并支持发展民营科技企业的态度和立场。[①] 同时也应注意到，1999 年通过的《中华人民共和国宪法修正案》仅明确了个体、私营等非公有制经济是社会主义市场经济重要组成部分的法律地位，而并未涉及"民营企业"或"民营经济"，这表明这一概念的使用虽然在理论层面形成了主流观点和基本共识，但在法律层面却尚未获得正式认可。尽管如此，需要站在客观角度来认识和厘清的是：首先从结果来看，正是由于工商局叫停"民营企业"称谓事件所引发的这场学术史上关于"民营经济"概念的第二次集中讨论，才促使理论界对该概念提法的科学性与必要性展开进一步论证，由此吸引了更多学者关注讨论这一领域，从而最终得以基本促成理论界达成继续使用这一提法的学术共识；其次从论争内容来看，该时期学者们的观点主张不同于 20 世纪 90 年代初期各执一词的学术冷境，相反呈现出一种彼此关注、互相质疑的争鸣之势，并且其争论焦点逐渐向概念内涵、外延、范畴、界定方法等方面集中，这使得"民营经济"这一概念的经济内涵日趋学术化，也为该概念进入 21 世纪以后进一步演进起到了铺垫作用。[②]

（二）21 世纪初"民营经济"概念研究的发展与学术演进

2002 年我国广义民营经济绝对量占 GDP 比重为 64%，总体产出呈高速增长态势，其中个体、私营经济的产值从 1989 年的 656 亿元增长到 2002 年的 23304 亿元，年均增长率高达 35%。[③] 相较于 20 世纪八九十年代，21 世纪初期民营经济的高速增长不仅推动了相关制度供给，而且为学术研究的进一步拓展提供了更为丰富的经验证据。具体而言，《中共中央关于完善社会主义市场经济体制若干问题的决定》《中华人民共和

---

① 科学技术部政策法规司：《科技法律法规与政策选编（1985～2008 年）》（上册），科学技术文献出版社 2011 年版，第 26～31 页。
② 程霖、刘凝霜：《经济增长、制度变迁与"民营经济"概念的演生》，载于《学术月刊》2017 年第 5 期。
③ 中华全国工商业联合会、黄孟复主编：《中国民营经济发展报告 No.1（2003）》，社会科学文献出版社 2004 年版，第 8～9 页。其中，广义民营经济是指除国有和国有控股企业以外的多种所有制经济的统称。

国宪法修正案》《国务院关于鼓励支持和引导个体私营等非公有制经济发展的若干意见》等政策制度的颁布，在本质上体现了中共中央、国务院继续大力支持民营经济发展的态度和决心，但文件中始终并未具体使用"民营经济"概念的事实表明其在法律体系和政治领域中尚不具有合法性，因此这一概念既非法律概念，也非政治概念。然而，学术领域呈现的情况却恰恰相反，"民营经济"概念的使用频率在进入 21 世纪后显著提高（见图 5－2），同时 2000～2017 年相关"民营经济"概念问题的讨论也趋于频繁，学者们在回顾和综合以往研究的基础上集中围绕概念界定方法、概念内涵与外延以及相关概念辨析三方面内容进行了深入探讨与详细考辨。

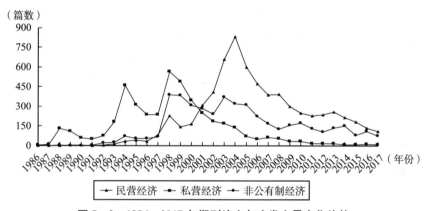

图 5－2　1986～2017 年期刊论文年度发文量变化趋势

資料来源：根据中国知网中文期刊全文数据库（www.cnki.net）的检索结果整理而得。由于 1949～1985 以"民营经济""私营经济""非公有制经济"为篇名的文献皆为 0，为保证图表的呈现效果，故在图中省略。

　　关于"民营经济"概念的界定方法问题，涉及采用何种理论框架、基于何种判断视角、如何确定民营经济性质等核心要素，并且这一问题的解决同时也关系到如何表述概念的内涵外延以及相关概念辨析两方面内容，因而尤为重要。对此，理论界主要形成了三种代表性观点：第一种观点从所有制范畴界定民营经济，强调所有制关系是反映经济形态的本质属性①，同时认为最初提出民营经济概念的用意是为了回避个体、私营经济所有制形式的冲击以克服发展非公有制经济的思想障碍，有利于进一步深化所有制改革和推进产权制度改革②。第二种观点从经营机制范畴界定民营经济，比较多的学者支持这种观点③，认为民营经济是一个表述经营主体或经营方式的概念，强调相对于国营模式而言的民间经营管理机制及其特征，而不涉及生产资料归属（所有制范畴）问题。第三种观点结合所有制形式与经营方式共同界定民营经济，这种观点一般认为所有权与经营权的分离是有一定限度的，不可能绝对分离，任何一种经济形式都是既体现一定的所有制形式又体现一定的经营方式，因此只有综合二者进行定义才能实现概念内涵的完整性，同时也符合经济改革的需要。④

关于"民营经济"概念的内涵与外延问题，理论界的表述在依据与参考上述界定方法的基础上，相应形成三类划分。第一类从所有制范畴进行界定的观点认为民营经济的对立面是公有经济或国有经济：其中，一种说法主张民营经济的内涵是非公有经济，外延包括个体经济、私营经济、民间经营的股份制经济及外资经济⑤；另一种说法主张民营经济的内涵是非国有经济，其外延在广义上指集体和个体私营及其他混合经济、港澳台经济、外资经济，在狭义上单指个体、私营经济⑥。第二类从经营机制范畴进行界定的观点认为民营经济的对立面是国营经济，主张其内涵是非国营经济，但对外延范围却众口不一：主流观点认为民营经济外延共涵盖七个部分，包括个体经济、私营经济、外资经济、乡镇企业、民营科技企业、

———————————

① 持该观点的有：冯秀肯（2003）；中华全国工商业联合会课题组（2007）。

② 冯秀肯：《论民营经济的内涵与外延》，载于《广东社会科学》2003年第3期。

③ 持该观点的有：宋醒民（2001）；宋子和（2001）；晓亮（2001a、2003）；厉锦文（2002a、2002b）；木志荣（2002）；孙西克（2003、2004）；吴卓明（2003）；张远秀（2003）；刘儒、周丽涛（2004）；乔光平、徐静珍（2005）；潘胜文（2006）；马静（2006）；袁波（2006）；匡艳群（2007）；陈春丽（2007）；黄焕山（2007）；黄瑞（2008）；高文（2013）。

④ 持该观点的有：阳小华（2000）；张惠忠（2001）；黄文夫（2001）；韩云（2001）；马红军（2001）；丁耀、吴时国（2003）；吕明晓（2004）；单东（2005）；李妍（2006）；李静娥（2006）；李国荣（2007）。

⑤ 冯秀肯：《论民营经济的内涵与外延》，载于《广东社会科学》2003年第3期。

⑥ 中华全国工商业联合会课题组：《中国民营经济的三大历史性变化》，载于《经济理论与经济管理》2007年第3期。

股份合作制企业、国有民营企业[①]；也有不同观点主张"民营经济"概念提出的现实意义在于改变公有经济的官营模式，因而应将公有民营经济视为民营经济的主体[②]。第三类结合所有制形式与经营方式共同界定的观点认为民营经济的对立面是国有国营经济，因此将其内涵定义为非国有国营经济，但关于其外延划分则呈两种不同看法：一种看法与上述从经营权范畴进行界定划分的主流观点一致，主张民营经济在外延上既包括民有民营经济，也包括国有民营经济在内的共七部分经济形式[③]；但另一种看法则反对将国有民营经济囊括在内[④]。除以上三类划分外，理论界还有一种大综合的观点，即认为"民营"是一个包含了三个层次的复合概念：民营Ⅰ仅指私营经济，是打破传统单一公有制的结果；民营Ⅱ指非国有经济，即民有经济，是多种所有制经济并存的理论反映；民营Ⅲ指非国营经济，是传统国有企业改革的目标模式。[⑤] 该观点虽无本质上的创新，但其贡献在于在前人研究的基础上将民营概念与政策导向互相匹配，进行了较为全面的表述与划分。

关于"民营经济"相关概念的辨析问题，由于近年来法律或政策性文件中常常出现"私营经济""非公有制经济""非国有经济"等多种概念用语，导致相关概念经常被混用或误用，从而引起不少学者开始重视"民营经济"与其他相关经济概念的比较和辨析研究，旨在进一步厘清和明确民营概念的本质与边界。其一，私营经济是指以生产资料私有和雇工劳动为基础的一种经济形式，虽然无论是从所有制层面还是经营方式层面来看，私营经济都符合民有、民营的内涵特征，但是民营经济不等同于私营经济，发展民营经济也不等同于进行私有化，后者只是前者的重要组成部分之一。[⑥] 其二，

[①] 代表学者有晓亮、剧锦文、孙西克、吴卓明等。但也有学者认为应当承认农户的市场主体地位，把农户也列入民营经济范围之内，或认为外资及外资控股的经济成分应排除在外。参见匡艳群、孙宝强：《走出民营经济的八个认识误区》，载于《南方论刊》2007年第4期；高文：《论"国有经济"与"民营经济"的关系——兼论当前我国"国有经济"与"民营经济"关系中的一个关键问题》，载于《当代经济》2013年第6期。

[②] 木志荣：《对民营经济概念的修正》，载于《云南财贸学院学报》2002年第5期。

[③] 代表学者有阳小华、丁耀、吴时国、单东、李国荣等。

[④] 马红军：《关于民营经济之我见》，载于《社科与经济信息》2001年第10期。

[⑤] 黄文忠：《关于民营概念的界定》，载于《福建论坛》2001年第7期。

[⑥] 持该观点的有：张惠忠（2001）；张远秀（2003）；廖乐焕（2006）；潘胜文（2006）；李国荣（2007）。

非公有制经济是一个使用规范、语义明确的法律概念①，指在社会主义条件下生产资料不归全体劳动者或部分劳动者共同占有的所有制经济形式，在外延上包括个体经济、私营经济、外资经济等。曾有观点认为"民营经济"概念的提出是为了克服当时发展个体、私营等非公有制经济的思想障碍，因而将民营经济等同于非公有制经济，但事实上二者在内涵与外延上既有重合也有差异，民营经济不仅包括各种形式的非公有制经济，而且还包括诸如集体经济、国有民营经济等部分公有制经济形式，可以说非公有制经济是民营经济的主体。② 其三，非国有经济是指社会主义全民所有制经济以外的经济形式，在外延上涵盖非公有制经济和集体经济。非国有经济是一个所有制范畴的概念，尽管它在所有制形式上可以等同于民营经济，但在经营方式上却不能替代民营经济，因为在公有制实现形式可以实现多样化以后，民营经济在最广义的界定下还包括国有民营的经济形式。③

与20世纪90年代所出现的两次集中讨论相比，21世纪以来"民营经济"概念得到了进一步的发展与演变，无论就研究数量、研究方法还是研究成果而言，都标志着该时期"民营经济"概念已从最初仅表述为科技企业类型的冠名称谓逐渐演化成为一个具有丰富内涵的经济学术概念。作为企业类型称谓与作为经济学术概念的根本区别在于如何理解我国宏观经济发展格局及其发展边界。"民营经济"作为企业类型称谓，仅代表一小部分实行了"自筹资金、自愿组合、自主经营、自负盈亏"新型企业运行机制的科技企业，其内涵单一且较为局限；但作为经济学术概念，则能蕴含和承载信息量更大、理论性更强的内涵，因此，在包容更多具有民营特性经济形式的基础上，这一概念的内涵在本质上具有映射宏观经济发展格局与经济体制改革市场化的指向作用。而这一发展演变的过程主要是基于理论界研究对概念内涵的日趋深化和概念边界的逐渐明确来实现的。首先，

---

① 1999年通过的《中华人民共和国宪法修正案》已明确规定"非公有制经济是社会主义市场经济的重要组成部分"。
② 持该观点的有：盛毅（2003）；戴园晨（2005）；于维栋等（2005）；廖乐焕（2006）；李国荣（2007）。
③ 持该观点的有：张惠忠（2001）；廖乐焕（2006）；李国荣（2007）。

随着时间推移和民营经济的发展，越来越多的学者加入民营经济的研究队伍中，涌现了许多新颖且具有批判性的观点；其次，由于相关民营经济发展的政策制度配套落实以及"民营经济"提法共识的形成，学者们的研究重心开始向阐释概念内涵、廓清概念边界转移，研究目标也逐渐侧重于如何实现科学性、理论性地定义"民营经济"概念；再次，从研究过程来看，该时期论文发表数量显著增多，且不同视角、不同立场、不同观点的交锋此起彼伏，学术争鸣现象也较20世纪90年代有所增加[1]；最后，从研究结果来看，理论界针对"民营经济"概念的内涵外延、范畴边界、界定方法等理论要素进行了内容丰富且充分的讨论，并形成了三种较为系统的代表性观点。

综上所论，该时期"民营经济"概念的发展与演变从构建基础理论元素的视角体现了学术领域对于民营经济的认知深化，不论是关于继续使用"民营经济"提法的基本共识形成，还是关于概念界定方法、内涵外延以及相关概念辨析的观点分歧，都构成民营经济思想的主要内容之一，并且正是得益于这些不断涌现的观点批判，才推动了学术争鸣的热烈展开，从而有利于促使该领域的研究者不断进行自我修正，由此产生的思想火花与理论成果也在一定程度上给政策制定者和制度设计者提供了参考和启示。[2]

四、民营企业建立政治关系现象的经济学逻辑解释

企业建立政治关系（political connections）[3] 的现象在大多数国家广泛

---

[1] 例如，除了对上述三个主要问题有结论不一的观点存在之外，这一时期仍有学者坚持认为"民营经济"概念含义不明、分歧较大，因而主张以"民有经济""非公有制经济""混合所有制经济"等概念取而代之；更有学者提出应摒弃"民营经济"，并立意还原以前因避讳而以"民营经济"代称的"私有经济""私人企业"等概念的观点，故而引起学术论战。参见程霖、刘凝霜：《经济增长、制度变迁与"民营经济"概念的演生》，载于《学术月刊》2017年第5期。

[2] 程霖、刘凝霜：《经济增长、制度变迁与"民营经济"概念的演生》，载于《学术月刊》2017年第5期。

[3] 目前，国内外学界针对"政治关系"概念的内涵尚无严格、统一的定义。在国外的研究文献中，政治关系通常泛指私营企业与政府部门之间的关联，突出表现为企业及其主要控制人与拥有政治资源的（若干）个人或团体之间所形成的一种隐性关系。在国内的相关研究文献中，政治关系主要泛指民营企业的实际控制人所拥有的政治身份、政治背景与政治资源。

存在①，已成为世界性问题。在制度环境尚不完善的发展中国家或转型经济体中，企业与政府之间所建立的政治关系作为一种非正式制度往往被视为影响经济发展的重要因素之一。经济社会转型时期的中国是发展型政府主导社会经济运行的典型国家，制度环境尚处于紧约束状态，相较于具有先天政治优势的国有企业而言，政治关系对我国民营企业的影响要远比西方成熟市场经济国家更为深刻。② 具体而言，经过经济体制改革初期近20年的理论与实践探索，民营经济在中国实现了恢复和发展，并且随着改革的不断深化拓展，民营经济已逐步从社会主义公有制经济的补充成分跃升成为社会主义市场经济的重要组成部分之一，然而如前面所述（参见本章第一节），进入21世纪的民营经济在快速发展过程中面临的制度性障碍问题越来越突出，法律、产权、金融制度体系尚不完善，大量垄断管制、行业壁垒、不平等竞争等政策歧视、政策偏差仍然存在。在此背景下，民营企业致力于建立政治关系的经济行为作为一种应对正式制度缺位的替代机制得以生发，并日趋普遍。与此同时，越来越多的国内学者开始逐渐将研究焦点转移至这一话题，围绕民营企业建立政治关系背后的激励要素、作用机制以及经济影响等多方面内容进行了比较丰富的学术探讨和理论分析，从而构成该时期较为引人注目的民营经济思想之一。

关于民营企业建立政治关系的内在动机与激励机制问题，是理论界讨论的重点内容。从总体上来看，目前主要存在三种理论逻辑来解释该行为。第一种逻辑是基于法与金融理论（law and finance）的视角，认为法律的完善与良好的经济发展水平之间存在因果关系链条，而处于转型时期的中国缺乏支持产权保护与金融发展的法律框架与制度体系，这种情况下市场机制与政府干预的再分配机制将同时存在，因此，建立政治关系就成为民营企业克服不完善的法律与制度约束而寻求保护的一种有效替代机制。③ 第二

---

① Faccio, M. 2006. Politically connected firms, *American Economic Review*, 96（1）: 369 – 386.
② 刘凝霜：《政治关系、非正式制度与民营企业发展路径——基于研究脉络与理论逻辑的双视角考察》，载于《经济学动态》2016年第10期。
③ 胡旭阳：《民营企业家的政治身份与民营企业的融资便利——以浙江省民营百强企业为例》，载于《管理世界》2006年第5期；余明桂、潘红波：《政治关系、制度环境与民营企业银行贷款》，载于《管理世界》2008年第8期；张敏、黄继承：《政治关联、多元化与企业风险——来自我国证券市场的经验证据》，载于《管理世界》2009年第7期。

种逻辑是根据资源依赖理论（resource dependence theory），从资源配置的视角来解释企业谋求建立政治关系的行为。该逻辑认为在开放的系统中任何组织都无法自给自足，需要从外部环境或者其他组织获取资源，因此资源需求方对资源供给方会产生依赖。对应我国经济现实，诸如土地、信贷、税收补贴、行业准入等稀缺资源的垄断权与配置权都掌握在政府手中，在生产要素流动受阻的情况下，民营企业有很强的动机与政府建立关系从而为获得稀缺资源提供渠道。① 第三种逻辑则是将政治环境因素引入经济学领域，从政治不确定性（political uncertainty）的视角，提出政治不确定性的风险将影响宏观经济与微观企业的发展情况，政治环境构成企业外在环境的重要部分。处于转型期的中国伴随着行政分权、财政分权、官员更替等现象增加了民营企业所面临的政治不确定性风险，因此，建立政治关系成为民营企业应对政治环境、处理与政府关系的战略决策之一。② 此外，提高个人社会地位的激励和促进企业发展的动机也会显著提高民营企业家的参政水平，使得民营企业致力于建立政治关系。③

　　关于政治关系对民营企业发展的作用机制与传导路径问题，理论界大体形成了两种代表性观点。一种观点是受艾伦等（Allen et al.，2005）和李等（Li et al.，2008）关于政治关系对中国民营企业发展起到积极影响的开拓性研究启发④，认为政治关系主要通过资源配置机制以发挥积极的传导作用，从而促进民营企业在我国现有制度下实现价值增长与企业发

　　① 张建君、张志学：《中国民营企业家的政治战略》，载于《管理世界》2005年第7期；吴文峰、吴冲锋、刘晓薇：《中国民营上市公司高管的政府背景与公司价值》，载于《经济研究》2008年第7期；罗党论、刘晓龙：《政治关系、进入壁垒与企业绩效——来自中国民营上市公司的经验证据》，载于《管理世界》2009年第5期。
　　② 徐业坤、钱先航、李维安：《政治不确定性、政治关联与民营企业投资——来自市委书记更替的证据》，载于《管理世界》2013年第5期；钱先航、徐业坤：《官员更替、政治身份与民营上市公司的风险承担》，载于《经济学（季刊）》2014年第4期。
　　③ 邬爱其、金宝敏：《个人地位、企业发展、社会责任与制度风险：中国民营企业家政治参与动机的研究》，载于《中国工业经济》2008年第7期。
　　④ Allen等（2005）提出非正式制度作为一种积极的替代机制支持了中国民营经济的发展；Li等（2008）研究发现，如果民营企业所有者具有中国共产党党员的政治身份，将会对企业绩效产生正面影响。参见Allen, F., J. Qian and M. Qian (2005). Law, Finance, and Economic Growth in China, *Journal of Financial Economics*, 77 (1): 57–116; Li, H., L. Meng, Q. Wang and L. Zhou (2008). Political Connections, Financing and Firm Performance: Evidence from Chinese Private Firms, *Journal of Development Economics*, 87 (2): 283–299.

展，具体表现在政治关系有助于民营企业减少融资约束、降低行业准入壁垒、获取财税优惠补助、弱化企业营运风险四个方面。[①] 另一种观点则是在借鉴范等（Fan et al.，2007）有关政治关系对企业价值具有负面影响的实证研究[②]的基础上，重新审视了政治关系对中国民营企业发展的作用机制问题。该观点具体体现在政治关系能够通过降低企业资源配置效率（涉及信贷、政府补助、资本市场等领域）、提高政府干预程度、增加政治不确定性风险三方面的传导路径[③]，从而降低民营企业的经营绩效，这给民营企业政治关系具有反向作用的观点提供了来自中国的经验证据。

关于政治关系对民营企业经营绩效的影响问题，主要侧重于实证研究领域，目前已有文献的实证结果形成两类对立观点：一类持"扶持之手"观点，强调政治关系作为一种社会资本或社会网络关系，是社会经济转型时期利益相关者寻求自我保护的一种替代机制（非正式制度），民营企业通过建立政治关系可以获得融资贷款、行业准入、税收补贴优惠等垄断资源的配置渠道和便利，从而有助于提高民营企业的市场价值。[④] 相反，另一类则持"掠夺之手"观点，认为政治关系可能成为民营化进程中政府对企业保持持续干预的一种手段，建立政治关系的民营企业在信贷资源、税收补贴资源以及资本市场资源的利用效率上存在低效性，因此政治关系可能演变成为阻碍社会稀缺资源有效配置的寻租手段之一。[⑤] 总体上，学者

[①③] 相关文献来源与述评具体可参见：刘凝霜：《政治关系、非正式制度与民营企业发展路径——基于研究脉络与理论逻辑的双视角考察》，载于《经济学动态》2016年第10期。

[②] Fan等（2007）通过对中国上市民营企业IPO后的股价波动情况与企业CEO所具有的政治身份进行实证分析，指出政治关系对企业价值具有负面影响。参见Fan，J. P. H.，T. J. Wong and T. Zhang（2007）. Politically Connected CEOs，Corporate Governance，and Post - IPO Performance of China's Newly Partially Privatized Firms，*Journal of Financial Economics*，84（2）：330 - 357.

[④] 胡旭阳：《民营企业家的政治身份与民营企业的融资便利——以浙江省民营百强企业为例》，载于《管理世界》2006年第5期；余明桂、潘红波：《政治关系、制度环境与民营企业银行贷款》，载于《管理世界》2008年第8期；吴文峰、吴冲锋、刘晓薇：《中国民营上市公司高管的政府背景与公司价值》，载于《经济研究》2008年第7期；罗党论、刘晓龙：《政治关系、进入壁垒与企业绩效——来自中国民营上市公司的经验证据》，载于《管理世界》2009年第5期。

[⑤] 邓建平、曾勇：《政治关联能改善民营企业的经营绩效吗》，载于《中国工业经济》2009年第2期；张敏、张胜、申慧慧、王成方：《政治关联与信贷资源配置效率——来自我国民营上市公司的经验证据》，载于《管理世界》2010年第11期；余明桂、回雅甫、潘红波：《政治联系、寻租与地方政府财政补贴有效性》，载于《经济研究》2010年第3期；连军、刘星、连翠珍：《民营企业政治联系的背后：扶持之手与掠夺之手——基于资本投资视角的经营研究》，载于《财经研究》2011年第6期；魏下海、董志强、刘愿：《政治关系、制度环境与劳动收入份额——基于全国民营企业调查数据的实证研究》，载于《管理世界》2013年第5期。

们普遍认为在要素市场发育落后、法治化水平越低以及产权侵害越严重的地区，民营企业建立政治关系的动机越强、政治关系程度越高，由政治关系所引起的正面效应和负面效应也越显著，但是这种效应的作用和影响会随政府干预程度的减弱和法律制度建设的完善而逐渐减轻。因此，政治关系目前可视为民营企业为了应对正式制度尚不完善的市场环境所采取的一种非正式制度安排，属于短期策略选择。但就长期而言，注重内外部公司治理效率才是现代民营企业的发展之道。[①]

　　上述围绕民营企业政治关联问题的学术探讨，一方面，突破了以往仅局限于逻辑和理论层面的推理分析，逐步向注重经济理论与经济实践相结合的实证分析层面转变，在此基础上产生并形成了一系列有价值的学术成果，丰富和充实了该时期民营经济思想的主体内容。另一方面，民营企业的政治关联现象是随着我国民营经济发展阶段和制度约束的变化而日益凸显的新问题，因此无法直接从历史经验和既有的经济理论中寻求解决问题的答案，需要理论工作者积极探索新方法、新视角进行理论创新。上述讨论正是在这样的时代背景和研究路径下形成的，因而从一个侧面体现了该时期以理论创新为导向的民营经济思想特征。

第三节　以实现公平竞争为导向的民营经济制度建构

一、“非公经济36条”：建立民营经济平等市场主体地位思想的制度化

　　2005年2月，国务院发布了《关于鼓励支持和引导个体私营等非公有制经济发展的若干意见》（以下简称《意见》），这是新中国成立以来首

---

①　刘凝霜：《政治关系、非正式制度与民营企业发展路径——基于研究脉络与理论逻辑的双视角考察》，载于《经济学动态》2016年第10期。

次以中央政府名义颁布的旨在鼓励、支持和引导民营经济发展的政策性文件。该文件将改革开放以来特别是党的十六大以来关于中国经济所有制结构改革方面的理论创新和总体设想具体落实为指导性的政策意见，并将散见于党的十四大以来历次重要会议文件中涉及个体、私营经济发展的方针原则和政策措施加以梳理和总结，同时结合新时期民营经济发展的实践经验，最终形成了一个系统且全面的政策系列。① 《意见》从 7 个方面提出了关于促进民营经济发展的共计 36 条指导政策，因此又被理论界简称为"非公经济 36 条"（以下即使用该简称）。"非公经济 36 条"的首要目标与核心思想在于："消除影响非公有制经济发展的体制性障碍，确立平等的市场主体地位，实现公平竞争。"② 这一点具体表现在以下三个方面。

第一，积极贯彻"平等准入、公平待遇"原则。民营经济所受到的政策性歧视和不公平待遇首先表现在市场准入的限制上，这使得民营经济的积极性和创造性被局限在市场空间较为狭窄的一般竞争性领域，难以释放更大的市场活力与经济贡献。"非公经济 36 条"对此做出了重大突破，明确规定"允许非公有资本进入法律未禁入的行业和领域"，包括：电力、电信、铁路、民航、石油等垄断行业和领域；供水、供气、公共交通、垃圾处理等公用事业和基础设施领域；教育、科研、卫生、文化、体育等社会事业领域；银行、证券、保险等金融服务业；以及国防科技工业建设领域。同时，在所有制结构改革方面，鼓励民营经济参与国有经济结构调整和国有企业重组，大力发展混合所有制经济；在协调区域经济结构发展方面，鼓励民营经济参与西部大开发、东北老工业基地振兴和中部崛起建设。其次，民营经济在相关财税金融制度和社会服务体系中也常常受到政策歧视和不公待遇。③ 针对这些问题，"非公经济 36 条"提出：一方面，要加大对民营经济尤其是中小企业的财税和信贷支持力度、拓宽直接融资渠道、鼓励金融服务创新、建立健全信用担保体系，以营造与国有企业一

---

① 保育钧：《再呼唤——民营经济：中国的变革与发展》，中华工商联合出版社 2010 年版，第 134 页。

② 中共中央文献研究室编：《十六大以来重要文献选编》（中），中央文献出版社 2011 年版，第 684～685 页。

③ "非公有制经济发展问题与对策研究"课题组：《制度、市场与非公有制经济》，载于《经济社会体制比较》2004 年第 3 期。

视同仁的资本市场环境；另一方面，要大力发展社会中介服务、积极开展创业服务以及企业经营者和员工培训工作、加强科技创新服务、支持民营企业开拓国内外市场、推进企业信用制度建设，以不断完善社会服务体系。

第二，加快修订与完善私有财产保护制度，依法维护民营企业和职工的合法权益。此前由于民营经济的快速发展与政策滞后、错位、缺位现象的矛盾存在，政府权力部门往往成为侵权主体，例如民营企业在参与国有企业重组、科技成果产业化等领域时被非法剥夺、侵占、损害权益的事件常有发生。[①] 为解决这一矛盾，"非公经济36条"规定："要严格执行保护合法私有财产的法律法规和行政规章，任何单位和个人不得侵犯非公有制企业的合法财产，不得非法改变非公有制企业财产的权属关系"。[②] 同时强调任何单位和个人不得干预民营企业依法进行的生产经营活动，并依法保障民营企业家与职工的名誉、人身和财产等各项合法权益。这表明，民营企业家的社会地位相较于改革开放初期而言，获得了更进一步的认可重视与公平对待。

第三，推动政府职能由微观干预向宏观调控转变。对于改革开放以来逐渐恢复并实现发展的民营经济而言，因受姓"资"姓"社"意识形态以及长期高度集中的行政管理体制弊端的惯性影响，政府在经济管理上的"越位"现象时有发生，如投资审批环节过多、程序烦琐、透明度低等。因此，"非公经济36条"提出转变政府职能的要求：根据民营企业生产经营特点，依法履行监管职能；根据民营经济发展的需要，强化服务意识、改进服务方式、创新服务手段；积极宣传党和国家鼓励、支持和引导非公有制经济发展的方针政策，营造有利于民营经济发展的良好社会舆论环境。

总体而言，"非公经济36条"从放宽民营经济市场准入限制、不断完善资本市场与社会服务体系、加快完善私有财产保护制度、转变政府职能等多个方面，明确了党和国家积极促进民营经济发展的总体要求，并突出

---

① "非公有制经济发展问题与对策研究"课题组：《制度、市场与非公有制经济》，载于《经济社会体制比较》2004年第3期。

② 中共中央文献研究室编：《十六大以来重要文献选编》（中），中央文献出版社2011年版，第690页。

彰显了要给予民营经济平等的市场主体地位，以实现公私经济公平竞争的核心思想。其政策内容为消除民营经济在新时期发展过程中各个方面的体制性障碍提供了基本的制度保障和具体的指导方向。

二、"民间投资新 36 条"：塑造公私经济平等竞争新格局思想的制度化

自 2005 年国务院发布"非公经济 36 条"以来，我国民营经济获得了进一步发展，但由于种种原因，其中一些政策措施并未真正落到实处，以致我国民间投资依然存在"玻璃门""弹簧门"等市场准入限制现象。另外，仅靠 4 万亿元人民币政府投资计划和信贷增长等短期刺激性政策措施，难以应对并化解 2008 年全球性金融危机所带来的经济冲击，而将我国民间储蓄优势转化为民间投资，形成促进经济可持续增长的内生动力则是较为有效的路径选择之一。为了解决上述问题和困难，国务院于 2010 年 5 月出台了《关于鼓励和引导民间投资健康发展的若干意见》（以下简称"民间投资新 36 条"），旨在进一步明确和细化"非公经济 36 条"等文件中有关放宽市场准入的政策规定，并提出鼓励民间资本进入相关行业和领域的具体范围、途径方式、政策保障等一系列措施，努力增强和提高政策的可操作性与可执行力。① "民间投资新 36 条"是改革开放以来国务院制定并发布的第一份专门针对民间投资发展、管理和调控方面的综合性政策文件，其中充分蕴含了党的十七大所提出的关于公有制经济和非公有制经济在法律上坚持平等保护物权，在经济上形成多种所有制平等竞争、互相促进新格局的思想精神，具体体现在以下三个方面。

第一，明确界定政府投资范围和国有经济布局结构性调整领域，从宏观视域给民间投资划定广阔的发展空间，以创造平等准入、公平竞争的市场环境。"民间投资新 36 条"规定：政府投资应主要用于关系国家安全、市场不能有效配置资源的社会经济领域，国有资本应将投资重点放在不断

---

① 中国法制出版社法规应用研究中心编：《民间资本投资法律政策实用手册》，中国法制出版社 2015 年版，第 25～26 页。

加强和巩固关系国民经济命脉的重要行业和关键领域；而对于可以实行市场化运作、一般竞争性的行业和领域，应为民间资本营造更为广阔和灵活的市场空间，并且要公开透明化市场准入标准和优惠扶持政策，"对各类投资主体同等对待，不得单独对民间资本设置附加条件"。①

第二，细化民间投资准入的行业和领域，明确并鼓励投资途径和方式的多样化，从微观视域为民间投资的发展破除各种隐性障碍，以起到指明路径、提供保障的作用。"民间投资新36条"在"非公经济36条"的基础上进一步放宽了民间资本的准入范围与门槛，具体包括：交通运输、水利工程、电力、石油天然气、电信、土地整治和矿产资源勘探开发等基础产业建设和基础设施建设领域；城市供水、供气、供热、污水和垃圾处理、公共交通、城市园林绿化等市政公用事业以及建设经济适用住房、公共租赁住房、棚户区改造等政策性住房建设领域；医疗、教育、社会培训、社会福利、文化、旅游、体育等社会事业领域；银行、证券、保险等金融服务领域；商品批发零售、现代物流等商贸流通领域；国防科技工业领域等。同时在投资方式上，"民间投资新36条"由参股逐渐放宽到鼓励民间资本以独资、控股、参股等多种形式参与交通运输、电力建设等垄断性行业，为民营企业平等参与垄断竞争创造了良好的渠道和途径。

第三，为民间资本提供和营造同等的制度环境和舆论氛围，以进一步鼓励和引导民营企业做大做强。对国内市场而言，"民间投资新36条"规定：要清理和修改不利于民间投资发展的法律法规，切实保护民间投资的合法权益，培育和维护平等竞争的投资环境，推动民营企业加强自主创新和转型升级，不仅支持民营企业利用产权市场进行民间资本的联合重组，同时鼓励民营企业通过参股、控股、资产收购等多种形式参与国有企业改制重组。对国外市场而言，"民间投资新36条"规定：通过健全和完善境外投资鼓励政策，使民营企业在资金支持、金融保险、外汇管理、质检通关等方面与其他企业享受同等待遇，鼓励民营企业"走出去"，积极参与国际竞争。

---

① 国务院法制办公室编：《中华人民共和国投融资法典》，中国法制出版社2016年版，第362～363页。

总体而言，"民间投资新 36 条"是继"非公经济 36 条"后针对进一步推动民营经济发展以及促进民间投资所制定的政策性文件。与后者相比，前者在明确政府与市场、国企与民企投资界限，扩大和细化市场准入范围与方式，创造平等制度环境和良好舆论氛围等方面提出了更为系统有效的政策措施。这些政策措施既体现了我国毫不动摇地鼓励、支持和引导非公有制经济发展，坚持和完善社会主义初级阶段基本经济制度的决心，也体现了以维护现代产权制度为基础，建立形成公私经济平等竞争、互相促进新格局，完善社会主义市场经济体制的宏观经济战略构想。

第四节　民营经济思想发展阶段的理论与绩效评析

一、民营经济思想发展阶段的理论特征分析

1997～2019 年是我国进入全面深化经济体制改革的攻坚时期，自党的十五大宣布坚定不移地沿着十一届三中全会以来的正确路线前进的重要决策以来，我国始终坚持社会主义市场经济的改革方向，并进一步提出完善社会主义市场经济体制和建成更具活力、更加开放的经济体系战略部署。在此过程中，坚持公有制经济的主体地位和推动非公有制经济的健康发展逐渐成为完善社会主义市场经济体制、建设中国特色社会主义经济发展道路的两条主线。基于上述改革目标和时代背景，我国首先在理论领域进一步发展了中国特色社会主义经济理论，酝酿并产生了社会主义初级阶段基本经济制度，并在此基础上逐步形成了路径较为清晰的所有制结构改革理论和非公有制经济发展理论，从而为本时期民营经济实践及相关思想的产生奠定了理论基础；同时在实践领域启动了国有经济布局的战略性调整，国有经济在一般竞争性行业和领域的逐步退出，为本时期民营经济的成长壮大提供了难得机遇和发展空间；但是，在经济体制改革深化过程中逐渐凸显出来的针对民营经济的政策偏差、政策歧视等制度性问题，与鼓励民

营经济发展的宏观战略之间存在现实矛盾，这就给民营经济的进一步发展造成了前所未有的困难和挑战。

因此，在新的时代背景和竞争环境中，民营经济所面临的新机遇、新挑战和新问题，不仅在宏观层面上对党和政府提出了及时调整经济发展战略与指导思想、突破传统理论与意识形态障碍、积极转变政府职能、提供并落实相关配套制度等一系列客观诉求，而且在微观层面上对民营经济本身也提出了更灵活、更高效、更具有创造力的竞争能力要求，同时对研究民营经济的理论工作者而言，也提出了视角创新、方法创新、理论创新的学术需求。这些都将为本时期民营经济思想的进一步发展提供新的理论素材和经验积累，从而形成不同于以往任何时期的以突破和创新为导向的经济思想与理论特征。具体表现在以下几个方面。

（一）实现民营经济创新发展成为主导线索

在思想内容方面，与上一时期（经济体制改革初期）所产生的以重构民营经济生产要素为主要内容的民营经济思想相比，本时期所产生的民营经济思想大体上是围绕着以促进民营经济更具活力与竞争力的创新发展为主导线索向前推进的，具体包括针对如何确立民营经济的平等市场主体地位、如何营造有利于民营经济发展的公平竞争市场环境、如何正确处理国有经济与民营经济之间的关系、如何理解"民营经济"概念的发展演变、如何看待民营企业与政府关系等问题的经济认知和理论探索，并且在认识深化和理论发展的过程中逐步形成了一系列旨在突破传统、与时俱进的创新思想。例如，在民营经济平等市场主体地位与市场环境建设思想的形成过程中，党中央曾相继提出社会主义市场经济"重要组成部分"论、"两个毫不动摇"方针、"两个平等"设想、"三个没有变"原则等，这些都是在继承既有理论的基础上结合中国经济发展实践所做出的理论突破与创新，它们经过长期的酝酿与探索最终构成确立民营经济平等市场主体地位与营造公平竞争市场环境思想的理论基石。又如，本时期针对国有经济与民营经济协调发展模式的理论探索，是继计划经济体制时期国有经济与民营经济关系的"完全对立"论、经济体制改革初期的"主体—补充"论，向现阶段"平等竞争、相互融合"论的发展演进，体现了我党在新时期所

形成的关于国有经济与民营经济二者发展关系的新认识。又如，本时期
"民营经济"概念从被工商总局叫停使用到逐渐演化成为一个具有丰富内
涵的经济学术概念，这本身就是一种学术创新，与此同时，其间所呈现的
学术共识与观点分歧也体现了理论界对于处在不断成长和发展中的民营经济
的新理解。再如，关于民营企业建立政治关系的理论研究是随着我国民营经
济发展阶段与制度约束的变化而日益凸显的新问题，因而无法直接从历史经
验和既有的经济理论中寻求答案，需要积极探索新方法、新视角进行理论创
新，这从一个侧面体现了该时期以创新为导向的民营经济思想特征。

（二）学术思想与理论价值呈现进一步增长与提升

在思想主体方面，相较前三个时期而言，该时期所产生的民营经济思
想在总体上呈现出两个特点。第一个特点在于思想主体的多样性与丰富性：
该时期分别囊括了主要领导人的政策思想，如江泽民、胡锦涛、习近平等关
于社会主义初级阶段基本经济制度理论、所有制改革理论、非公有制经济
发展理论、经济体制改革理论、混合所有制经济理论、国有经济与民营经
济发展格局理论等；理论界有关民营经济发展问题所积累的学术思想，如
针对国有经济与民营经济协调发展模式的理论探索、围绕"民营经济"概
念所形成的学术共识与观点分歧、相关民营企业建立政治关系行为的理论
分析与实证考察等①；以及经济制度中所内含的思想观念，如"非公经济
36条"中所蕴含的确立民营经济平等市场主体地位，以实现公私经济公
平竞争的核心思想，"民间投资新36条"中所体现的以维护现代产权制度
为基础，建立形成公私经济平等竞争、互相促进新格局的宏观经济战略构
想。以上这三个层面的经济思想无论是在数量广度上还是在理论的突破与
创新程度上都较以往各个时期有了更进一步的发展。第二个特点则在于学

---

① 此外，理论界有关民营经济发展问题的研究还涉及民营经济发展模式、民营经济产业结
构、民营企业制度创新、民营企业文化建设、民营企业家阶层的崛起等一系列侧重于实证分析的
学术成果。一来由于学位论文的篇幅以及写作时间和精力的限制，无法将其全部整理收录；二来
鉴于本书的研究目的和研究对象是侧重于考察新中国民营经济思想的整体演进脉络及其逻辑机
制，因而对于1997～2017年民营经济思想中有关学术思想的部分，仅选取了笔者认为最具代表性
且最能体现本时期理论创新特征的思想案例加以论述，以求突出本研究的问题导向性。如此处
理，难免存在处理不当和有失偏颇之处，但笔者期望在后续研究中逐步加以补充和完善。

术思想的扩张式增长以及理论价值的提升：一方面，与前三个时期相关主题论文的发文总量相比，该时期的学术成果可谓汗牛充栋①，在数量上呈现出扩张式增长态势，丰富并充实了民营经济思想的主体内容；另一方面，与前三个时期学术思想所体现的研究范式与理论价值相比，该时期的学术研究和理论探讨突破了以往大多仅局限于概念或性质的比较分析和逻辑推理层面，逐步向注重经济理论与经济实践相结合的实证分析的研究范式转变，同时在研究内容上，也基本跳脱出了意识形态领域的束缚以及就指导思想论指导思想、就政策论政策的形式主义，逐步转向侧重于发现并解决民营经济发展过程中的新现象、新问题，力求体现理论的实践指导价值，并在一定程度上给政策制定者和制度设计者提供参考和借鉴。

（三）新中国民营经济思想进入发展阶段

从思想演变的动态历史过程来看，在历经国民经济恢复时期民营经济思想的生发、计划经济体制时期民营经济思想的转折与消退、经济体制改革初期民营经济思想的复归之后，该时期进入了民营经济思想的发展阶段。这里的发展不仅表现为民营经济思想内容和思想主体在数量上以及内涵上的进一步充实与丰富，而且也体现在新的时代背景与竞争环境中，为了增强民营经济的活力、竞争力和创造力，党和政府以及民营经济本身在理论层面、制度层面、舆论层面、实践层面所进行的新调整、新突破和新发展。具体而言，国民经济恢复时期，我国初步形成了以促进国民经济恢复为主要目标、以调整公私关系为主要途径、以推行国家计划领导和扶助企业自主经营相结合为主要特征的民营经济思想体系；到计划经济体制时期，则形成了以建立公有制经济为主要目标、以改造所有制基础为主要途径、以逐步限制并消灭生产资料私人所有权和经营权为主要特征的民营经济思想体系；再到经济体制改革初期，基于对我国现阶段生产力发展水平

---

① 例如，在中国知网中文期刊数据库中以"个体经济"为主题进行检索的结果为：1949～1996 年共计发表论文 2562 篇，1997～2017 年共计发表 2056 篇；以"私营经济"为主题进行检索的结果为：1949～1996 年共计发表论文 3468 篇，1997～2017 年共计发表论文 10371 篇；以"民营经济"为主题进行检索的结果为：1949～1996 年共计发表论文 260 篇，1997～2017 年共计发表论文 22022 篇。

理性认知的回归，基本形成了以全面发展生产力为主要目标、以市场化导向的经济体制改革为主要途径、以重构民营经济生产要素为主要特征的民营经济思想体系；如今进入经济体制改革的全面深化时期，基于对社会主义市场经济改革方向的进一步坚持和明确，基本形成了以增强各类市场主体经济活力与竞争力为主要目标，以落实市场在资本配置中的决定性作用为主要途径，以实现理论创新、制度创新、发展模式创新为主要特征的民营经济思想体系。因此，立足于历史发展的动态视角，该时期所产生的民营经济思想是继复归之后的发展，在实践中推动了我国民营经济的进一步成长、壮大与创新。

二、本阶段民营经济思想的实践绩效考察

在上述思想的指导和影响下，党和政府于全面深化经济体制改革的攻坚时期，在实际经济工作中逐步形成并采取了对民营经济"鼓励、支持与引导"的主要方针，制定、调整并实施了一系列旨在实现民营经济平等市场主体地位、营造公平竞争市场环境、激发经济活力与创造力的制度安排与政策措施，对我国民营经济的发展轨迹和实践绩效产生了直接且积极的影响。这主要体现在民营经济就业人员规模、民营企业数量、民营经济投资规模、各种所有制经济比重变化等几个方面。

第一，城乡民营经济就业人员规模在总体上呈不断扩大趋势。具体来说，在农村（见图5-3），1997～2004年我国农村个体就业人数由于外出务工、乡镇企业崛起等因素的影响呈下降趋势，从3522万人减少至2066万人，而私营企业就业人数则呈逐渐上升趋势，从区区600万人迅速增加至2024万人，其占同期农村就业总人数比重的波动幅度分别为-2.7%和3.2%。但在2005～2016年，我国农村个体就业人数的发展趋势却发生了转变，开始稳步上升，12年间增加了2112万人，私营企业就业人数也同步增加了3548万人，二者占农村就业总人数比重分别增加了7.1%和11.2%。其中，截至2004年，我国农村个体就业人数虽然仍稍高于私营企业就业人数，但是这一趋势在2005年发生了反转，当年我国农村个体就业人数为2123万人，私营企业就业人数为2366万人，首次超过了个体

就业人数，并且该趋势一直持续至今。在城镇（见图 5-4），个体就业人

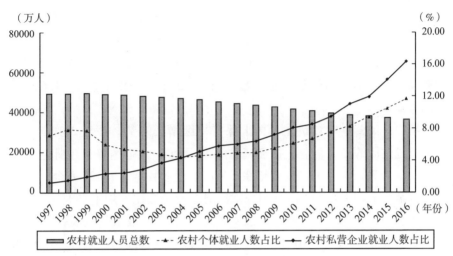

图 5-3　1997～2016 年我国农村民营经济就业人员数量变化趋势

资料来源：根据国家统计局网站（www. data. stats. gov. cn）就业人员和工资年度数据整理而成。

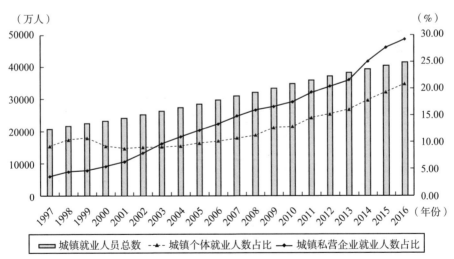

图 5-4　1997～2016 年我国城镇民营经济就业人员数量变化趋势

资料来源：根据国家统计局网站（www. data. stats. gov. cn）就业人员和工资年度数据整理而成。

员与私营企业就业人员数量的发展趋势基本与农村保持一致，只是其反转节点发生在 2003 年。在此之前，我国城镇个体就业人员数量出现了先升后降的小幅波动，而私营企业就业人数基本保持上升趋势；此后，二者基本上始终保持稳步上升态势。1997～2016 年，我国城镇个体就业人数总体上增加了 6708 万人，私营企业就业人数增加了 11333 万人，增幅显著，二者占城镇就业总人数比重在 20 年间分别增加了 11.6% 和 25.6%。

第二，民营企业数量在总体上保持持续增长态势。截至 2016 年底，我国登记注册的私营企业数量已超过 1050 万个，占全国登记注册企业总数的比重为 71.8%，而同期登记注册的国有企业数量约 13.24 万个，集体企业数量约 14.14 万个，占全国登记注册企业总数比重均不足 1%，分别为 0.91% 和 0.97%。① 此外，以我国私营工业企业数量的发展情况为例（见图 5-5），1998～2010 年私营工业企业数量呈持续增加趋势，从 1998 年的区区 1 万余个迅速增长至 2010 年的 27.3 万个，占全国工业企业总数比重相应从 6.5% 上升至 60.3%，增幅显著。自 2011 年起，由于统计口径

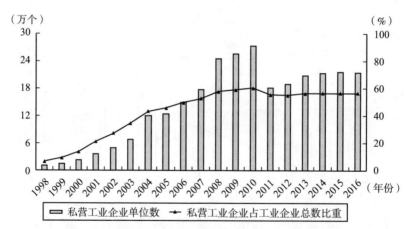

图 5-5　1998～2016 年我国私营工业企业数量变化趋势

资料来源：根据国家统计局网站（www.data.stats.gov.cn）工业企业年度数据整理而成。

---

① 根据《中国统计年鉴》（2017）按地区和登记注册类型分企业法人单位数相关数据计算而得，详见 http：//www.stats.gov.cn/tjsj/ndsj/2017/indexch.htm。

的变更①，反映在图表中的私营工业数量有所下降，但实际上其数量规模和增长趋势并未改变。2011～2016年，我国年主营业务收入规模超过2000万元的私营工业企业数量从18.1万个增加至21.4万个，占全国工业企业总数比重相应从55.5%上升至56.6%，保持稳定的小幅增长。

　　第三，民营经济投资规模在总体上保持不断增长态势。截至2016年底，我国全社会固定资产投资总计完成60.65万亿元，其中，国有经济投资12.9万亿元，集体经济投资0.89万亿元，私营经济投资18.72万亿元，个体经济投资1.21万亿元。因此，包括个体、私营经济在内的民营经济投资近20万亿元，约占全社会固定资产投资总额的32.9%。② 如图5-6所示，2006～2016年私营经济全社会固定资产投资从1.93万亿元增加到18.72万亿元，个体经济全社会固定资产投资从0.52万亿元增加到1.21万亿元，由此可见，11年间，我国民营经济全社会固定资产投资额总计增加了17.48万亿元，在绝对增加值上翻了7.1倍。

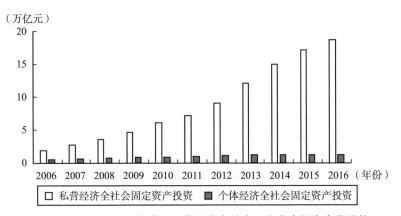

图5-6　2006～2016年我国民营经济全社会固定资产投资变化趋势

资料来源：根据国家统计局网站（www.data.stats.gov.cn）按登记注册类型分全社会固定资产投资年度数据整理而成。

――――――――――

　　① 2011年经国务院批准，纳入规模以上工业统计范围的工业企业起点标准从年主营业务收入500万元提高到2000万元。
　　② 根据《中国统计年鉴》（2017）分地区按登记注册类型分全社会固定资产投资相关数据计算而得，详见http://www.stats.gov.cn/tjsj/ndsj/2017/indexch.htm。

第四，民营经济在我国经济所有制结构中的比重基本保持上升态势。以全社会固定资产投资为例，如表 5-2 所示，2006 年我国全社会固定资产投资总额为 11 万亿元，其中，国有经济投资额 3.3 万亿元，占比约30%；集体经济投资额 0.36 万亿元，占比 3.3%；私营经济投资额 1.93万亿元，占比 17.5.%；个体经济投资额 0.52 万亿元，占比 4.7.%。而到 2016 年，全社会固定资产投资总额已增长至 60.65 万亿元，其中，国有经济投资额 12.9 万亿元，占比 21.3%，相较 11 年前下降了 8.7 个百分点；集体经济投资额 0.89 万亿元，占比 1.5%，相较 11 年前下降了 1.8个百分点；私营经济投资额 18.72 万亿元，占比达 30.9%，相较 11 年前上升了 13.4 个百分点；个体经济投资额 1.21 万亿元，占比 2%，相较 11年前下降了 2.7 个百分点。因此，虽然 2006～2016 年我国国有经济、集体经济、个体经济的固定资产投资额在绝对值上有了大幅度的增加，但在比重方面则总体呈现下降态势；而这期间私营经济占全社会固定资产投资总额的份额却呈现反差，保持稳步上升态势。

表 5-2　2006～2016 年全社会固定资产投资额中各种所有制经济比重变化

单位：%

经济类型	2006 年	2008 年	2010 年	2012 年	2014 年	2016 年
国有经济	30.0	28.2	33.1	25.7	24.4	21.3
集体经济	3.3	3.6	4.0	3.2	2.9	1.5
私营经济	17.5	20.6	24.1	24.4	29.2	30.9
个体经济	4.7	4.2	3.8	3.1	2.5	2.0

资料来源：根据国家统计局网站全社会固定资产投资年度数据整理而成，详见 http：//data. stats. gov. cn/easyquery. htm? cn = C01。

综上所述，本阶段我国民营经济在总体上呈现出不断发展和壮大的趋势，其在城乡就业人数、民营企业数量、社会投资规模、所有制结构比重等方面都实现了数量上和规模上的绝对增长，基本达到了毫不动摇地鼓励、支持和引导民营经济发展，不断优化国民经济所有制结构的宏观经济预期目标。特别是，民营经济在国民经济结构中比重的逐渐上升、公有制经济比重的逐渐下降，以及包括混合所有制经济等在内的其他经济形式的不断发展，体现了我国国有经济布局战略性调整初见成效，民营经济活力与竞争力不断增强、国有经济与民营经济不断融合的经济发展模式初步实现。因此可以说，1997 年以来，民营经济的发展轨迹和绩效结果基本上反映并实现了该时期民营经济思想的主要特征及其政策目标，同时也为民营经济在中国特色社会主义新时代不断创新、突破奠定了坚实的思想基础与实践经验。

第六章

新中国民营经济思想的
总体考察

第二章至第五章大体上按照历史发展的时间顺序和思想发展流程的阶段性特征对新中国成立 70 年来民营经济思想的演进历程进行了详细的考察与阐释，并在此基础上重点分析了新中国民营经济思想在各个演进阶段中所呈现出来的主要线索和理论特征，及其与民营经济绩效表现的相关性。在前文论述和分析的过程中，既注重强调每一阶段民营经济思想的产生都与当时的经济基础、理论背景、既有制度约束等因素密切相关，同时也特别关注制度的内生性，以及不同阶段中具有代表性的民营经济制度中所内含的经济思想。因此，本章旨在将各个阶段的民营经济思想串连起来，基于一个宏观视角，对新中国民营经济思想演进的总体脉络和内在逻辑进行梳理与提炼，从而在此基础上通过进一步探讨经济思想与经济制度之间的互动关系，为深入解释中国民营经济崛起的内在动因提供新的研究视角。

第一节　新中国民营经济思想的演进轨迹

自新中国成立至今，民营经济在实践中经历了一系列迂回曲折的发展过程，从经济史的视角来看，呈现出相当显著的消长起伏的阶段性特征，即 1949～1956 年是民营经济的限制与改造时期，1957～1977 年是民营经济的退潮与消失时期，1978 年至今是民营经济的恢复与发展时期。不同阶段民营经济的发展实践无疑为民营经济思想的产生奠定了物质基础和经验积累，从而推动民营经济思想也呈现阶段式的演进。然而，经济实践虽是经济思想形成的主要来源之一，但诸如社会经济制度的变迁、宏观经济目标与政策导向的转变、旧理论的延续与应用、新理论的产生与传播、思想主体的个人经历与认知程度等多方面因素亦将影响经济思想的产生与发展，从而导致民营经济思想的演进历程并不必然地表现为与民营经济实践相一致的阶段性特征。如有时尽管民营经济实体已经基本消失或是尚未出现，但相关民营经济运行与发展的历史反思和理论探索依然存在。因此，从经济思想史的视角出发，基于第二章至第五章对新中国历史上包含政策主张、经济理论、制度设计在内的一系列具有代表性的民营经济思想的挖掘和阐释，可以从中梳理并提炼出一条较为清晰的思想演进总体脉络。

依据思想发展的变迁趋势和思想内容的理论特征，新中国民营经济思想大体上经历了四个阶段的演进。1949 年以前，一方面，旧中国积贫积弱的经济残局从客观上导致直接建立社会主义经济基础进入社会主义的目标无法实现，另一方面，中国共产党在吸收马克思主义经济学理论的基础上，将其与中国革命特别是与革命根据地和解放区的经济实践相结合，形成了具有中国特色的新民主主义经济理论，二者共同构成新中国民营经济以及民营经济思想存在和发展的历史逻辑起点。在此基础上，新中国民营经济思想于 1949~1952 年新旧中国承转的特殊结构性条件下进入生发阶段，其间对新民主主义经济理论的继承与发展、对新民主主义经济制度与经济纲领的贯彻与落实、对民族工商业的扶助与调整，分别从理论、制度与实践层面为民营经济思想的生发奠定了基础，从而推动该阶段形成了以促进国民经济恢复为主要目标、以调整公私关系为主要途径、以推行国家计划领导和扶助企业自主经营相结合为主要内容的民营经济思想，并表现出在历史遗产的继承中寻求调整以适应新环境的思想特征。1953~1977 年计划经济体制时期是新中国民营经济思想的转折阶段，其间由于受到苏联社会主义政治经济学体系及其经济建设模式的理论约束和社会主义三大改造完成以后国内"左"倾思潮以及政治运动的影响干扰，中国民营经济的发展路径被直接切断，在相当程度上影响了民营经济思想的演进轨迹，从而迅速促成该阶段由调整民营经济为主导向改造民营经济为主导的思想转折，并基本形成了以建立公有制经济为主要目标、以改造所有制基础为主要途径、以逐步限制并消灭生产资料私人所有权和经营权为主要内容的民营经济思想。但需要特别说明的是，该阶段还存在另一条思想演进线索，即在遵循生产关系要适应生产力发展水平的经济认知基础上，针对过早过快消灭民营经济弊端的理论反思以及在社会主义社会中保留一定程度民营经济的理论构想。虽然这条思想线索并未被党中央采纳而没能成为该阶段的主导思想，但其中所蕴含的理论创新与实践指导价值在当今看来却有重要意义。1978~1996 年经济体制改革初期是新中国民营经济思想的复归阶段，其间伴随思想领域的拨乱反正，理论领域积极探索马克思主义经济学中国化同时吸收、借鉴西方经济理论，政策领域逐步为恢复和发展个体、

私营经济放宽制度约束的合力推动，为该时期民营经济的重现与民营经济
思想的复归创造了有利形势，同时基于对中国现阶段生产力发展水平理性
认知的回归，共同推动该阶段形成了以全面发展生产力为主要目标，以市
场化导向的经济体制改革为主要途径，以紧密围绕民营经济人才部署、性
质界定、地位确认、概念探讨、制度供给五个层面进行重构民营经济生产
要素为主要内容的经济思想。此外，需要强调的是，该阶段民营经济思想
的复归并非指一种经济思想简单地从有到无、再从无到有的反复出现过
程，而是在不同于以往的政治、经济、社会等结构性条件下所产生的对再
次发展民营经济的客观需求以及相关新理论的探索。1997 年以来，面对我
国经济体制改革的全面深化，新中国民营经济思想进入发展阶段，其间中
国特色社会主义经济理论的不断发展、国有经济布局的战略性调整、民营
经济面临的意识形态歧视与制度性障碍，既为该阶段民营经济实践以及民
营经济思想的形成提供了理论支撑和发展机遇，也对其构成了前所未有的
困难和挑战，对此，党和政府以及民营经济本身不断尝试在理论、制度、
实践、社会舆论等层面进行调整、适应并积极探索新的发展路径，从而形
成了以增强各类市场主体经济活力与竞争力为主要目标，以落实市场在资
本配置中的决定性作用为主要途径，以全面实现理论创新、制度创新、发
展模式创新为主要内容的民营经济思想。

　　总体而言，1949～2019 年新中国成立 70 年间，民营经济思想先后经历了
由思想生发阶段（1949～1952），向思想转折阶段（1953～1977），再向思想复
归阶段（1978～1996），进而向思想发展阶段（1997～2019）逐步演进的历史
过程，并且在这一思想演进过程中的各个阶段，相应形成了从以调整公私经济
关系为主导，到以改造私有制经济为主导，再到以重构民营经济生产要素为主
导，进而到以全面实现民营经济创新发展为主导的民营经济思想内容的变迁。

第二节　新中国民营经济思想演进的内在逻辑

　　通过上述对新中国民营经济思想演进脉络及其内容变迁的整体考察与

纵向分析，可以发现各个阶段的民营经济思想并不是各自孤立的，其中内含着一个共同的核心议题贯穿于思想产生、发展与演变的始终，即如何认识与调整公私经济之间的关系问题。"公"在这里指包括国有经济和集体经济在内的以生产资料公有制为基础的经济成分，"私"在这里指以个体经济和私营经济为主体的基于生产资料私人所有制的经济成分。自新中国成立以来，甚至追溯到更早以前中国共产党成立之时，关于公私经济之间关系的问题就已成为党中央关注的核心经济问题之一，这不仅关系到党的最高理想和最终目标——共产主义的实现，而且也关系到党执政兴国的经济理念和政策导向。因此，从宏观层面来看，新中国民营经济思想的演进史实际上也就是新中国公私经济关系演变史的一个缩影，相关民营经济的理论认知与制度建构在很大程度上体现为公私经济之间存在着一种什么样的关系。

1949～1952年，恢复和实现国家财政经济状况根本好转成为党执政兴国的首要经济任务，为此党中央在《共同纲领》所确定的基本原则和思路指导下推行"公私兼顾"方针，旨在一方面利用民营经济有利于国计民生的积极作用，另一方面，逐步消灭经济活动中的无政府状态，调整公私关系与劳资关系，从而确立多种经济成分在国营经济领导下分工合作、各得其所的经济结构，在此基础上促成了毛泽东对私营经济"既团结又斗争"思想的重申，形成了陈云在国家计划领导下调控公私关系的思想以及《私营企业暂行条例》中所蕴含的私营经济自主经营与计划调整并行思想。1953～1977年，我国最主要的政治和经济目标是建立并维护全面公有制的经济基础，而发展生产力、促进经济增长则并不受重视，在此背景下逐渐形成了"公私对立"的宏观指导思想，如何进一步限制、改造与消灭民营经济成为经济理论与实践工作的重点，具体表现为通过国家资本主义改造私营经济、个体经济合作化递进式发展思想的形成，以及私股定息制度存废过程中所蕴含的公私合营企业国营化思想。与此同时，该时期也曾闪现了诸如"三个主体、三个补充""可以搞国营，也可以搞私营""消灭了资本主义，再搞资本主义"等内含了公私经济主辅相成的经济构想，但因种种原因在当时未能引起足够重视，从而导致民营经济思想与实践的发展路径出现历史转折。1978～1996年，党和国家的工作重点由阶级斗争转移到以经济建设为中心的社会主义现代化建设，大力发展生产力的同时通过经济体制改革来调整生产关系中不适应生产力发展的环节成为该时期经济工作的重中之重，在此过程中逐步确立了"公私主辅"为处理公私经济关系的主要指导思想，即公有制经济为主体、个体私营经济等作为公有制经济的补充成分，并具体表现为理论界对恢复和发展个体、私营经济的认识深化，所有制结构多元化思想的形成，以及"八二宪法"及其1988年修正案、《中华人民共和国私营企业暂行条例》中所蕴含的多种经济成分共同发展、计划为主与市场为辅等思想。1997~2019年，党中央进一步提出完善社会主义市场经济体制和建成更具活力、更加开放的经济体系战略部署，这就要求更大程度地发挥市场在资源配置中的基础性乃至决定性作用，由此，"公私公平"逐渐成为该时期处理公私经济关系的主要指导思想，并具体表现为民营经济平等市场主体地位与公平竞争市场环境建设思想的形成、国有经济与民营经济协调发展模式的理论构想与实践探索、以"非公经济36条"和"民间投资新36条"为代表的旨在实现公私经济公平竞争的制度建构。

由此可见，自新中国成立以来，在顶层设计中关于公私经济之间的关系问题大体存在并形成了两条发展路径（如图6-1所示）：第一条发展路径为"公私对立"，即公私经济之间存在不可调和的矛盾，二者只可取其一，从而发展成为单一公有制的经济结构或单一私有制的经济结构；第二条发展路径为"公私共存"，即在特定的历史条件下，承认公私经济皆对解放和发展生产力具有积极作用，二者能够以不同形式实现并存和发展，如公私兼顾模式、公私主辅模式、公私公平模式等。新中国成立之初，我国选择了"公私共存"作为初始发展路径，并在此基础上明确了"公私兼顾"的经济发展模式，从而在国民经济恢复期间形成了以调整公私关系为主要内容的民营经济思想；但随后由于公私经济发展的路径选择实行了由"公私共存"向"公私对立"的切换，以致我国逐步建立并形成了单一公有制的经济基础和高度集中的计划经济体制，民营经济则成为被改造和消灭的对象，由此引发了经济思想层面的分歧与转折；改革开放以来，经过拨乱反正与思想解放，我国公私经济发展的路径选择重新向"公私共存"回归，并在新的历史条件和时代机遇下逐渐形成了由"公私主辅"模式向"公私公平"模式的演进，与此同时，民营经济实践和民营经济思想也在复归的基础上实现了进一步的发展与丰富。

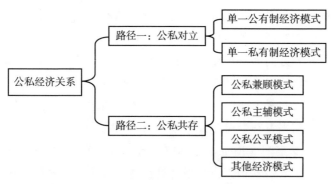

图6-1　公私经济关系的发展路径

综上所述，不同阶段对上述两条公私经济发展路径的选择与调整实际上是推动新中国民营经济思想演进的内在逻辑机制。这是因为公私经济之间的关系问题究其本质与民营经济实践以及民营经济思想的产生与发展息息相关，一方面，公有制经济与私有制经济之间的力量对比与博弈，为公私经济关系的形成奠定了客观基础；另一方面，党和政府对于公私经济关系的理解程度和调整能力，不仅在宏观层面上为中国经济所有制结构改革奠定了指导思想和战略框架，而且在微观层面上为民营经济的实践与发展指明了方向，并廓清了边界。因此，伴随顶层设计对于公私经济发展路径的初始选择及其在不同历史阶段的路径切换与模式调整，促使相关民营经济的政策导向和发展空间随之发生改变，进而引发了民营经济理论认知与制度建构产生相应的转变与调整。

第三节　经济思想、经济制度与中国民营经济的崛起

一、一个理论分析逻辑：思想、制度变迁与经济增长

自经济学研究开创以来，经济增长问题就一直是世界各国经济学家们

所关注的重要议题之一。从世界经济发展史的宏观视角出发，尽管大多数国家都在长期的经济表现中存在普遍的增长趋势，但在经济总量、增长速度、增长方式等方面却呈现显著差异；如若再从短期的微观视角出发，则会发现各个国家的经济表现在同一时期内甚至可能出现截然相反的经济走势。由此可见，基于不同历史条件、不同国家国情的结构性差异，影响经济增长的因素相当复杂。对此，以斯密（Smith，1776）、马尔萨斯（Malthus，1798）、李嘉图（Ricardo，1817）等为代表的古典经济增长理论将土地、劳动分工、资本积累、自由贸易、技术进步、生产效率等因素视为实现国民财富增长的主要动因，但他们对技术的描述不够详尽，缺乏针对技术进步在经济增长过程中作用机理的研究[1]；进入20世纪，马歇尔（Marshall，1920）、熊彼特（Schumpter，1934）分别强调了企业内部与外部经济、生产要素与生产条件的"新组合"对经济增长的影响；第二次世界大战以后，基于 Harrod – Domar 模型，以索洛（Solow，1956）、斯旺（Swan，1956）、卡斯（Cass，1965）、库普曼斯（Koopmans，1965）等为代表的新古典经济增长理论在完全竞争经济的基本假设下，将技术变化作为外生变量引入，以此来解释经济增长的长期机制[2]；再到20世纪80年代中期，以罗默（Romer，1986）、卢卡斯（Lucas，1988）、巴罗（Barro，1990）、雷贝洛（Rebelo，1991）等为代表的新经济增长理论（或称内生经济增长理论）致力于研究一国经济的持续增长是如何由经济系统内生所决定，因此与新古典增长理论相比，新经济增长理论强调了作为内生变量的知识和技术在经济增长中的作用[3]。然而，这些变量在解释经济增长理论与经济现实的吻合程度上能力有限，与此同时，制度因素仍然被视为外生变量而被忽略。事实上，诸如资本积累、规模经济、技术进步、教育等

---

① 尹伯成：《西方经济学说史：从市场经济视角的考察》，复旦大学出版社2012年版，第429~430页；任玲玉、薛俊波：《R&D活动对中国区域经济收敛的驱动效应研究》，中国科学技术大学出版社2016年版，第17页。

② 胡乃武、龙向东：《半个多世纪以来西方经济增长理论的发展》，载于《经济学动态》2001年第10期。

③ 潘士远、史晋川：《内生经济增长理论：一个文献综述》，载于《经济学（季刊）》2002年第4期。

因素与其说是经济增长的原因，毋宁说它们属于经济增长本身。① 在以诺思（North，1981；1990）等为代表的新制度经济学家看来，制度在经济社会中起着根本性作用，是决定长期经济增长的基本因素。② 制度安排构成一个社会的激励结构，约束和支配着政府和私人行为，从而通过影响资源配置效率，最终导致经济绩效的差异。因此，一种能够有效地提供适当个人激励的制度安排是促进经济增长的关键因素。而在此之前，马克思也曾探讨过制度之于经济增长的影响，其在社会资本再生产理论中创造性地将组织、技术、制度和生产要素之间的关系加以结合，率先从动态变迁的视角研究了经济增长问题。③ 制度分析实质上是马克思历史唯物主义的主要分析方法之一，马克思从生产力与生产关系的原理中揭示了生产力（包括技术在内）是推动经济社会发展的决定因素，生产关系（生产资料所有制形式即社会经济制度的本质特征在生产关系的总和中起决定作用）取决于生产力，同时又通过促进和阻碍生产力发展而影响经济增长与社会进步。④

　　既然制度与制度变迁对经济绩效的长期增长存在着至关重要的影响和作用，那么更进一步，又是什么因素导致了制度的产生？诱发制度变迁机制的原动力何在？为何在不同国家中制度变迁的速度、模式和路径会存在如此大的差异性？为了阐释这一系列问题，研究者们往往从文化、价值观念、人为意识等抽象领域寻求答案。例如，诺思在晚年的研究中越来越重视并强调信念（beliefs）、认知（cognition）、心智结构（mental constructs）以及意向性（intentionality）在人类社会制度变迁中的重要作用，其研究方向逐渐侧重于分析认知过程与制度变迁之间的互动关系，并据此探寻它们影响经济绩效的机制。在诺思看来："理解经济变迁过程的关键在于探

---

① 道格拉斯·诺思、罗伯特·托马斯：《西方世界的兴起》，华夏出版社 1989 年版，第 3 页。

② 实际上，制度之于经济增长的重要作用，不仅得到了新制度经济学派的关注，也得到了比较制度分析学派和机制设计理论的重视。

③ 吴易风、朱勇：《经济增长理论：马克思经济学与西方经济学的比较》，载于《当代经济研究》2015 年第 4 期。

④ 张雷声、宋晓梅：《经济增长视角中我国制度分析方法的运用——马克思与新制度经济学的制度分析方法评析》，载于《中国特色社会主义研究》2007 年第 2 期；吴易风、朱勇：《经济增长理论：马克思经济学与西方经济学的比较》，载于《当代经济研究》2015 年第 4 期。

究促使制度发生变革的参与者的意向性以及他们对现实问题的理解"①，人们所持的信念决定了其行为选择，而这些选择反过来又引起和构造了人类处境的变化，信念体系与制度建构之间存在着密切联系，信念体系是对人类处境的内在表诠（internal representation），制度则是这种内在表诠的外在显现（manifestation）②，是人们施加在所处环境之上以达成某种合意结果的激励结构。③ 赫维茨（Hurwicz）也在其所开创的机制设计理论的相关研究中探讨了制度与制度变迁的本质问题，他认为："一些制度变迁被视为纯粹的演化现象，由技术、政治或其他外生因素的变化导致，但实际上这些变化中常常包含重要的有意设计的元素，进而衍生了一个不同于既有框架的新的制度分析框架。"④ 在赫维茨的观点中，制度变迁是内生演化与人为主动设计共同作用的结果，制度演化具有客观存在性，但有效的制度设计有利于克服和避免人性弱点产生的负面效应，从而加速制度的合理化变迁以达到既定目标。⑤ 林毅夫、蔡昉、李周具体探讨了发展战略的选择对经济增长绩效的影响，其基本观点认为：发展战略的选择是否和资源禀赋的比较优势相一致，是决定一国经济体制模式进而决定经济发展绩效的根本原因。⑥ 他们建立了在一定资源禀赋条件下对发展战略的选择，到宏观政策环境形成，再到资源配置体制和微观经营机制产生的分析逻辑。这其中，发展战略实际上起到了联系意识与制度的中间变量的作用，这是因为一国采取何种发展战略不仅仅取决于该经济体系中的内生量变，往往还取决于政府领导者对资源禀赋条件和与之相适应的发展战略的理解和认识程度，以及既定的政治经济制度和国内国际环境等外生变量。⑦

---

① Douglass C. North. 2005. *Understanding the Process of Economic Change*, Princeton University Press, P. 3.

② 此处 internal representation 和 manifestation 的中文译义借鉴了韦森的观点，参见韦森：《再评诺思的制度变迁理论》，载于《经济学（季刊）》2009 年第 2 期。

③ Douglass C. North. 2005. *Understanding the Process of Economic Change*, Princeton University Press, P. 49.

④ Leonid Hurwicz. 1987. Inventing New Institutions：The Design Perspective, *American Journal of Agricultural Economics*, Vol. 69, No. 2, pp. 395 – 402.

⑤ 田国强、陈旭东：《制度的本质、变迁与选择——赫维茨制度经济思想诠释及其现实意义》，载于《学术月刊》2018 年第 1 期。

⑥ 林毅夫、蔡昉、李周：《中国的奇迹：发展战略与经济改革》，格致出版社、上海人民出版社 2016 年版，第 2 页。

⑦ 柳欣、秦海英：《新中国经济学 60 年》，中国财政经济出版社 2010 年版，第 148 页。

上述关于信念体系（意向性）、人为设计元素、发展战略的选择性与制度变迁乃至经济增长关系的相关理论论述，一方面强调了制度因素的内生化，另一方面，则突出了制度安排的可变迁性、可塑造性、可设计性与可选择性，即蕴涵了人为意识、认知程度、主观选择等思想活动层面的抽象因素对制度和制度变迁的重要影响，由此为考察思想与制度之间的动态关系提供了一个理论分析视角。

二、中国民营经济崛起的深层动因：经济思想与经济制度的互动演进

改革开放 40 年来，中国民营经济经历了从无到有、从小到大、由弱到强的曲折发展过程，并在此过程中取得了突出的经济增长成就，社会各界将这一经济现象称为"中国民营经济的崛起"。相关中国民营经济崛起原因的讨论更是引发了国内外理论界的广泛关注与研究，较为主流的一种观点是基于新制度经济学的理论框架，强调制度在经济发展过程中的根本性作用，认为中国民营经济的发展历程实质上就是一种持续的制度创新过程。[①] 本书并不否认制度与制度变迁对于中国民营经济增长的重要贡献和促进作用，但如果说制度的变革与创新是推动中国民营经济发展的根本动力，那么更进一步而言，制度本身并非有意识、有思想的能动主体，又是何种因素引起并触发了制度与制度变迁的产生？对此，诺思、赫维茨等学者已针对这一领域进行了一定程度的理论探索与研究积淀。如前文所述，

① 中华全国工商业联合会、黄孟复主编：《中国民营经济发展报告 No. 1 (2003)》，社会科学文献出版社 2004 年版，第 2~4 页；龚晓菊：《制度变迁与民营经济发展研究》，武汉大学出版社 2005 年版，第 119~156 页；李维安：《中国民营经济制度创新与发展》，经济科学出版社 2009 年版，第 7~31 页。此外，另有观点从中央与地方政府分权以及民营企业组织本身所具有较高的经济效率等研究视角出发提供了解释。具体参见杨瑞龙：《我国制度变迁方式转换的三阶段论》，载于《经济研究》1998 年第 1 期；张维迎：《区域竞争和私有化》，载于《北大中国经济研究中心简报》1999 年第 20 期；Nicholas R. Lardy, 2014, Markets Over Mao: The Rise of Private Business in China, *Peterson Institute for International Economics*, pp. 97–134；谭劲松、郑国坚：《产权安排、治理机制、政企关系与企业效率——以"科龙"和"美的"为例》，载于《管理世界》2004 年第 2 期；王争、史晋川：《中国私营企业的生产率表现和投资效率》，载于《经济研究》2008 年第 1 期；范建双、虞晓芬、赵磊：《中国国有、私营和外资工业企业地区间效率差异研究》，载于《数量经济技术经济研究》2015 年第 6 期。

他们不仅强调制度因素的内生性，而且也强调制度安排的可变迁性、可塑造性、可设计性与可选择性，即蕴涵了人为意识、认知程度、主观选择等思想活动层面的抽象因素对制度与制度变迁产生的重要影响。基于此，本书尝试将民营经济思想因素（即人们对于民营经济运行与发展问题的理论认知、经济理解、主观选择等）[①] 作为关键变量引入研究，并试图在第二章至第五章所建立的"历史背景—理论认知—制度建构—经济绩效"分析框架的基础上，通过长周期的历史视角，来考察新中国成立 70 年以来不同时期民营经济思想与民营经济制度之间的动态关系，从而为进一步阐释改革开放以来中国民营经济实现发展与崛起的深层次动因提供一个来自经济思想史视域的观察视角。具体来说，即是在一个历史逻辑起点上，面临初始的经济背景、制度背景、理论背景等结构性条件，通过梳理和总结不同思想主体围绕民营经济问题所产生和形成的理论认知，并观察和分析这些理论认识是否通过直接或间接的路径机制影响了民营经济制度的建构与变迁，从而对经济绩效产生作用。

基于第二章至第五章关于新中国民营经济思想产生的历史背景、阶段演进以及内容变迁的详细梳理和阐释，可以发现经济思想与经济制度之间的关系大体上可以从两个维度来进行考察。

（一）短期视角下经济思想与经济制度之间的互动关系

从短期视角来看，经济思想生发于一定的经济制度框架之中，在既定的制度约束下，经济思想的主要内容既可以表现为对既有经济制度的诠释与发展，也可以表现为对既有经济制度的反思与调整。

在国民经济恢复时期所建立的新民主主义经济制度条件下，围绕如何看待新民主主义时期仍然存在的资本主义经济、如何合理利用与妥善处理

---

① 在本节具体探讨民营经济思想与民营经济制度的互动关系时，将"制度思想"从导论中所界定的"经济思想"的广义内涵中剥离出来了。如此处理有两方面的原因：一方面，本书研究的首要目标和贡献在于系统梳理新中国成立以来的民营经济思想，因此第 2～5 章节将政策思想、学术思想和制度思想都包含其中，有利于更加全面、立体地展现民营经济思想的全貌；但另一方面，具体到讨论思想与制度关系的层面，鉴于二者之间存在制度约束和思想制度化的双向逻辑关系，为了保证论证的严谨性，则需要将"制度"和"经济思想"概念区别开来进行讨论，特此说明。

公私经济之间的关系、如何引导多种经济成分向着有利于恢复国民经济的方向发展等重要理论问题及相关认知探讨，共同构成了该阶段民营经济思想的主要内容；而到了计划经济体制时期，在单一公有制的社会主义经济制度的约束下，民营经济思想一方面表现为在强调变革生产关系以建立社会主义社会经济基础的思路上，对关于改造和消灭民营经济方式及途径问题的认识分析；另一方面，则表现为在遵循生产关系要适应生产力发展水平的经济认知上，对过早过快消灭民营经济弊端的理论反思以及对社会主义社会中保留一定程度民营经济的理论构想与探索。由于短期内经济制度处于较为稳定的状态，因此，在不同时期中，既有的经济制度以及在其约束条件下所形成的激励结构是该时期经济思想得以产生与形成的客观基础，而经济思想的内容则主要表现为对这一时期制度本身以及制度实施效果的反馈与评价（如图6-2所示）。

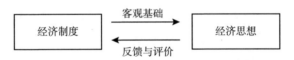

图6-2　短期视角下经济制度与经济思想的互动关系

（二）长期视角下经济思想与经济制度之间的互动关系

从长期视角来看，经济制度与经济思想都处于动态的变迁过程之中，两者之间的逻辑关系将变得十分复杂。由于制度变迁存在与技术变迁相类似的路径依赖（path dependence）特性，其所具有的报酬递增以及自我强化机制将引导制度沿着某一既定的初始目标进入良性循环的发展路径，但也有可能顺着原来被证明是错误的路径持续下去而被"锁定"（lock-in）在低效率或者无效率的状态之中。[1]

如果制度变迁出现前一种较为理想的情况，那么意味着经济制度将会沿着初始目标与最优路径继续发展下去，从而进入一个较为稳定的良性循

---

[1]　Douglass C. North, 1991, Institutions, *Journal of Economic Perspectives*, Vol. 5（1）, pp. 97-112.

环状态，整个社会经济的激励结构也将在较为稳定的状态下实现不断优化，从而给经济思想的产生、发展与长期演变提供良好的制度环境，而经济思想的不断丰富与发展反过来将形成对制度以及制度实施效果的反馈与调适，最终使经济思想的演化与经济制度的变迁实现互相促进的动态演进（见图6－3）。改革开放以来，中国民营经济思想的发展演变与民营经济制度的变迁就呈现出一种如上所述的良性互动状态。随着我国经济体制改革的初步试点与全面深化，原本高度集中的计划经济管理体制和单一公有制的经济基础被逐步打破，取而代之的是以公有制经济为主体、多种所有制经济共同发展的基本经济制度以及社会主义市场经济体制的建立与不断完善。在此背景下，民营经济思想实现了由复归阶段向发展阶段的递进式演化，其主要内容也从经济体制改革初期围绕如何对待原工商业者及其子女、如何认识与理解新时期民营经济的性质与地位、如何协调与处理多种经济成分并存等基本理论问题的概念辨析和逻辑推理，逐步向经济体制改革全面深化时期围绕如何确立民营经济的平等市场主体地位、如何营造有利于民营经济发展的公平竞争市场环境、如何正确处理国有经济与民营经济之间的关系、如何理解"民营经济"概念的发展演变、如何看待民营企业与政府关系等与民营经济发展密切相关的制度与现实问题的理论分析和实践探索转变。与此同时，这些以政策主张、学术研究等形式所构成并不断发展的民营经济思想，又为民营经济制度的完善与调适奠定了思想基础、提供了理论指导。例如，《中华人民共和国私营企业暂行条例》蕴含了

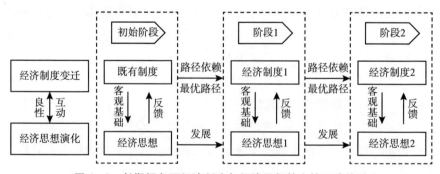

图6－3　长期视角下经济制度与经济思想的良性互动关系

关于计划与市场边界问题的初步探索与尝试——弱化国家计划、强化私营经济自主经营思想；"非公经济36条"将改革开放以来特别是党的十六大以来有关中国经济所有制结构改革方面的理论创新和总体设想具体落实为指导政策，彰显了要给予民营经济平等市场主体地位的战略决心，是公私经济公平竞争思想的制度化体现。

然而，一旦制度变迁陷入后一种低效率甚至无效率的情况，如果没有强大的外力推动或是不借助外部效应，仅仅依靠制度本身的自我演化机制几乎很难在短期内从这种困境中成功脱离。因此，在这种情况下，经济思想往往将扮演制度系统以外的推力角色，通过经济思想对制度以及制度实施效果的负反馈机制，为既有制度的修正、变革，乃至新制度的建构与设计提供思想来源和理论基础，从而促使经济制度改变原来错误的路径依赖，转向最优路径的方向变迁，最终实现第一种较为理想的情况（见图6-4）。正如奥勒·诺格德（Ole Nrgaard）所言："经济制度的变革以一整套经济观念为基础，这一整套观念既反映了关于某一终极阶段的设想，也反映了实现这一目标的方式。"[①] 在我国由计划经济体制向社会主义市场经济体制转型的过程中，经济思想所起到的修正与推动作用十分显著，具体表现为从原来以苏联模式为借鉴、政治统帅经济、片面强调生产关系和

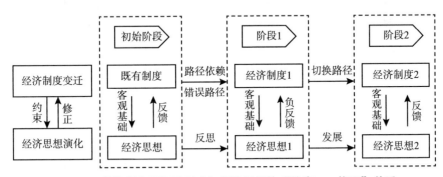

图6-4 长期视角下经济制度与经济思想的"约束——修正"关系

---

① 奥勒·诺格德：《经济制度与民主改革：原苏东国家的转型比较分析》，中译本，上海人民出版社2007年版，第172页。

计划经济为特征的理念体系，逐渐向以经济建设为中心、立足本国国情、注重生产关系与生产力水平相适应、计划经济与市场调节相结合为特征的理念体系转变，这一转变不仅是对打破单一公有制经济格局的诉求，同时也表明了我国试图突破以苏联为代表的社会主义生产关系发展的固定模式，探索一条适合我国国情的社会主义现代化经济建设道路的战略决心，在此基础上，民营经济思想逐步实现了从以改造民营经济为核心向以重构民营经济生产要素为核心的转变，进而为摒弃计划经济体制下以改造为导向的民营经济制度，转而构建旨在恢复与发展民营经济的新制度奠定了思想基础。但需要特别强调的是，经济思想对经济制度的修正与推动作用并非无条件成立的。彼得·豪（Peter Hall）就曾指出：一套新的经济观念的接纳、调适以及最终实施取决于其在经济、政治和行政方面的生存力，即该经济观念在解决经济问题、处理新政策所要求的具体技术性任务，以及获得政治支持并积累行政能力等方面的能力。[1] 例如，20 世纪 50 年代末 60 年代初，我国思想界曾在反思苏联模式的基础上，针对单一公有制的经济制度以及消灭民营经济的政策措施进行质疑和批判，并涌现出关于过早过快限制并消灭农民自留地、家庭副业以及一刀切实行全行业公私合营的理论反思、"消灭了资本主义，再搞资本主义"的民营经济部分保留思想、以"三个主体、三个补充"为核心的中国社会主义经济建设模式等具有前瞻性的经济思想，但由于缺少上述所列举的政治支持、经济基础等因素，这些经济思想虽然在理论上有助于修正并推动经济制度向最优路径变迁，在实践中却并不具备可操作性与可行性，因而致使计划经济体制陷入低效率甚至无效率的状态前后持续了近 20 年。

通过上述针对短期视角和长期视角两个不同维度下经济思想与经济制度关系的探讨，可以基本得出：（1）经济思想与经济制度之间存在双向互动关系；（2）短期中，由于经济制度趋于稳定，二者之间的关系相对简单，经济制度是经济思想产生与形成的客观基础，经济思想对经济制度的实施效果进行反馈；（3）长期中，由于经济制度具有可变迁性且存在路径

---

[1] 奥勒·诺格德：《经济制度与民主改革：原苏东国家的转型比较分析》，中译本，上海人民出版社 2007 年版，第 172 页。

依赖的特征，二者之间的关系变得相对复杂：当经济制度的变迁沿着最优路径进入理想状态时，经济思想的演化也随之进入不断发展与丰富的过程，二者通过良好的制度供给与思想的反馈机制实现良性互动，最终双方都将沿着最优路径呈现共同发展状态；当经济制度的变迁沿着错误路径陷入低效率或无效率的"锁定"状态时，经济思想的演化通常将呈现反思与转折，并通过思想的负反馈机制作用于制度，以促使制度进行修正、变革或构建新的制度，从而推动制度变迁切换路径以跳脱出"锁定"状态，在这一过程中，经济思想与经济制度二者处于"约束——修正"关系。

（三）经济思想、经济制度与新中国民营经济变迁的内在机理

在厘清了经济思想与经济制度之间存在的双向互动关系以后，本书所关注的核心就在于如何从经济思想史的视域来阐释中国民营经济崛起的动因问题。已有研究大多侧重从经济实践层面来观察中国民营经济的绩效增长趋势与制度创新轨迹之间的相关性，因而将研究时段仅限定于1978年改革开放以后，并得出制度因素是推动中国民营经济崛起的根本动因。但是，如果站在经济思想史的视角来思考这一问题，则会发现1978年改革开放以前的民营经济思想史以及民营经济制度史，亦对考察1978年改革开放以后中国民营经济的崛起具有重要意义。历史具有连续性，人为地将其割裂很有可能会使研究工作忽略一些重要因素或遗漏一些关键变量。诚如保罗·罗默（Paul Romer）所指出的——"思想应该是我们关注的中心，思想是极为重要的经济产品，它比大部分经济模型强调的目标要重要得多。在一个物质有限的世界里，正是大思想以及大量小思想的发现，使经济的持续增长成为可能"[1]。

如图6-5所示，以城镇个体经济就业人数发展趋势为例，1949~1977年，我国民营经济思想从生发阶段进入转折阶段，思想内容从以调整公私关系为主导向以改造私有制经济为主导进行转变，与此同时，我国城镇个体经济就业人数占其就业总人数的比重也经历了从历史高点降至历史

---

[1]　Paul Romer. 1993. Idea Gaps and Object Gaps in Economic Development, *Journal of Monetary Economics*, 32（3）：543-573.

低点的急剧变化，至改革开放前夕，除仅存的小商小贩以外，民营经济在我国基本消失。因此，从中可以看出民营经济思想所内含的公私经济关系模式以及相关民营经济的政策导向与制度安排都在民营经济实践及其绩效中得到了体现与印证。其中，1956 年社会主义改造完成以后至 1977 年近二十年间，我国所实行的高度集中的计划经济体制实际上由于制度变迁的自我强化机制陷入了很长一段时期的低效率甚至无效率状态。20 世纪 50 年代末 60 年代初，虽然产生了一些旨在批判苏联模式、突破单一公有制的计划经济、保留一定程度民营经济、建立公私经济主辅相成经济结构等具有反思性、修正性、前瞻性的经济思想，但因缺乏政治支持、理性认知、经济基础等主客观条件，这些经济思想对经济制度的负反馈机制未能得到有效的应用与实践，从而也未能扭转计划经济体制的变迁路径，民营经济在中国的发展路径因此被割断。

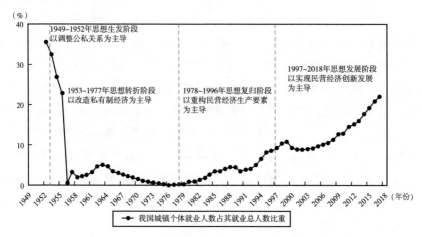

图 6 - 5　新中国民营经济思想的总体演进与城镇个体经济发展趋势

注：自新中国成立以来具有连续性数据记载的目前只有城镇个体经济就业人数，因而此处以这一指标的发展趋势为例，来说明民营经济思想与民营经济增长之间的关系。

但 1978 年后，思想领域的率先解放为推动我国计划经济体制的路径切换起到了至关重要的影响与作用。关于真理标准问题的讨论拉开了全国性思想解放运动的序幕，马克思主义实事求是思想路线的逐步恢复为党中央转移工作重心以及实行经济体制改革奠定了重要的思想准备和理论基础。与此同时，马克思主义经济学中国化的发展与西方市场经济理论在中国的传播也为我国经济建设宏观指导理念的转变提供了新的理论支撑，在此基础上，解放和发展生产力成为经济工作的首要目标，由此为民营经济思想的复归营造了良好的土壤和环境，其思想内容也逐步实现了从以改造民营经济为核心向以重构民营经济生产要素为核心的转变。因此，宏观经济指导思想的转变成为推动计划经济体制实现路径切换的理论基础，民营经济思想的当代复归及其内容演化则通过负反馈机制，构成了改革开放以后民营经济制度进行一系列修正、变革与重新建构的思想来源与理论基础。从图 6 - 5 所呈现的个体经济发展趋势可以看出，改革开放 40 年来，我国民营经济思想从复归阶段转入发展阶段，思想内容从以重构民营经济生产要素为主导向以实现民营经济创新发展为主导进行转变，与此同时，我国城镇个体经济就业人数占其就业总人数的比重也从历史低点开始逐步增长，并在总体上呈不断上升的发展态势。

综上所述，本书认为要探寻中国民营经济崛起的根本动因，仅从经济层面和制度层面着眼考察尚不完整，还应该重视思想层面的因素，同时基于历史发展的连续性和制度变迁的路径依赖特征，研究视角也不应仅局限于改革开放以后，还应该追溯到改革开放以前，以求进行更加全面、系统的分析。因此，站在经济思想史的视域来观察这一问题，将会得出更进一步的新的阐释：改革开放以来，中国民营经济的高速发展和崛起有赖于相关经济思想作为先导，民营经济思想既在一定的制度约束条件下产生与形成，也在其自身不断发展与演变的过程中通过反馈机制，以政策主张、理论探索等具体形式对既有制度提出调适、修正与改革的建议，抑或是构成具有可行性与可操作性的制度设计，从而为符合中国民营经济实际发展需要的制度建构奠定思想基础、提供理论支撑。实际上，不论是改革开放以后 40 余年中国民营经济的崛起，还是改革开放以前近三十年中国民营经济的曲折发展，整个历程可以看作是经济思想与经济制度在长期中双向互动演进的绩效结果，当中既包含了经济制度对经济思想的约束力，也包含了经济思想对经济制度的反馈机制以及思想制度化的演变路径。

参考文献

［1］《经济研究》、《经济学动态》编辑部编:《建国以来政治经济学重要问题争论（1949~1980)》，中国财政经济出版社 1981 年版。

［2］白永秀、马晓强:《“民营经济”的提法质疑》，载于《内部文稿》1997 年第 3 期。

［3］白永秀、任保平、何爱平等:《中国共产党经济思想 90 年》，人民出版社 2011 年版。

［4］薄一波:《若干重大决策与事件的回顾》（上），中共中央党校出版社 1991 年版。

［5］保育钧:《再呼唤——民营经济:中国的变革与发展》，中华工商联合出版社 2010 年版。

［6］北大经济系系会:《新中国的经济结构——答复关于五种经济成份的内容和相互间之关系》，载于《新建设》1949 年第 5 期。

［7］北大经济系系会:《私营资本主义经济——一般性、特殊性及发展的现实性》，载于《新建设》1949 年第 12 期。

［8］北大经济系系会:《农民个体经济》，载于《新建设》1950 年第 12 期。

［9］蔡榜藩:《关于民营经济的三点思考》，载于《南方经济》1999 年第 5 期。

［10］蔡俊霞:《建国以来党的非公有制经济政策研究》，山西大学硕

士学位论文，2010 年。

［11］蔡卫星、赵峰、曾诚：《政治关系、地区经济增长与企业投资行为》，载于《金融研究》2011 年第 4 期。

［12］曹怀瑾：《关于个体经济在社会主义制度下历史命运的思考》，载于《江西师范大学学报》（哲学社会科学版）1993 年第 4 期。

［13］陈冬华：《地方政府、公司治理与补贴收入——来自我国证券市场的经验证据》，载于《财经研究》2003 年第 9 期。

［14］陈华建、项良、陆伟民：《对邓小平非公有制经济思想的思考》，载于《江南论坛》1998 年第 11 期。

［15］陈静：《民营经济的界定及其现实意义》，载于《财经理论与实践》1996 年第 5 期。

［16］陈丽：《中国共产党关于发展私营经济思想的历史考察与分析》，载于《辽宁省社会主义学院学报》2008 年第 1 期。

［17］陈全生、"促进非公有制经济发展研究"课题组编：《中国非公有制经济发展前沿问题研究（2004～2005）》，北京机械工业出版社 2004 年版。

［18］陈夕：《建国初期党对民族资本主义经济政策简论》，载于《当代中国史研究》1999 年第 2 期。

［19］陈先达：《毫不动摇地坚持辩证唯物主义和历史唯物主义》，载于《思想理论教育》1999 年第 9 期。

［20］陈新：《论私营经济的发展阶段》，载于《经济研究》1989 年第 9 期。

［21］陈云：《中华人民共和国过去一年财政和经济工作的状况》，载于《人民日报》1950 年 10 月 1 日。

［22］陈云：《关于私营工商业的社会主义改造问题》，载于《人民日报》1956 年 6 月 19 日。

［23］陈云：《陈云文选》（第二卷），人民出版社 1995 年版。

［24］陈运森、朱松：《政治关系、制度环境与上市公司资本投资》，载于《财经研究》2009 年第 12 期。

［25］程霖、刘凝霜：《经济增长、制度变迁与"民营经济"概念的

演生》，载于《学术月刊》2017 年第 5 期。

　　[26] 程霖、张申、何业嘉：《中国现代经济思想史研究：1978～2014》，载于《中国经济史研究》2015 年第 3 期。

　　[27] 程民选：《社会主义初级阶段的私营经济是国家资本主义经济》，载于《财经科学》1988 年第 3 期。

　　[28] 淳悦峻：《党的历代中央领导集体对非公有制经济理论的创新和发展》，载于《实事求是》2005 年第 3 期。

　　[29] 戴亦一、潘越、冯舒：《中国企业的慈善捐赠是一种"政治献金"吗？——来自市委书记更替的证据》，载于《经济研究》2014 年第 2 期。

　　[30] 戴园晨：《民营经济的功能发挥》，载于《经济经纬》2005 年第 4 期。

　　[31] 戴园晨：《中国经济的奇迹——民营经济的崛起》，人民出版社 2005 年版。

　　[32] 单东：《民营经济及其相关概念》，载于《特区经济》1997 年第 10 期。

　　[33] 单东：《民营经济论》，载于《浙江社会科学》1998 年第 2 期。

　　[34] 单东：《民营经济不是一个模糊概念》，载于《经济学家》2005 年第 1 期。

　　[35] 道格拉斯·诺思、罗伯特·托马斯：《西方世界的兴起》，中译本，华夏出版社 1989 年版。

　　[36] 道格拉斯·诺思：《理解经济变迁过程》，中译本，中国人民大学出版社 2008 年版。

　　[37] 邓宏图：《转轨期中国制度变迁的演进论解释——以民营经济的演化过程为例》，载于《中国社会科学》2004 年第 9 期。

　　[38] 邓建平、曾勇：《政治关联能改善民营企业的经营绩效吗》，载于《中国工业经济》2009 年第 2 期。

　　[39] 邓小平：《邓小平文选》（第二卷），人民出版社 1994 年版。

　　[40] 狄超白：《过渡期的个体经济》，载于《学习》1949 年第 4 期。

　　[41] 丁任重：《对我国私营经济的多维考察》，载于《财贸研究》

1992 年第 1 期。

［42］丁耀、吴时国：《浅议"民营经济"的创新内涵及其意义》，载于《湖北成人教育学院学报》2003 年第 2 期。

［43］董辅礽：《社会主义经济制度及其优越性》，北京出版社 1981 年版。

［44］董志凯：《国民经济恢复时期的私人投资》，载于《中国经济史研究》1992 年第 3 期。

［45］杜敏：《新时期民营经济若干问题研究》，郑州大象出版社 2011 年版，第 284～285 页。

［46］杜松年：《迎接 21 世纪民营经济》，载于《南方经济》1998 年第 2 期。

［47］杜兴强、雷宇、郭剑花：《政治联系、政治联系方式与民营上市公司的会计稳健性》，载于《中国工业经济》2009 年第 7 期。

［48］杜兴强、周泽将：《政治联系方式与民营上市公司信息透明度——基于深交所信息披露考评的经验证据》，载于《中南财经政法大学学报》2010 年第 1 期。

［49］段云、国瑶：《政治关系、货币政策与债务结构研究》，载于《南开管理评论》2012 年第 5 期。

［50］范建双、虞晓芬、赵磊：《中国国有、私营和外资工业企业地区间效率差异研究》，载于《数量经济技术经济研究》2015 年第 6 期。

［51］范守信：《中华人民共和国国民经济恢复史（1949～1952）》，求实出版社 1988 年版。

［52］方敏：《中国共产党对国家资本主义的理论探索》，载于《中共党史研究》1993 年第 2 期。

［53］方生：《关于城镇个体经济的几个问题》，载于《东岳论丛》1981 年第 2 期。

［54］非公有制经济发展问题与对策研究课题组：《制度、市场与非公有制经济》，载于《经济社会体制比较》2004 年第 3 期。

［55］冯筱才：《身份、仪式与政治：1956 年后中共对资本家的思想改造》，载于《华东师范大学学报（哲学社会科学版）》2012 年第 1 期。

［56］冯秀肯：《论民营经济的内涵与外延》，载于《广东社会科学》2003 年第 3 期。

［57］付利文：《邓小平发展非公有制经济思想探究》，东北师范大学硕士学位论文，2012 年。

［58］傅权茂：《论多种经济成分长期并存的所有制结构》，载于《理论探索》1984 年第 1 期。

［59］甘民重：《对多种经济成份并存的几点认识》，载于《中国经济问题》1985 年第 4 期。

［60］高德步：《中国民营经济史》，山西太原出版社 2014 年版。

［61］高文：《论"国有经济"与"民营经济"的关系——兼论当前我国"国有经济"与"民营经济"关系中的一个关键问题》，载于《当代经济》2013 年第 6 期。

［62］高晓林、韩平：《现实与理想张力下的沟通渠道与政策选择：建国初期党的私营经济政策研究》，载于《当代世界与社会主义》2009 年第 6 期。

［63］高勇强、何晓斌、李路路：《民营企业家社会身份、经济条件与企业慈善捐赠》，载于《经济研究》2011 年第 12 期。

［64］官希魁：《个体经济的存在是由生产力水平低决定的吗?》，载于《经济问题探索》1983 年第 9 期。

［65］龚晓菊：《制度变迁与民营经济发展研究》，武汉大学出版社 2005 年版。

［66］谷春帆：《从中国农业合作化运动来研究生产关系一定要适合生产力性质这一规律的某些内容》，载于《经济研究》1956 年第 6 期。

［67］顾行超：《邓小平对毛泽东私营经济思想的创新》，载于《湖北省社会主义学院学报》2004 年第 5 期。

［68］顾行超：《对毛泽东私营经济思想的创新及其意义——纪念邓小平诞辰一百周年》，载于《上海市社会主义学院学报》2004 年第 5 期。

［69］顾龙生：《中国共产党经济思想史（1921～2011）》，山西经济出版社 2014 年版。

［70］郭剑花、杜兴强：《政治联系、预算软约束与政府补助的配置

效率——基于中国民营上市公司的经验研究》，载于《金融研究》2011 年
第 2 期。

　　［71］郭振英等：《关于我国所有制结构的几个问题》，载于《经济研
究》1992 年第 2 期。

　　［72］郭振英等：《关于我国所有制结构的现状、问题和建议》，载于
《中国社会科学》1992 年第 2 期。

　　［73］国务院法制办公室编：《中华人民共和国投融资法典》，中国法
制出版社 2016 年版。

　　［74］韩明希：《中国当代私营经济的现状和发展》，改革出版社 1992
年版。

　　［75］郝守忠：《对我国现阶段生产资料所有制结构的探讨》，载于
《求是学刊》1980 年第 4 期。

　　［76］何成学：《中国共产党发展非公有制经济历史考察与现实思
考》，广西师范大学出版社 2008 年版。

　　［77］何建章：《关于多种经济形式并存的几个理论问题》，载于《计
划经济研究》1982 年第 34 期。

　　［78］何经沛：《关于当前我国雇工问题的探讨》，载于《计划经济研
究》1983 年第 31 期。

　　［79］何龙昌：《建国以来党的非公有制经济政策研究》，东北石油大
学硕士学位论文，2015 年。

　　［80］何荣飞：《论多种所有制结构对提高我国国民经济效果的作
用》，载于《经济问题》1982 年第 7 期。

　　［81］贺汝颜：《邓小平非公有制经济思想研究》，华中师范大学硕士
学位论文，2015 年。

　　［82］洪功翔：《国有经济与民营经济之间关系研究：进展、论争与
评述》，载于《政治经济学评论》2016 年第 6 期。

　　［83］洪远朋：《改革开放 30 年来我国社会主义经济理论和实践的回
顾与展望》，载于《复旦学报（社会科学版）》2009 年第 1 期。

　　［84］胡寄窗、谈敏：《新中国经济思想史纲要（1949～1989）》，上
海财经大学出版社 1997 年版。

[85] 胡乐明、刘志明、张建刚：《国家资本主义与"中国模式"》，载于《经济研究》2009 年第 11 期。

[86] 胡乃武、龙向东：《半个多世纪以来西方经济增长理论的发展》，载于《经济学动态》2001 年第 10 期。

[87] 胡旭阳、史晋川：《民营企业的政治资源与民营企业多元化投资——以中国民营企业 500 强为例》，载于《中国工业经济》2008 年第 4 期。

[88] 胡旭阳：《民营企业家的政治身份与民营企业的融资便利——以浙江省民营百强企业为例》，载于《管理世界》2006 年第 5 期。

[89] 胡愈、许红莲、岳意定：《中共三代领导集体私营经济思想的传承和发展》，载于《毛泽东思想研究》2006 年第 4 期。

[90] 胡岳岷：《中国现阶段私营经济简论》，载于《社会科学战线》1988 年第 3 期。

[91] 黄德均：《私营企业：现状、特点与未来——全国私营企业调查综述》，载于《南开经济研究》1989 年第 3 期。

[92] 黄灵辉：《邓小平与新时期党的私营经济政策的演进》，新疆师范大学硕士学位论文，2005 年。

[93] 黄孟复：《中国民营经济发展报告 No.1（2003）》，社会科学文献出版社 2004 年版。

[94] 黄孟复：《中国民营经济史·大事记》，社会科学文献出版社 2009 年版。

[95] 黄孟复：《中国民营经济史·纪事本末》，中华工商联合出版社 2010 年版。

[96] 黄如桐：《私营经济的发展与所有制结构的变化》，载于《经济学动态》1994 年第 1 期。

[97] 黄如桐：《关于民营经济问题的观点综述》，载于《经济学动态》1994 年第 9 期。

[98] 黄如桐：《关于私营经济的几个基本问题》，载于《马克思主义研究》1995 年第 5 期。

[99] 黄世明：《新时期党的个体私营经济政策演变探析》，载于

《毛泽东思想研究》1999 年第 4 期。

［100］黄世明：《邓小平个体私营经济思想初探》，载于《社会主义研究》1999 年第 5 期。

［101］黄淑婷：《论邓小平对毛泽东民营经济思想的纠正、继承与发展》，河南大学硕士学位论文，2005 年。

［102］黄淑婷：《论邓小平对毛泽东民营经济思想的纠正、继承与发展》，载于《洛阳师范学院学报》2008 年第 3 期。

［103］黄淑婷：《论毛泽东与邓小平民营经济思想的一致性与不同点》，载于《商场现代化》2008 年第 16 期。

［104］黄淑婷：《中国共产党民营经济政策演变研究》，载于《前沿》2011 年第 5 期。

［105］黄淑婷：《毛泽东邓小平民营经济思想比较及其当代启示》，载于《求实》2014 年第 2 期。

［106］黄文夫：《走向 21 世纪的中国民营经济》，载于《管理世界》1999 年第 6 期。

［107］黄文忠：《民营经济的提法不科学吗？——与白永秀、马晓强先生商榷》，载于《经济特区》1998 年第 1 期。

［108］黄文忠：《民营经济是一个科学的概念》，载于《浙江社会科学》1998 年第 2 期。

［109］黄文忠：《"民营企业"的提法不应终止》，载于《特区经济》1998 年第 4 期。

［110］黄文忠：《关于民营概念的界定》，载于《福建论坛》2001 年第 7 期。

［111］黄筱荣、熊吕茂：《论邓小平私营经济理论及其意义》，载于《求索》2004 年第 11 期。

［112］贾铤、王凯成：《私营企业主阶层在中国的崛起和发展》，载于《中国社会科学》1989 年第 2 期。

［113］贾根良：《浅议经济思想史观与经济思想史研究方法论》，载于《当代经济研究》2010 年第 4 期。

［114］蒋励、彭力：《对社会主义条件下雇工经营问题的再探讨》，

载于《农业经济丛刊》1983 年第 4 期。

[115] 蒋南平、汤子琼：《改革开放以来马克思主义经济学在中国的运用与经验》，载于《经济学动态》2014 年第 1 期。

[116] 蒋岳、张肃珣：《我国个体经济和私营经济发展研究》，载于《中国工业经济研究》1994 年第 2 期。

[117] 阚秀玲：《毛泽东发展非公有制经济思想的演变历程及其启示》，载于《黑龙江省社会主义学院学报》2013 年第 4 期。

[118] 科学技术部政策法规司：《科技法律法规与政策选编（1985～2008 年）》（上册），科学技术文献出版社 2011 年版。

[119] 匡艳群、孙宝强：《走出民营经济的八个认识误区》，载于《南方论刊》2007 年第 4 期。

[120] 来志鹏：《建国以来党的私营经济理论与政策研究》，兰州理工大学硕士学位论文，2011 年。

[121] 李德彬：《中华人民共和国经济史简编（1949～1985）》，湖南人民出版社 1987 年版。

[122] 李芬：《二十世纪五六十年代中国共产党对非公有制经济政策之分析》，载于《党史研究与教学》2001 年第 S1 期。

[123] 李国荣：《私营经济：个体经济发展的第三条道路》，载于《财经研究》1988 年第 7 期。

[124] 李国荣：《民营之路》，上海财经大学出版社 2006 年版。

[125] 李国荣：《"民营经济"概念辨析》，载于《企业经济》2007 年第 1 期。

[126] 李海涛：《新时期党的私营经济政策探析》，南开大学博士学位论文，2009 年。

[127] 李海涛：《新时期党的私营经济政策研究》，载于《理论月刊》2011 年第 2 期。

[128] 李海涛：《新中国成立以来党的私营经济政策探析》，载于《改革与战略》2011 年第 2 期。

[129] 李建立：《关于目前雇工经营中几个问题研究》，载于《中国劳动科学》1986 年第 7 期。

［130］李静娥：《民营经济概念的发展历程及界定》，载于《特区经济》2006 年第 5 期。

［131］李青：《中国共产党对资本主义和非公有制经济的认识与政策》，中共党史出版社 2004 年版。

［132］李秋斌：《中国民营科技企业的发展历程、现状及对策研究》，载于《福建论坛（人文社会科学版）》2009 年第 11 期。

［133］李维安：《中国民营经济制度创新与发展》，经济科学出版社 2009 年版。

［134］李晓西：《中国市场化进程脉络：以计划经济和市场经济为边界》，载于《改革》2009 年第 12 期。

［135］李妍：《从经济史角度看我国民营经济的产生与发展》，载于《求索》2006 年第 2 期。

［136］李玉荣：《张闻天的私营经济思想》，载于《山东师大学报》1989 年第 2 期。

［137］李玉珠：《农村雇工问题探索》，载于《农业经济丛刊》1983 年第 4 期。

［138］李兆海：《促进我国民营经济的健康发展——中国民营经济发展现状与前景研讨会发言摘要》，载于《中国工商》1993 年第 12 期。

［139］厉以宁：《论私营经济与私营股份企业》，载于《中国工商管理研究》1992 年第 1 期。

［140］厉以宁：《论民营经济》，北京大学出版社 2007 年版。

［141］连军、刘星、连翠珍：《民营企业政治联系的背后：扶持之手与掠夺之手——基于资本投资视角的经营研究》，载于《财经研究》2011 年第 6 期。

［142］梁莱歆、冯延超：《民营企业政治关联、雇员规模与薪酬成本》，载于《中国工业经济》2010 年第 10 期。

［143］梁莱歆、冯延超：《政治关联与企业过度投资——来自中国民营上市公司的经验证据》，载于《经济管理》2010 年第 12 期。

［144］梁爽：《建国后非公有制经济政策的历史考察及其现实分析》，哈尔滨师范大学硕士学位论文，2010 年。

［145］廖丹清：《目前我国城镇个体经济的特点》，载于《江汉论坛》1981 年第 3 期。

［146］廖丹清：《论民营经济形式与国有小型企业的改革》，载于《理论月刊》1999 年第 3 期。

［147］廖乐焕：《民营经济若干问题解析》，载于《理论月刊》2006 年第 2 期。

［148］廖乐焕：《民营经济概念考察》，载于《晋阳学刊》2006 年第 5 期。

［149］林丕：《评当前使用"民营"概念的一些混乱现象》，载于《学习与研究》1994 年第 14 期。

［150］林文益：《我国现阶段私有经济存在的必然性——关于个体经济和私营经济问题研究之一》，载于《财贸研究》1992 年第 5 期。

［151］林毅夫、蔡昉、李周：《中国的奇迹：发展战略与经济改革》，格致出版社、上海人民出版社 2016 年版。

［152］刘光杰：《对我国现阶段生产资料所有制结构的探讨》，载于《学术月刊》1981 年第 6 期。

［153］刘宏：《民营经济的概念、范围及特点》，载于《湖湘论坛》1997 年第 4 期。

［154］刘坤：《改革开放以来中国共产党私营经济政策研究》，武汉大学硕士学位论文，2004 年。

［155］刘凝霜：《政治关系、非正式制度与民营企业发展路径——基于研究脉络与理论逻辑的双视角考察》，载于《经济学动态》2016 年第 10 期。

［156］刘泉红：《国有企业改革：路径设计和整体推进》，社会科学文献出版社 2012 年版。

［157］刘胜男：《中国共产党民营经济政策研究（1949~1976 年）》，首都师范大学硕士学位论文，2007 年。

［158］刘文璞、张厚义、秦少相：《关于农村私营经济发展的理论分析》，载于《中国社会科学》1989 年第 6 期。

［159］刘雪明：《中华苏维埃共和国的私营经济政策》，载于《中共

党史研究》2000 年第 6 期。

[160] 刘雪明：《1957~1966 年党的个体私营经济政策述评》，载于《当代中国史研究》2001 年第 2 期。

[161] 刘雪明：《1966~1976 年我国个体私营经济政策述评》，载于《当代中国史研究》2006 年第 3 期。

[162] 刘亚丽：《中共个体私营经济政策演变的历史考察（1978~1992)》，中共中央党校硕士学位论文，2009 年。

[163] 刘洋：《新时期党的私营经济政策的历史考察》，湘潭大学硕士学位论文，2010 年。

[164] 刘迎秋：《中国经济"民营化"的必要性和现实性分析》，载于《经济研究》1994 年第 6 期。

[165] 刘志远、曹阳：《个体经济是社会主义经济的必要补充——上海市个体经济情况的调查》，载于《财经研究》1981 年第 2 期。

[166] 柳随年、吴群敢主编：《恢复时期的国民经济（1949~1952)》，黑龙江人民出版社 1984 年版。

[167] 柳欣、秦海英：《新中国经济学 60 年》，中国财政经济出版社 2010 年版。

[168] 卢文：《关于农村私人雇工问题的探讨》，载于《农业经济丛刊》1983 年第 3 期。

[169] 卢志鑫：《怎样看待我国现阶段的个体经济》，载于《经济问题》1980 年第 4 期。

[170] 罗党论、刘晓龙：《政治关系、进入壁垒与企业绩效——来自中国民营上市公司的经验证据》，载于《管理世界》2009 年第 5 期。

[171] 罗党论、甄丽明：《民营控制、政治关系与企业融资约束——基于中国民营上市公司的经验证据》，载于《金融研究》2008 年第 12 期。

[172] 罗伟雄：《关于目前我国农村雇工经营问题浅议》，载于《农业经济丛刊》1983 年第 5 期。

[173] 罗忠勇：《共产党执政以来中国私营经济政策的演变及其机制——基于分配冲突的视角》，载于《社会主义研究》2015 年第 5 期。

[174] 吕斌：《孙大午在金融管制中跌倒》，载于《法人》2008 年第

2 期。

［175］马红军：《关于民营经济之我见》，载于《社科与经济信息》2001 年第 10 期。

［176］马洪、孙尚清：《中国经济结构问题研究》，人民出版社 1981 年版。

［177］马克·布劳格：《经济理论的回顾》，中译本，中国人民大学出版社 2009 年版。

［178］马若龙：《中国共产党的非公有制经济政策研究》，武汉理工大学硕士学位论文，2006 年。

［179］马若龙：《1956～1966 年：党的非公有制经济政策嬗变及意识形态分析》，载于《思想战线》2010 年第 6 期。

［180］马亚鹏：《建国初期工业化战略视阈下私营经济政策演变研究》，西南财经大学硕士学位论文，2013 年。

［181］马艳：《马克思主义经济学中国化的发展轨迹》，载于《学术月刊》2008 年第 3 期。

［182］毛泽东：《为争取国家财政经济状况的基本好转而斗争》，载于《人民日报》1950 年 6 月 13 日。

［183］毛泽东：《毛泽东选集》（第一卷），人民出版社 1991 年版。

［184］毛泽东：《毛泽东选集》（第二卷），人民出版社 1991 年版。

［185］毛泽东：《毛泽东选集》（第三卷），人民出版社 1991 年版。

［186］毛泽东：《毛泽东选集》（第四卷），人民出版社 1991 年版。

［187］毛泽东：《毛泽东著作选读》（下册），人民出版社 1986 年版。

［188］毛泽东：《毛泽东文集》（第七卷），人民出版社 1993 年版。

［189］冒天启：《个体经济在我国现阶段存在的客观必然性及其作用》，载于《经济研究》1982 年第 7 期。

［190］冒天启：《坚持公有制为主体多种经济成份共同发展》，载于《中国特色社会主义研究》1996 年第 5 期。

［191］梅兴华、程汉清：《农村雇工经营的利弊与发展趋势》，载于《农村经济》1983 年第 4 期。

［192］民营经济发展现状与前景研讨会会务组：《中国民营经济发展

现状与前景研讨会纪要》，载于《经济学动态》1993 年第 12 期。

[193] 明海英：《中国经济思想史研究领域不断深入和拓展——访上海财经大学经济学院教授程霖》，中国社会科学网 2017 年 1 月 29 日，ht-tp：//ex. cssn. cn/zx/bwyc/201701/t20170129_ 3400194. shtml。

[194] 缪昌武：《新中国成立初期中国共产党私营经济政策研究——以 1949~1952 年南通地区为实证》，扬州大学博士学位论文，2010 年。

[195] 缪昌武：《新中国成立初期党的私营经济政策及其当代价值》，载于《毛泽东邓小平理论研究》2010 年第 10 期。

[196] 缪昌武：《新中国成立初期中国共产党私营经济政策研究：以 1949~1952 年南通地区为实证》，社会科学文献出版社 2011 年版。

[197] 木志荣：《对民营经济概念的修正》，载于《云南财贸学院学报》2002 年第 5 期。

[198] 宁坚：《两个时期党的非公有制经济思想比较》，载于《四川统一战线》2009 年第 8 期。

[199] 牛继伟、陈芳、姜涛：《"铁本"事件追踪："铁本"的代价》，新华网 2004 年 5 月 6 日，http：//www. xinhuanet. com/newmedia/chenfang/zp01. htm。

[200] 欧健：《新中国前 30 年党的非公有制经济政策的回顾与反思》，河南大学硕士学位论文，2001 年。

[201] 欧健：《新中国 60 年党的非公有制经济政策的演变与思考》，载于《南都学坛》2009 年第 4 期。

[202] 欧健：《两个 30 年：党的非公有制经济政策演变比较》，载于《中共天津市委党校学报》2009 年第 6 期。

[203] 潘石：《我国现阶段私营经济性质剖析》，载于《中国经济问题》1991 年第 1 期。

[204] 潘石：《邓小平发展个体私营经济思想刍论》，载于《社会科学战线》1998 年第 4 期。

[205] 潘士远、史晋川：《内生经济增长理论：一个文献综述》，载于《经济学（季刊）》2002 年第 4 期。

[206] 潘越、戴亦一、李财喜：《政治关联与财务困境工期的政府补

助——来自中国 ST 公司的经验证据》，载于《南开管理评论》2009 年第 5 期。

［207］彭克宏：《对我国目前雇工问题初探》，载于《马克思主义研究》1986 年第 2 期。

［208］齐翔延：《对雇工经营问题的一点看法》，载于《农业经济丛刊》1983 年第 4 期。

［209］齐翔延：《刍议我国现阶段的私营经济》，载于《经济学家》1994 年第 1 期。

［210］钱凯：《关于"国进民退"问题的观点综述》，载于《经济研究参考》2010 年第 60 期。

［211］钱先航、徐业坤：《官员更替、政治身份与民营上市公司的风险承担》，载于《经济学（季刊）》2014 年第 4 期。

［212］秦位强：《新时期我国非公有制经济政策的历史演变》，载于《沧桑》2005 年第 5 期。

［213］邱家洪：《邓小平非公有制经济思想初探》，载于《理论月刊》2005 年第 2 期。

［214］全国人大常委会办公厅、中共中央文献研究室编：《人民代表大会制度重要文献选编（四）》，中国民主法制出版社 2015 年版。

［215］全国人民代表大会常务委员会办公厅：《中华人民共和国第五届人民代表大会第三次会议文件汇编》，人民出版社 1980 年版。

［216］任军利：《党的三代领导集体的私营经济思想比较研究》，载于《甘肃社会科学》2004 年第 5 期。

［217］任玲玉、薛俊波：《R&D 活动对中国区域经济收敛的驱动效应研究》，中国科学技术大学出版社 2016 年版。

［218］任仲权：《我国现阶段私营经济的性质辨析》，载于《财经科学》1991 年第 3 期。

［219］戎文佐：《论个体经济与个体经营》，载于《经济科学》1993 年第 1 期。

［220］邵锦华：《建国初期毛泽东的非公有制经济思想及其启示》，载于《福建党史月刊》2010 年第 7 期。

［221］沈红波、杨玉龙、潘飞：《民营上市公司的政治关联、证券违规与盈余质量》，载于《金融研究》2014 年第 1 期。

［222］石础：《改造中的私营工商业》，载于《新建设》1950 年第 11 期。

［223］石静：《论新民主主义经济理论的形成与发展》，载于《改革与开放》2009 年第 12 期。

［224］石争：《发展多种经济成份是我国社会主义初级阶段的重要特征和历史必然》，载于《贵州社会科学》1988 年第 1 期。

［225］史晋川：《中国民营经济发展报告》（上册），经济科学出版社 2005 年版。

［226］史宇谦：《关于所有制结构问题的探讨》，载于《学术月刊》1981 年第 7 期。

［227］宋海文：《农业生产合作社中自留地问题的探讨》，载于《经济研究》1957 年第 4 期。

［228］宋慧敏：《改革开放以来党的私营经济思想研究》，河北大学硕士学位论文，2009 年。

［229］宋应离：《中国期刊发展史》，河南大学出版社 2006 年版。

［230］苏东斌：《建议停用"民营经济"这一概念》，载于《党校科研信息》1993 年第 17 期。

［231］苏国衡：《谈谈我国的所有制结构》，载于《北京师范大学学报（社会科学版）》1980 年第 4 期。

［232］苏星、杨秋宝：《新中国经济史资料选编》，中共中央党校出版社 2000 年版。

［233］孙代尧：《论私营经济在我国现阶段的性质和作用》，载于《经济科学》1989 年第 3 期。

［234］孙方：《我国私营经济的性质与利弊分析》，载于《当代经济科学》1991 年第 5 期。

［235］孙建华：《党的历代中央领导人对非公有制经济理论的独特性贡献》，载于《山东省青年管理干部学院学报》2007 年第 2 期。

［236］孙连成：《社会主义初级阶段的所有制结构》，载于《中国经

济问题》1987 年第 4 期。

［237］孙少艾：《论十一届三中全会以来中国共产党关于私营经济的思想》，南京师范大学硕士学位论文，2004 年。

［238］孙政齐：《对我国现阶段所有制结构的再认识》，载于《理论月刊》1992 年第 1 期。

［239］谭劲松、郑国坚：《产权安排、治理机制、政企关系与企业效率——以"科龙"和"美的"为例》，载于《管理世界》2004 年第 2 期。

［240］谭晓钟、龙岱：《周恩来关于非公有制经济思想述评》，载于《毛泽东思想研究》1998 年第 S2 期。

［241］谭晓钟：《论朱德的非公有制经济思想》，载于《毛泽东思想研究》2007 年第 6 期。

［242］谭晓钟：《论刘少奇的非公有制经济思想》，载于《毛泽东思想研究》2008 年第 6 期。

［243］唐松、胡威、孙峥：《政治关系、制度环境与股票价格的信息含量——来自我国民营上市公司股价同步性的经验证据》，载于《金融研究》2011 年第 7 期。

［244］唐宗焜：《从实践看我国生产资料所有制结构》，载于《经济研究》1981 年第 6 期。

［245］陶大镛：《调整工商业和私人资本的出路》，载于《新建设》1950 年第 9 期。

［246］田国强、陈旭东：《制度的本质、变迁与选择——赫维茨制度经济思想诠释及其现实意义》，载于《学术月刊》2018 年第 1 期。

［247］汪海波：《对"国进民退"问题之我见》，载于《经济学动态》2011 年第 1 期。

［248］王成吉：《对我国现阶段个体经济的再认识》，载于《经济科学》1985 年第 5 期。

［249］王诚、李鑫：《中国特色社会主义经济理论的产生和发展——市场取向改革以来学术界相关理论探索》，载于《经济研究》2014 年第 6 期。

［250］王芳：《毛泽东、邓小平、江泽民非公有制经济思想及其比较

研究》，中国地质大学硕士学位论文，2006年。

[251] 王昉：《中国古代农村土地所有权与使用权关系：制度思想演进的历史考察》，复旦大学出版社2005年版。

[252] 王光应：《党的三代领导核心非公有制经济思想对比分析》，云南师范大学硕士学位论文，2006年。

[253] 王贵宸、刘文璞、何廼维：《关于农村雇工经营问题》，载于《农业经济丛刊》1982年第6期。

[254] 王焕培：《江泽民发展非公有制经济思想的研究》，载于《陕西社会主义学院学报》2003年第1期。

[255] 王劲松、史晋川、李应春：《中国民营经济的产业结构演进——兼论民营经济与国有经济、外资经济的竞争关系》，载于《管理世界》2005年第10期。

[256] 王克忠：《我国现阶段私营经济的几个问题》，载于《学术月刊》1989年第7期。

[257] 王林昌：《对个体经济存在的必然性的再认识》，载于《武汉大学学报》（社会科学版）1986年第2期。

[258] 王茂湘：《论我国现阶段城镇个体经济》，载于《经济科学》1981年第1期。

[259] 王明凤：《邓小平非公有制经济思想及实践研究》，佳木斯大学硕士学位论文，2001年。

[260] 王强：《邓小平对毛泽东私营经济思想的继承和发展》，载于《山西高等学校社会科学学报》2004年第1期。

[261] 王少明：《八十年代我国个体经济的发展》，载于《世界经济与政治》1993年第1期。

[262] 王胜利：《新中国成立65年来公有制经济发展研究》，经济科学出版社2015年版。

[263] 王盛泽：《陈云私营经济思想述评》，载于《福建党史月刊》2010年第6期。

[264] 王世勇：《对邓小平发展非公有制经济思想的理论思考》，载于《桂海论丛》2003年第6期。

［265］王世勇：《新时期非公有制经济政策的历史考察（1978～2003）》，中共中央党校博士学位论文，2004年。

［266］王树林、刘大庆、武小强：《我国现阶段的私营经济》，载于《管理世界》1988年第5期。

［267］王澍、唐莉：《建国初期党的私营经济政策探析》，载于《理论学刊》2004年第7期。

［268］王学文：《论新民主主义的经济形式》，载于《新建设》1951年第1期。

［269］王永江：《论多种经济成分共存的客观必然性》，载于《江西社会科学》1982年第2期。

［270］王永江：《试论社会主义社会现阶段的私营经济》，载于《江西社会科学》1987年第3期。

［271］王媛：《邓小平发展非公有制经济思想研究》，华东师范大学硕士学位论文，2003年。

［272］王媛：《邓小平发展非公有制经济思想对马克思跨过资本主义"卡夫丁峡谷"原理的继承和发展》，载于《中国经贸导刊》2010年第21期。

［273］王争、史晋川：《中国私营企业的生产率表现和投资效率》，载于《经济研究》2008年第1期。

［274］王政祥：《当代中国私营经济研究》，河南大学出版社1992年版。

［275］韦森：《再评诺思的制度变迁理论》，载于《经济学（季刊）》2009年第2期。

［276］卫兴华、张福军：《当前"国进民退"之说不能成立——兼评"国进民退"之争》，载于《马克思主义研究》2010年第3期。

［277］卫兴华：《中国特色社会主义经济理论体系研究》，载于《经济学动态》2011年第5期。

［278］魏下海、董志强、刘愿：《政治关系、制度环境与劳动收入份额——基于全国民营企业调查数据的实证研究》，载于《管理世界》2013年第5期。

［279］文世芳：《改革开放初期西方经济学引入中国及影响》，载于

《中共党史研究》2017 年第 7 期。

[280] 文宗瑜、吴敬琏等:《"国有"与"民营"能和睦共处吗?》,载于《现代国企研究》2012 年第 10 期。

[281] 邬爱其、金宝敏:《个人地位、企业发展、社会责任与制度风险:中国民营企业家政治参与动机的研究》,载于《中国工业经济》2008 年第 7 期。

[282] 吴二华:《新时期党对私营经济的认识轨迹》,中共中央党校硕士学位论文,2004 年。

[283] 吴航:《建国六十年中国社会主义经济理论的探索主题及主要成就》,载于《经济体制改革》2009 年第 5 期。

[284] 吴敬琏:《经济改革问题探索》,中国展望出版社 1987 年版。

[285] 吴敬琏:《当代中国经济改革教程》,上海远东出版社 2016 年版。

[286] 吴世泉:《试论"民营经济"正确界定》,载于《经济工作导刊》1998 年第 10 期。

[287] 吴文峰、吴冲锋、刘晓薇:《中国民营上市公司高管的政府背景与公司价值》,载于《经济研究》2008 年第 7 期。

[288] 吴文峰、吴冲锋、芮萌:《中国上市公司高管的政府背景与税收优惠》,载于《管理世界》2009 年第 3 期。

[289] 吴易风、朱勇:《经济增长理论:马克思经济学与西方经济学的比较》,载于《当代经济研究》2015 年第 4 期。

[290] 吴正禄:《浅谈我国私营经济的性质》,载于《改革》1991 年第 5 期。

[291] 吴梓萌:《社会和谐视阈下新中国初期私营经济政策研究》,扬州大学硕士学位论文,2015 年。

[292] 武甲强:《新时期中国非公有制经济理论与实践研究》,山东轻工业学院硕士学位论文,2011 年。

[293] 奚桂珍、杨娴:《试论城镇个体经济存在的客观必然性及其性质》,载于《经济问题探索》1981 年第 5 期。

[294] 习近平:《决胜全面建成小康社会,夺取新时代中国特色社会

主义伟大胜利——在中国共产党第十九次全国代表大会上的报告》，人民出版社 2017 年版。

[295] 萧栋梁：《建国以来我国非公有制经济政策的变迁与思考》，载于《求索》2000 年第 6 期。

[296] 晓亮：《为"民营"正名》，载于《南方经济》1994 年第 1 期。

[297] 晓亮：《正确界定民营经济》，载于《经贸导刊》2003 年第 3 期。

[298] 晓章：《略论目前农村的雇工经营》，载于《农业经济丛刊》1982 年第 6 期。

[299] 邢雁宁：《改革开放以来党的私营经济政策探析》，首都师范大学硕士学位论文，2000 年。

[300] 熊辉、吴晓、谭诗杰：《改革开放以来党关于私营经济理论政策的演变》，载于《北京党史》2013 年第 1 期。

[301] 徐森忠：《要允许个体经济有一定的发展》，载于《经济研究》1980 年第 10 期。

[302] 徐绍义、白振山：《私营经济的特点、发展趋势及对策初探》，载于《农业经济问题》1988 年第 8 期。

[303] 徐曙生：《个体经济研究中的几个问题（资料）》，载于《经济管理》1981 年第 11 期。

[304] 徐业坤、钱先航、李维安：《政治不确定性、政治关联与民营企业投资——来自市委书记更替的证据》，载于《管理世界》2013 年第 5 期。

[305] 许涤新、吴承明：《中国资本主义发展史》（第三卷），社会科学文献出版社 2007 年版。

[306] 许红莲、胡愈：《论中共三代领导集体私营经济思想的异同》，载于《湖南省社会主义学院学报》2006 年第 2 期。

[307] 许红莲：《中共三代领导集体私营经济思想的历史考察》，中南大学硕士学位论文，2005 年。

[308] 许玉龙、高世本：《城镇个体经济的性质与作用》，载于《经济科学》1980 年第 3 期。

[309] 薛暮桥：《工商业政策——一月十二日在清华大学的讲演词》，

载于《新建设》1949 年第 12 期。

[310] 薛暮桥:《薛暮桥经济论文选》,人民出版社 1984 年版。

[311] 严景耀:《论民族资本家的前途》,载于《新建设》1949 年第 1 期。

[312] 严宁康、钱志祥:《试论社会主义社会个体经济》,载于《上海经济研究》1987 年第 2 期。

[313] 严清华、杜长征:《中国古代民营经济思想的演化及其选择机制》,载于《经济思想史评论》2006 年第 1 期。

[314] 阳小华:《民营经济内涵问题探析》,载于《江汉论坛》2000 年第 5 期。

[315] 杨积堂:《论〈私营企业暂行条例〉的存与废》,载于《河北法学》2012 年第 6 期。

[316] 杨瑞龙:《我国制度变迁方式转换的三阶段论》,载于《经济研究》1998 年第 1 期。

[317] 杨天宇:《我国民营经济发展的制度性障碍研究》,载于《改革》2003 年第 6 期。

[318] 杨小玲:《改革开放以来我国非公有制经济制度变迁研究》,载于《当代经济管理》2009 年第 3 期。

[319] 杨永华:《对私营经济几个理论问题的再认识》,载于《经济研究》1993 年第 11 期。

[320] 杨长福:《坚持国营经济的主导地位和发展多种经济形式》,载于《经济研究》1982 年第 12 期。

[321] 叶峰:《重新认识我国现阶段的农村个体经济》,载于《苏州大学学报》(哲学社会科学版) 1985 年第 1 期。

[322] 叶菊珍:《建国初邓小平私营经济政策评析》,载于《毛泽东思想研究》2004 年第 1 期。

[323] 尹伯成:《西方经济学说史:从市场经济视角的考察》,复旦大学出版社 2012 年版。

[324] 尹婷:《论邓小平的民营经济思想》,中南大学硕士学位论, 2005 年。

［325］于光远：《对中国私营经济讲这样四点》，载于《经济社会体制比较》1993 年第 6 期。

［326］于书伟：《建国以来中国共产党的非公有制经济思想演变述论》，载于《中国商界》2010 年第 5 期。

［327］于维栋、李国光、彭树堂：《关于民营科技企业发展的几个理论问题》，载于《民营科技》1999 年第 6 期。

［328］于维栋：《民营概念的研究》，载于《中国民营科技促进会简报》1998 年 5 月 12 日。

［329］于维栋、李国光、彭树堂：《浅析民营与非公有经济的概念内涵》，载于《中国民营科技与经济》2005 年第 5 期。

［330］余明桂、回雅甫、潘红波：《政治联系、寻租与地方政府财政补贴有效性》，载于《经济研究》2010 年第 3 期。

［331］余明桂、潘红波：《政治关系、制度环境与民营企业银行贷款》，载于《管理世界》2008 年第 8 期。

［332］虞文亭：《民营经济是非公有制经济吗？——关于民营和民营科技企业若干问题的思考》，载于《华东科技》1998 年第 8 期。

［333］袁恩桢、顾光青：《社会主义初级阶段的私营经济》，载于《学术月刊》1988 年第 10 期。

［334］云翀、魏楚伊：《从"国营"到"国有"：国企治理结构改革的反思与前瞻》，载于《中国经济史研究》2017 年第 5 期。

［335］张白茹：《新时期党对私营经济政策的演变》，载于《宁夏大学学报（人文社会科学版）》2001 年第 3 期。

［336］张敦力、李四海：《社会信任、政治关系与民营企业银行贷款》，载于《会计研究》2012 年第 8 期。

［337］张厚义、秦少相：《我国私营经济的现状》，载于《中国农村经济》1988 年第 12 期。

［338］张厚义：《中国大陆私营经济的再生与发展》，载于《社会学研究》1993 年第 4 期。

［339］张惠忠：《"民营经济"概念辨析》，载于《上海统计》2001 年第 3 期。

［340］张家阔：《邓小平对毛泽东私营经济思想的新发展》，载于《长白学刊》2000 年第 3 期。

［341］张建君、张志学：《中国民营企业家的政治战略》，载于《管理世界》2005 年第 7 期。

［342］张晋藩：《中华人民共和国国史大辞典》，黑龙江人民出版社 1992 年版。

［343］张晋藩：《中国宪法史》，中国法制出版社 2016 年版。

［344］张魁峰：《论我国多种经济成分并存的长期性与比例性》，载于《财贸经济》1988 年第 7 期。

［345］张雷声、宋晓梅：《经济增长视角中我国制度分析方法的运用——马克思与新制度经济学的制度分析方法评析》，载于《中国特色社会主义研究》2007 年第 2 期。

［346］张立影：《改革开放以来我党私营经济政策的历史演变》，载于《理论月刊》2012 年第 11 期。

［347］张敏、黄继承：《政治关联、多元化与企业风险——来自我国证券市场的经验证据》，载于《管理世界》2009 年第 7 期。

［348］张敏、张胜、申慧慧、王成方：《政治关联与信贷资源配置效率——来自我国民营上市公司的经验证据》，载于《管理世界》2010 年第 11 期。

［349］张敏：《改革开放前党的非公有制经济理论发展研究》，载于《湖北函授大学学报》2012 年第 11 期。

［350］张敏：《中国共产党的非公有制经济思想的历史演变及实践探索》，河南师范大学硕士学位论文，2013 年。

［351］张森福：《关于我国现阶段私营企业发展的理论分析》，载于《中国农村经济》1988 年第 10 期。

［352］张天政：《邓小平对毛泽东发展私营经济思想的创新》，载于《党史天地》2007 年第 10 期。

［353］张同廷：《试论社会主义时期的个体经济》，载于《经济问题》1980 年第 9 期。

［354］张维迎：《区域竞争和私有化》，载于《北大中国经济研究中

心简报》1999 年第 20 期。

[355] 张闻天：《张闻天文集》第 4 卷，人民出版社 1995 年版。

[356] 张晓欢、常旭：《"国有"和"民营"共生共荣共进退》，载于《中国经贸导刊》2012 年第 22 期。

[357] 张旭东：《邓小平私营经济思想论析》，载于《毛泽东思想研究》2004 年第 6 期。

[358] 张旭昆、陈福清：《民营经济概念是从经营权角度对各种经济类型的科学概括——兼与白永秀、马晓强〈"民营经济"的提法质疑〉一文商榷》，载于《特区经济》1998 年第 3 期。

[359] 张宇：《当前关于国有经济的若干争议性问题》，载于《经济学动态》2010 年第 6 期。

[360] 张远新：《建国后我党对个体私营经济政策的演变及其历史经验》，载于《社会主义研究》2003 年第 3 期。

[361] 张卓元：《中国经济学 30 年（1978~2008）》，中国社会科学出版社 2008 年版。

[362] 张卓元：《中国经济学 60 年（1949~2009）》，中国社会科学出版社 2009 年版。

[363] 张卓元：《张卓元经济文选》，中国时代经济出版社 2010 年版。

[364] 张卓元：《新中国经济学史纲（1949~2011）》，中国社会科学出版社 2012 年版。

[365] 章乃器：《经济的改造——消肿、去腐、生新》，载于《新建设》1950 年第 8 期。

[366] 章乃器：《调整工商业问题》，载于《新建设》1950 年第 12 期。

[367] 赵晓雷：《新中国经济理论史》，上海财经大学出版社 1999 年版。

[368] 赵晓雷：《经济思想史学科界定及研究方法的技术性要求》，载于《经济学家》2005 年第 3 期。

[369] 赵晓雷：《中华人民共和国经济思想史纲（1949~2009）》，首都经济贸易大学出版社 2009 年版。

[370] 赵晓雷：《中国工业化思想及发展战略研究》，上海财经大学出版社 2010 年版。

［371］赵晓雷：《新编经济思想史（第十卷）——中国现代经济思想的发展》，经济科学出版社 2015 年版。

［372］郑立春：《中国共产党对新时期私营经济政策的演变与私营经济的发展》，载于《石家庄经济学院学报》1997 年第 1 期。

［373］郑显华、肖德芳：《〈私营企业暂行条例〉之存废》，载于《法学杂志》2006 年第 1 期。

［374］郑炎潮：《试论社会主义初级阶段的私营经济》，载于《改革》1987 年第 3 期。

［375］中共中央党校党建教研室、中共中央党校出版社：《十一届三中全会以来重要文献选编》，中共中央党校出版社 1981 年版。

［376］中共中央文献研究室：《改革开放三十年重要文献选编（上册）》，中央文献出版社 2008 年版。

［377］中共中央文献研究室：《改革开放三十年重要文献选编（下册）》，中央文献出版社 2008 年版。

［378］中共中央文献研究室：《建国以来重要文献选编》（第一册），中央文献出版社 1992 年版。

［379］中共中央文献研究室：《建国以来重要文献选编》（第四册），中央文献出版社 1993 年版。

［380］中共中央文献研究室：《建国以来重要文献选编》（第五册），中央文献出版社 1993 年版。

［381］中共中央文献研究室：《建国以来重要文献选编》（第七册），中央文献出版社 1993 年版。

［382］中共中央文献研究室：《建国以来重要文献选编》（第八册），中央文献出版社 1993 年版。

［383］中共中央文献研究室：《建国以来重要文献选编》（第九册），中央文献出版社 1994 年版。

［384］中共中央文献研究室：《建国以来重要文献选编》（第十册），中央文献出版社 1994 年版。

［385］中共中央文献研究室：《建国以来重要文献选编》（第十四册），中央文献出版社 1997 年版。

［386］中共中央文献研究室：《刘少奇传》（下），中央文献出版社1998年版。

［387］中共中央文献研究室：《刘少奇论新中国经济建设》，中央文献出版社1993年版。

［388］中共中央文献研究室：《三中全会以来重要文献选编》（上），中央文献出版社2011年版。

［389］中共中央文献研究室：《十六大以来重要文献选编》（中），中央文献出版社2011年版。

［390］中国法制出版社：《新编常用法律词典》，中国法制出版社2016年版。

［391］中国法制出版社法规应用研究中心：《民间资本投资法律政策实用手册》，中国法制出版社2015年版。

［392］中国共产党中央委员会：《〈关于若干历史问题的决议〉和〈关于建国以来党的若干历史问题的决议〉》，中共党史出版社2010年版。

［393］中国经济论文选编辑委员会：《一九五〇年中国经济论文选》第三辑，生活·读书·新知三联书店1951年版。

［394］中国农村发展问题研究组：《关于当前农村"雇工"经营的实践与理论（下）》，载于《农业经济丛刊》1984年第2期。

［395］中国社科院经济所市场经济课题组：《论公有制为主体与多种经济成份共同发展》，载于《经济研究》1996年第10期。

［396］中华全国工商业联合会、黄孟复：《中国民营经济发展报告No.1（2003）》，社会科学文献出版社2004年版。

［397］中华全国工商业联合会：《中国民营经济发展报告No.12（2014～2015）》，中华工商联合出版社2016年版。

［398］中华全国工商业联合会课题组：《中国民营经济的三大历史性变化》，载于《经济理论与经济管理》2007年第3期。

［399］中华人民共和国国家经济贸易委员会：《中国工业五十年——新中国工业通鉴第六部1976.11～1984（上卷）》，中国经济出版社2000年版。

［400］中华人民共和国国家统计局：《中国统计年鉴》（2016），中国

统计出版社 2016 年版。

［401］中央工商行政管理局、中国科学院经济研究所：《中国资本主义工商业的社会主义改造》，人民出版社 1962 年版。

［402］钟祥财：《经济思想的涵义及其史的写法》，载于《上海经济研究》2004 年第 10 期。

［403］周敏谦、陈武元：《试论我国农村出现的雇工经营》，载于《农村经济》1983 年第 11 期。

［404］周明生：《实现国有经济和民营经济共赢》，载于《红旗文稿》2012 年第 18 期。

［405］周普杰：《对中国共产党发展私营经济思想的历史考察》，载于《党史文苑》2008 年第 8 期。

［406］周为尧：《试论城镇个体经济的新特点》，载于《经济研究》1981 年第 12 期。

［407］周文骞：《中国个体经济、私营经济的现状和发展趋势》，载于《浙江大学学报》1992 年第 2 期。

［408］周文水：《陕北油田事件背后的行政强力》，载于《时代潮》2005 年第 13 期。

［409］周新军：《党的非公有制经济政策回顾与展望》，载于《党政干部学刊》2013 年第 11 期。

［410］周泽红：《国有经济改革与发展的几个理论问题辨析——从"国进民退"的争论谈起》，载于《理论探讨》2011 年第 3 期。

［411］周志纯：《民营经济是改革的先导》，载于《决策与信息》1995 年第 10 期。

［412］朱成全：《对实证分析和规范分析争论的科学哲学的思考》，载于《江西财经大学学报》2005 年第 3 期。

［413］朱先春：《曲曲折折风雨路——关于"民营"问题的三次大辩论》，载于《港澳经济》1999 年第 3 期。

［414］Ahlstrom，D.，Bruton，G. D.，Yeh，K. S.. 2008. Private Firms in China：Building Legitimacy in an Emerging Economy. *Journal of World Business*，Vol. 43（4），pp. 385－399.

［415］ Ahlstrom, D. , Bruton, G. D. . 2001. Learning from Successful Local Private Firms in China: Establishing Legitimacy. *Academy of Management Executive*, Vol. 15 (4), pp. 72 – 83.

［416］ Albert P. C. Chan, John F. Y. Yeung, Calvin C. P. Yu. 2011. Empirical Study of Risk Assessment and Allocation of Public-private Partnership Projects in China. *Journal of Management in Engineering*, Vol. 27 (3), pp. 136 – 148.

［417］ Allen, F. , Qian, J. , Qian, M. . 2005. Law, Finance, and Economic Growth in China. *Journal of Financial Economics*, Vol. 77 (1), pp. 57 – 116.

［418］ Barro, R. J. . 1990. Government Spending in a Simple Model of Endogenous Growth. *Journal of Political Economy*, Vol. 98 (5), pp. 103 – 125.

［419］ Blaug, M. . 2001. No History of Ideas, Please, We're Economists. *Journal of Economics Perspectives*, Vol. 15 (1), pp. 145 – 164.

［420］ Cass, D. . 1965. Optimum Growth in an Aggregative Model of Capital Accumulation. *Review of Economic Studies*, Vol. 32, pp. 233 – 240.

［421］ Chong – En Bai, Jiangyong Lu, Zhigang Tao. 2006. Property Rights Protection and Access to Bank Loans: Evidence from Private Enterprises in China. *Economics of Transition*, Vol. 14 (4), pp. 611 – 628.

［422］ Delios, A. , Wu, A. J. , Zhou, N. . 2006. A New Perspective on Ownership Identities in China's Listed Companies. *Management and Organization Review*, Vol. 2 (3), pp. 319 – 343.

［423］ Di Guo, Kun Jiang, Byung – Yeon Kim, Chenggang Xu. 2014. Political Economy of Private Firms in China. *Journal of Comparative Economics*, Vol. 42 (2), pp. 286 – 303.

［424］ Faccio, M. . 2006. Politically Connected Firms. *American Economic Review*, Vol. 96 (1), pp. 369 – 386.

［425］ Fan, J. P. H. , T. J. Wong and T. Zhang. 2007. Politically Connected CEOs, Corporate Governance, and Post – IPO Performance of China's Newly Partially Privatized Firms. *Journal of Financial Economics* Vol. 84 (2), pp. 330 – 357.

［426］ Hurwicz, L. . 1987. Inventing New Institutions: The Design Perspective, *American Journal of Agricultural Economics*, Vol. 69 (2), pp. 395 – 402.

[427] Jing Gu. 2009. China's Private Enterprises in Africa and the Implications for African Development. *The European Journal of Development Research*, Vol. 21 (4), pp. 570 – 587.

[428] Koopmans, T. C.. 1965. *On the Concept of Optimal Economic Growth. The Econometrics Approach to Development Planning*, Amsterdam: North – Holland.

[429] Li, H., Meng, L., Wang Q., Zhou, L.. 2008. Political Connections, Financing and Firm Performance: Evidence from Chinese Private Firms. *Journal of Development Economics*, Vol. 87 (2), pp. 283 – 299.

[430] Lin, S.. 2000. Resource Allocation and Economic Growth in China. *Economic Inquiry*, Vol. 38 (3), pp. 515 – 526.

[431] Lucas, R. E.. 1988. On the Mechanics of Economic Development. *Journal of Monetary Economics*, Vol. 22, pp. 3 – 22.

[432] Malthaus, T. R.. 1798. *An Essay on the Principle of Population.* London: W. Pickering, 1986.

[433] Mantzavinos, C., North D. C. and Shariq, S.. 2004. Learning, Institution and Economic Performance. *Perspectives on Politics*, Vol. 2 (1), pp. 75 – 84.

[434] Marshall, A.. 1920. *Principles of Economics.* London: Macmillan, 8th.

[435] Martin De Jong, Mu Rui, Dominic Stead. 2010. Introducing Public-private Partnership for Metropolitan Subways in China: What is the Evidence? *Journal of Transport Geography*, Vol. 18 (2), pp. 301 – 313.

[436] Michael Firth, Chen Lin, Ping Liu, Sonia M. L. Wong. 2008. Inside the Black Box: Bank Credit Allocation in China's Private Sector, *Journal of Banking & Finance*, Vol. 33 (6), pp. 1144 – 1155.

[437] Nicholas R. Lardy. 2014. Markets Over Mao: The Rise of Private Business in China. *Peterson Institute for International Economics.*

[438] North, D. C.. 1981. *Structure and Change in Economic History.* New York: W. W. Norton& Company, Inc.

[439] North, D. C.. 1990. *Institutions, Institutional Change and Economic Performance*. New York: Cambrige University Press.

[440] North, D. C.. 1991. Institutions. *Journal of Economic Perspectives*, Vol. 5 (1), pp. 97 - 112.

[441] North, D. C.. 2005. *Understanding the Process of Economic Change*, Princeton University Press.

[442] Rebelo, S.. 1991. Long-run Policy Analysis and Long-run Growth. *Journal of Political Economy*, Vol. 99 (3), pp. 500 - 521.

[443] Ricardo, D.. 1817. *On the Principles of Political Economy and Taxation*. Cambrige: Cambrige University Press, 1951.

[444] Romer, P. M.. 1986. Increasing Returns and Long Run Growth. *Journal of Political Economy*, Vol. 94 (5), pp. 1002 - 1037.

[445] Romer, P. M.. 1993. Idea Gaps and Object Gaps in Economic Development. *Journal of Monetary Economics*, Vol. 32 (3), pp. 543 - 573.

[446] Ross Garnaut, Ligang Song and Yao Yang. 2006. Impact and Significance of State-owned Enterprise Restructuring in China. *The China Journal*, Vol. 55, pp. 35 - 63.

[447] Ross Garnaut, Ligang Song, Yang Yao, Xiaolu Wang. 2012. Development of the Role of Private Enterprise in China. *Private Enterprise in China*, ANU Press.

[448] Schumpter, J. A.. 1934. *The Theory of Economic Development*. Cambrige: Harvard University Press.

[449] Smith, A.. 1776. *An Inquiry into the Nature and Causes of the Wealth of Nations*. New York: Random House, 1937.

[450] Solow, R. M.. 1956. A Contribution to the Theory of Economic Growth. *Quarterly Journal of Economics*, Vol. 70 (1), pp. 65 - 94.

[451] Swan, T. W.. 1956. Economic Growth and Capital Accumulation. *Economic Record*, Vol. 32, pp. 334 - 361.

[452] Tung, R. L., Worm, V.. 2001. Network Capitalism: The Role of Human Resources in Penetrating the China Market. *International Journal of Hu-

man Resource Management, Vol. 12 （4）, pp. 517 – 534.

［453］ Wank, D. L. . 1999. *Commodifying Communism*: *Business*, *Trust*, *and Politics in a Chinese City*. Cambridge: Cambridge University Press.

［454］ Yongjian Ke, Shouqing Wang, Albert P. C. Chan. 2010. Preferred Risk Allocation in China's Public-private Partnership （PPP） Projects. *International Journal of Project Management*, Vol. 28 （5）, pp. 482 – 492.

后　记

改革开放40余年来，中国民营经济历经从小到大、由弱到强的曲折发展，在此过程中取得了瞩目的增长成就，成为推动当前中国经济社会发展不可或缺的重要力量，社会各界称为"中国民营经济的崛起"。既有研究大多偏重制度层面和经济层面的效率考察与机制分析，将中国民营经济崛起的根源主要归结为制度创新及其所带来的激励结构和经济效率的改善与提高，却很少进一步关注和探究制度与制度变迁产生的本质问题。简而言之，即制度本身并非有意识、有思想的能动主体，那么制度是如何产生的？它是自发演进的还是人为有意设计的？更进一步来说，制度并非如新经济增长模型中所假设的一般是静态的、既定的且外生于经济系统的，事实上，从长期来看，制度处于动态的变化之中，那么是什么力量推动了制度变迁？领导人、决策层抑或是专家学者的主观意识或思想是否会影响制度的制定与实施？又在多大程度上、通过何种途径或机制来施加影响？制度变迁与经济绩效之间究竟存在什么样的关联？对于这一系列问题的探索将有助于更加深刻地挖掘和揭示中国民营经济崛起的谜底，而理解和阐释这些问题则有赖于将思想、制度、经济三个维度结合起来进行综合分析。同时，值得注意的是，不仅是改革开放以来40多年的时间，我国民营经济跌宕起伏的发展实践其实一直贯穿于新中国成立以来长达70年经济社会发展的全过程，民营经济思想亦是贯穿新中国经济思想演进脉络的一条重要线索。从而，鉴于历史发展的连续性与制度变迁的路径依赖特征，将历史研究与现实研究相结合，并进行不同历史阶段的比较分析亦十分重要。

因此，本书选择从经济思想史的视域着眼，更加注重关于思想层面的深度挖掘和基于历史视野的比较研究，以新中国成立70年来民营经济思想的发展与演变为研究对象，在详细梳理和系统阐释新中国民营经济思想演进的阶段特征、总体脉络与内在逻辑的基础上，通过进一步探讨经济思想与经济制度之间的互动关系，从而尝试为深入理解中国民营经济崛起的内在动因提供一个新的观察视角。有鉴于此，本书在研究脉络和内容逻辑上，试图具体阐释三个层次的主要内容：第一个层次，新中国历史上产生和形成的一些值得称道的民营经济思想；第二个层次，这些思想在长达70年的历史时期中经历的一种演进过程，并探求推动其发展与演变的内在逻辑机制；第三个层次，民营经济思想与民营经济制度之间存在的关联，它们对民营经济绩效乃至整个经济变迁过程的影响。

需要强调的一点是，本书并不否认制度因素在经济发展过程中所起到的关键作用和重要影响，之所以展开本项研究，实际上正如前面所提到的，是想站在前人研究的理论积累和扎实基础之上，尝试从一个新的视角将已有观点和结论向前再推进一步。以中国国民经济的增长奇迹和民营经济的大力崛起为宏观背景和问题导向，从新中国成立以来经济社会发展道路的历史选择，由此而形成的70年民营经济思想史、民营经济制度变迁轨迹，以及二者之间的互动关系，给出本书关于改革开放以来中国民营经济实现崛起的内在动因的一个观察角度和解读，以期能够对新时代中国民营经济实现高质量发展有所启示。

最后，真诚欢迎有关本书疏漏与缺陷之处的批评指正，以便在后续研究中改正并完善。

刘凝霜

2019 年 9 月